AF521328

योग और साधना

योग और साधना

डॉ. अंजु लता

एसोसिएट प्रोफेसर, शरीरिक शिक्षा विभाग,
मेहर चंद महाजन डी.ए.वी. कॉलेज फॉर वुमेन,
चंडीगढ़

फ्रैंड्स पब्लिकेशन्स (इंडिया)
नई दिल्ली

योग और साधना - डॉ. अंजु लता

ISBN - 978-81-7216-571-0

© प्रकाशक
प्रथम संस्करण - 2021, 2024

इस पुस्तक के किसी भी भाग का मुद्रण, अथवा प्रसारण
प्रकाशक व लेखक की लिखित आज्ञा के बिना वर्जित है।

प्रकाशक
फ्रेन्डज़ पब्लिकेशनज़ (इंडिया)
101-103, 4787/23, अन्सारी रोड,
दरियागंज, नई दिल्ली-110002
फोन : 23246222, 23246333
इ-मेल : frienpub@yahoo.com,
friendspublicationsindia@gmail.com
मोबाइल : 9811197091, 9312220441

मूल्य - 795/-
पृष्ठ सं. - 262 / पेपर - 80gsm / पुस्तक आकार - 5.5x8.5

लेज़र टाइपसैटिंग
श्री साँई प्रिन्टोग्राफ़रज़, दिल्ली

मुद्रक :
नवप्रभात प्रिंटिग प्रैस, दिल्ली

प्रस्तावना

सदियों से योग विद्या भारत की अमूल्य धरोहर रही है। इसकी प्रासंगिकता का अंदाजा इसी से लगाया जा सकता है। कि समस्त विश्व न इसे स्वीकार कर लिया है। योग एक संयमपूर्वक की जाने वाली साधना है, जो स्वचेतना को परम चेतना से मिलाती है।

महर्षि पतंजलि के अनुसार चित्त की वृतियों को हम जितना अंतर्मुखी करते है, उतना ही सत्य का प्रकाश हमारे जीवन में बढ़ता है। अज्ञान अंधकार, असत्य सब कुछ मिल कर ज्ञान, प्रकाश और सत्य में बदलता है। योग साधना के द्वारा अष्ट सिद्धियों की प्राप्ति होती है। सिद्धियों को प्राप्त करने के पश्चात् व्यक्ति अपनी मनोकामना को पूर्ण कर सकता है।

''योग और साधना'' पुस्तक इस विषय पर जानकारी प्रदान करने के उद्देश्य से लिखी गई है। इस पुस्तक को 15 अध्यायो में विभाजित किया गया है। इस पुस्तक में योग के इतिहास, भारत में योग का विकास, विभिन्न आसनों के नियम, योग के भेद, अष्टांग योग, सूर्य नमस्कार, षट्कर्म, लेटकर करने वाले आसन, बैठकर करने वाले आसन, खड़े होकर करने वाले आसन, विश्रात्मक आसन, ध्यानासन, प्राणायाम, ध्यान, मुद्रा, चक्रबंध तथा योगासन व आहार विषयोग का विस्तृत वर्णन किया गया है। यह पुस्तक योग के विभिन्न पाठ्यक्रमों के हिन्दी भाषा के विद्यार्थियों के लिए अति उपयोगी सिद्ध होगी।

पुस्तक सरल व सहज भाषा में तैयार की गई है। पुस्तक की विषयवस्तु, छात्रों, शोधकर्ताओं व अध्यापकों को विषय का बोध कराती है।

आशा है यह पुस्तक छात्रों, शिक्षकों व प्रशिक्षकों के लिए उपयोगी सिद्ध होगी।

लेखक

अनुक्रमणिका

1

योग का स्वरूप व इतिहास

योग शब्द भारत में काफी व्यापक रूप से प्रचलित है। योग का साधारण अर्थ है जोड़। संस्कृत की भुज धातु से बना है जिसका अर्थ है समाधि या मिलना। इसके अंतर्गत अपनी आत्मा को इतना विकसित किया जाए कि वह परम पिता परमात्मा से मिलने को पूर्ण रूप से तैयार हो जाए। अर्थात् आत्मा+परमात्मा का मेल ही योग कहलाता है। योग दर्शन के अनुसार, चित्तवृत्तियों का निरोध करना ही योग है। वशिष्ट संहिता में मन को शांत करने के उपाय को योग कहा गया है। कठोपनिषद् में पांचों ज्ञानेन्द्रियां जब मन के साथ स्थिर हो जाती हैं, तो वह योग कहलाता है। महर्षि चरक ने मन का इन्द्रियों और विषयों से अलग हटकर आत्मा के साथ मिलान को योग कहा है। गीता में योग की परिभाषा है "योग: कर्मसु कौशलम्।" जिसके अनुसार कर्मों को निष्काम भाव से करना, फल की इच्छा न करना योग बतलाया है। इस प्रकार, आत्मा-परमात्मा का चिंतन करते हुए अपने कर्म करना योग कहलाता है। निष्काम भाव से कर्त्तव्यपरायणाता के साथ प्रसन्नता और निष्ठापूर्वक कर्म करना योग कहलाता है। याज्ञवल्कद संहिता में जीवात्मा-परमात्मा के मिलन को भी योग कहा है।

वर्तमान में योग के रूप में भिन्न-भिन्न प्रकार के विचार प्रचलित हैं। कोई राम, हनुमान, शिव, कृष्ण की पूजा को योग बतलाते हैं। कोई

तंत्र विद्या को योग मानता है, कोई मन के साथ जबरदस्ती करने को योग मानता है, तो कोई आसन प्राणायाम करने को योग मानता है। इस प्रकार, योग के नाम पर एक तरह का व्यापार चल निकला है, जो शारीरिक व मानसिक हानि पहुंचा सकता है। योग एक काफी गंभीर विषय है जिस पर चलने से पहले उसका सूक्ष्मता से अध्ययन करना बहुत आवश्यक है। साधारण तौर पर लोग आसन प्राणायाम को योग मान लेते हैं। यह सम्पूर्ण योग नहीं है। यह योग के आठ अंगों में से एक अंग है जिसके करने से शारीरिक व मानसिक लाभ होता है। भारत में प्राचीन काल से पतंजली योग पद्धति प्रचलित थी, जो मध्यकाल में लुप्त हो गई थी, जिसे आर्य समाज के संस्थापक महर्षि दयानंद सरस्वती ने पुनः जीवित किया। वर्तमान समय में इसे अनेक संतों व महात्माओं ने बढ़ावा दिया जिनमें सबसे ज्यादा स्वामी रामदेव की योग प्रणाली लोकप्रिय है। पतंजली ऋषि ने योग का रहस्य प्रकट करते हुए 'योगश्चित्तवृत्ति निरोधः' अर्थात् अपने विचारों और मन की तरंगों को नियंत्रित करके एक ओर लगाना योग है। मन एक घोड़े की तरह है, जिसे नियंत्रित करना आवश्यक है। यह हमेशा चलायमान रहता है। शरीर एक स्थान पर बैठा हुआ भी मन के द्वारा पाताल लोक से अंतरिक्ष लोक तक यात्रा कर लेता है। मन अनेक कही-अनकही बातों की कल्पना कर लेता है। अगर इसे नियंत्रित न किया तो यह सर्वनाश की ओर ले जाता है। मानव में अपार क्षमताएं हैं। उसकी शक्ति का कोई पारावार नहीं है। वह नदी में बहते हुए उस अपार जल की तरह है, जिसे बांधकर बिजली बनाकर लोकोपकार किया जाता सकता है। न बांधने पर यही जल भयंकर बाढ़ के रूप में विनाश कर सकता है। इसी प्रक्रिया से व्यक्ति को सुख-दुःख, यश-अपयश हानि-लाभ इत्यादि का अहसास होता है। इसको नियंत्रित न करने में व्यक्ति पागल-सा हो जाता है और नियंत्रण करने पर समाधि की अवस्था में पहुंचकर संत जैसा हो जाता है। जिसका अंतिम लक्ष्य आत्मा व परमात्मा का मिलन ही है।

योग के भेद

परमात्मा से मिलन का मार्ग सिर्फ योग ही है। इसे हम आठ भागों में विभक्त कर सकते हैं, जो इस प्रकार है

1. हठयोग, 2. कर्मयोग, 3 राजयोग, 4. ज्ञानयोग, 5. भक्तियोग, 6. नादयोग, 7. प्रेमयोग, 8. लययोग।

1. **हठयोग** इस योग का संबंध शारीरिक पक्ष से होता है। हठयोग की साधना करने वाला व्यक्ति शक्ति सामर्थ्य और पौरुष को प्राप्त करता है। वह किसी भी शारीरिक कार्य को करने में सक्षम होता है। वह हमेशा निर्भय और साहसी होता है। हठ योगी दूसरे के मन की बात जानने में सक्षम होता है और अपनी इच्छाशक्ति का इस्तेमाल किसी पर भी कर सकता है। इस योग द्वारा यौवन को प्राप्त किया जा सकता है। हठयोग की साधना द्वारा जल, नभ और चर किसी भी मार्ग पर चलने से सक्षम होता है। हठयोग की साधना करते हुए साधक आठों सिद्धियों (महिमा, अणिमा, गरिमा, प्राप्ति, प्राकाम्य, लछिमा, ईश्वरत्व और वशित्व) को प्राप्त कर सकता है। ऐसे योगी पुरुष दूरस्थ ध्वनि और दृश्य को सुनने और देखने में सक्षम हो जाते हैं। अतः इस प्रकार के योगी सूक्ष्म ज्ञान, गुप्त ज्ञान और दूरस्थ ज्ञान से परिपूर्ण हो जाते हैं और इन्हें भूख-प्यास पर भी विजय प्राप्त हो जाती है।

   हठयोग से चित्तवृत्तियों का ह्रास होता है। फलतः आत्मा का लगाव परमात्मा से हो जाता है। इस योग में सिद्धि प्राप्त योगी स्वस्थ, शक्तिशाली, इंद्रियों को वश में करने वाला, दीर्घजीवी, मृत्यु विजयी बन जाता है।

2. **कर्मयोग** इस संसार में व्यक्ति को जन्म लेकर कर्म करना अनिवार्य हो जाता है। बिना कर्म किए व्यक्ति खुद का अस्तित्व

नहीं बना सकता है। अब विचार यह करना है कि व्यक्ति किस कर्म को करे और किस कर्म को न करे अर्थात् कौन-सा कर्म योग्य है और कौन-सा अयोग्य है, कौन-सा कर्म-सुकर्म है और कौन-सा कर्म दुष्कर्म है। इसकी जानकारी करके ही कर्म किया जा सकता है। जो कर्म कर्त्तव्यपालन के लिए किया जाए, जिसमें स्वार्थ न हो अर्थात् जिस कर्म को फल की आशा किए बिना किया जाए वह सुकर्म होता है। निष्काम भाव से पूर्ण मनोयोग से कर्म करके उसे परमात्मा को समर्पित कर देना ही कर्त्तव्य युक्त कर्म है। कभी-कभी ऐसा भी हो जाता है कि निष्काम भाव से किए गए कर्म से भी आशानुकूल फल नहीं मिल पाता है। उस समय भी निराशा एवं चिंता महसूस न करें। पूर्ण रूप से धैर्य रखें। सुख और दुःख में समभाव रखना ही कर्मयोग है।

3. **राजयोग** यह सब योगों में सबसे प्रमुख है, इसके कारण राजयोग कहलाता है। राजयोग के अंतर्गत महर्षि पतंजलि का अष्टांग योग आता है। अन्य सभी योग इसके अंतर्गत आ जाते हैं। राजयोग का विजय चित्तवृत्तियों का नाश करता है। निरंतर अभ्यास, तप, स्वाध्याय, ईश्वर चिंतन द्वारा अविद्या, कष्ट का निवारण, असिद्धि का नाश व ज्ञान के प्रकाश से विवेक की प्राप्ति संभव है। अतः बुद्धि अथवा विचारों द्वारा चित्त के नियंत्रित करना ही राजयोग कहलाता है।

4. **ज्ञानयोग** आत्मा को जानना ही ज्ञानयोग कहलाता है, जिसका उद्देश्य अपने को प्रकृति के बंधन से मुक्त करना होता है। प्रकृति व पुरुष दो स्थितियां हैं। प्रकृति के विकार महज बुद्धि, पंचतन मात्रा, अहंकार, पांच कर्म इंद्रियां, पांच ज्ञानेन्द्रियां और पांच स्थूल भूत 24 तत्त्वों का साक्षात करना योग है। शरीर के पांच कोश, प्राणमय कोश, विज्ञानमय कोश, अन्नमय कोश, मनोमय कोश, आनंदमय कोशों का ज्ञान करके प्रकृति के विकार मन बुद्धि इंद्रियां

इत्यादि विषयों का ग्रहण करने वाले हैं। इन गुणों की प्रवृत्ति को जानना और चिंतन करना ज्ञानयोग कहलाता है। प्रकृत्ति के सात रूप होते हैं बैराग्य, अवैराग्य, धर्म, अर्धम, अज्ञान, ऐश्वर्य व अनैश्वर्य। मानव प्रकृति के इन बंधनों से अत्यधिक प्रभावित होता है। यही व्यक्ति के दु:ख और सुख का कारण बनते हैं। इनके मूल का ज्ञान प्राप्त करने वाला योग पुरुष कहलाता है। वह अपनी आत्मा पर पूर्ण रूप से विजय प्राप्त कर लेता है।

5. **भक्तियोग**- इस योग में भक्त अपने मन को हमेशा ईश्वर में ही लगाए रखता है। भक्त का हर काम ईश्वर को समर्पित भाव में विह्वल हो जाना और अपना सर्वस्व ईश्वर पर न्योछावर कर देना ही भक्ति है। इस प्रकार, तन, मन और लगन से भक्ति भाव रखना ही भक्त को ईश्वर से एकाकार कर देता है। ईश्वर से एकाकार होना 'ईश्वर प्रणिधान' है।

भक्ति योग करने वाले योगियों को कोई कामना नहीं रहती है। वह कामना मुक्त हो जाते हैं। यहां तक कि उन्हें मोक्ष की भी कामना नहीं रहती है। वह ईश्वर से एकाकार करने के पश्चात् हर क्षण ईश्वर के रूप-माधुर्य का ही आनंद चाहता है। भक्ति किसी भी तरह हो परन्तु लक्ष्य ईश्वर को प्राप्त करना ही होता है और जब भक्त, भक्ति की इस दशा को प्राप्त कर लेता है तो वह सिद्ध योगी बन जाता है।

6. **नादयोग** इसकी उत्पत्ति के विषय में कहा जाता है कि इसकी उत्पत्ति लययोग से ही हुई है। जैसे आसनों में सिद्धासन सर्वोत्तम व प्राणायाम में कुम्भक प्राणायाम उसी प्रकार योग में लय और नाद भी है। नाद को सर्वश्रेष्ठ माना गया है।

योगी योग स्तर पर ज्यों-ज्यों सफलता की तरफ बढ़ता है अर्थात् सफलता के अंतिम चरण में एक प्रकार का नाद सुनाई पड़ता है

और इस नाद का सुनाई पड़ना ही योग की सिद्धि का द्योतक है। नाद की सिद्धि समाधि खेचरी मुद्रा में होती है।

7. **प्रेमयोग**- एक कहावत है कि प्रेम का उदय, सच्ची लगन से होता है अर्थात् जब व्यक्ति सच्चे मन से एवं सच्ची लगन से कोई काम करता है तो प्रेम जाग्रत होता है और यही प्रेम परमात्मा के प्रति होता है, तो परमात्मा की प्राप्ति होती है।

8. **लययोग**- यह परमात्मा को प्राप्त करने के लिए सबसे सरल और सुविधाजनक उपाय है। प्राण और मन का लय रूप में हो जाना ही आत्मा व परमात्मा का मिलन होता है। आत्मा में ही सब-कुछ लय लीन कर लेना ही लय योग है।

अतः सभी योग का निष्कर्ष यही है कि 'आत्मा से परमात्मा का मिलन' इन योगों के अलावा योग के और भी प्रकार हैं, लेकिन सबका लक्ष्य एवं उद्देश्य एक समान ही है।

योग के अंग

योग के आठ अंग हैं

यमनियमासन प्राणायान प्रत्याहार धारणा ध्यान समाधयोऽष्टावंगानि।
(योग 2/29)

1. यम, 2. नियम, 3. आसन, 4. प्राणायाम, 5. प्रत्याहार, 6. धारणा, 7. ध्यान और 8. समाधि।

यम के भी पाँच विभाग हैं

(क) अहिंसा, (ख) सत्य, (ग) अस्तेय, (घ) ब्रह्मचर्य, (ङ) अपरिग्रह।

1. यम यम को पांच भागों में विभक्त किया गया है। जो इस प्रकार है

(क) **अहिंसा** शरीर, वाणी और मन से सब काल में समस्त प्राणियों के साथ वैर भाव छोड़कर प्रेमपूर्वक व्यवहार करना ही अहिंसा कहलाता है। किसी को मारना तो दूर की बात है मन, वचन, कर्म से न बुरा देखना, न बुरा करना, न बुरा सोचना अहिंसा है। किसी को चोट पहुंचना, कष्ट देना, कठोर वचन बोलना हिंसा है।

(ख) **सत्य** वाणी से बोलना और शरीर से आचरण में लाना ही सत्य कहलाता है। सत्य को कड़ुवा माना जाता, है परन्तु सत्य की सुंदरता उसकी मधुरता में ही है। सत्य सुख की पहली सीढ़ी है, परन्तु वह सदा हितकारी होनी चाहिए, जिसके बोलने से मन में भय, शंका, लज्जा का भाव न आए, वही सत्य है।

(ग) **अस्तेय** अस्तेय का अर्थ चोरी न करना है, जो वस्तु आपकी अपनी नहीं है उसको बिना वस्तु धारक की आज्ञा के न लेना ही अस्तेय है। परन्तु यदि हम अपने वर्तमान और पूर्वज महापुरुषों के विचारों की चोरी करते हैं तो यह अस्तेय का उल्लंघन नहीं कहलाएगा क्योंकि हम उनके विचारों को अपनाकर समाज की नई पीढ़ी का उत्थान कर रहे हैं।

(घ) **ब्रह्मचर्य** सत व संयम से रहना, वीर्य की रक्षा करना, मन, वचन और कर्म से किसी भी अन्य व्यक्ति को वासनामय दृष्टि से न देखना ब्रह्मचर्य है। महर्षि पतंजलि के अनुसार एक विवाहित नारी अथवा पुरुष भी ब्रह्मचार्च जीवन व्यतित कर सकता बसर्ते कि वह अपने आप संयम रखें। उनके अनसुार जो मानव प्रकृति के नियमों के विरुद्ध अत्यधिक वासना में लीन हो जाता है वही ब्रह्मचर्य को भंग करता है जिसका मन हमेशा भगवान (ब्रह्म) में लीन रहता हो वही ब्रह्मचारी है।

(ङ) अपरिग्रह जरूरत से ज्यादा वस्तुओं को इकट्ठा न करना, धन संग्रह की भावना का त्याग करना ही अपरिग्रह है। उदाहरण स्वरूप, मनुष्य इतना अधिक लालची है कि यदि हम उसे संसार की सभी सुख-सुविधाएं प्रदान कर दें तो भी वह संतुष्ट नहीं हो सकता, वह इससे भी अधिक की इच्छा करेगा। हमें अपनी मूलभूत जरूरतों की पूर्ति से ही संतुष्ट रहना चाहिए। अपनी इच्छाओं में गुणात्मक वृद्धि न करना ही अपरिग्रह है। उदाहरण के तौर पर यदि हमारे पास चार कमरों का घर है तथा पर्याप्त है, परन्तु यदि हम इससे बड़े घर की इच्छा करने लगें तो यह अपरिग्रह का उल्लंघन होगा। एक कहावत काफी प्रचलित है "जेती पांव पसारिये तेती लम्बी सौर" अर्थात् मनुष्य को अपनी आय के अनुसार ही खर्च करना चाहिए।

2. **नियम**- महर्षि जी ने पांच नियमों का वर्णन किया है, जो इस प्रकार हैं

(क) शौच, (ख) संतोष, (ग) तप, (घ) स्वाध्याय और (ड़) ईश्वर प्राणीधान।

(क) शौच का अर्थ है सफाई। नियम के इस अंग के अनुसार सिर्फ बाह्य सफाई ही पूर्ण स्वच्छता नहीं है। हम अपने शरीर की और अपने वातावरण की स्वच्छता का तो ध्यान रखते हैं। परन्तु अपने शरीर की आंतरिक स्वच्छता, मानसिक और वैचारिक स्वच्छता का ध्यान नहीं रखते। इसलिए शौच हमें यह सिखाती है कि हमें अपने मन में, कर्म में और विचारों में भी शुद्धता लानी चाहिए।

(ख) संतोष अपने पास विद्यमान ज्ञान, बल और साधनों से पूर्ण पुरुषार्थ करने के पश्चात् जितना आनंद, बल, विद्या, धनादि

फल रूप में प्राप्त हो, उतने से ही संतुष्ट रहना, उससे अधिक की इच्छा न करना संतोष कहलाता है। संतोष प्राप्ति का सबसे सरलतम साधन है। कर्म फल में आस्था अर्थात् जो मुझे मिल रहा है वह ही मेरे कर्मों का फल है। उससे अधिक की न इच्छा करें, न ही आशा। जो मिल रहा है उसी में हमेशा खुश रहें।

(ग) **तप** इस शब्द का शाब्दिक अर्थ है तपना या गर्मी से पक्का करना। लेकिन 'इससे हमारा' भावार्थ यह निकलता है कि "हमारी आतंरिक अग्नि या ऊर्जा को जागृत करते हुए अपने शरीर और मन पर पूर्ण रूप से नियंत्रण करना।" तप एक व्यक्तिगत अनुशासन (नियम) का मुख्य हिस्सा है, क्योंकि जब तक मनुष्य किसी विशेष रूप से तप जैसे व्रत रखना अथवा मौन रहने का अभ्यास नहीं करता तब तक वह इन नियमों का पालन नहीं कर सकता।

(घ) **स्वाध्याय** इसका शाब्दिक अर्थ है स्व+ अध्याय यानी कि अपना अध्ययन करना। मनुष्य अपना अध्ययन सिर्फ ऐतिहासिक धर्मग्रंथों के अध्ययन के माध्यम से कर सकता है और तभी उस परमात्मा को प्राप्त कर सकता है। उदाहरण के तौर पर जो महान ग्रंथों में जीवन-शैली, जीवन-मूल्य और दशाएं बताई गई हैं। क्या हम उनके अनुरूप चल पा रहे हैं या नहीं इन्हीं बातों का विचार मंथन करना स्वाध्याय कहलाता है।

(ङ) **ईश्वर प्रणीधान** ईश्वर के अस्तित्व में अट्टू विश्वास रखना उसकी प्राप्ति का भरसक कोशिश करना और उनके हर काम के लिए अपने आपको तैयार रखना ही ईश्वर प्राणीधान है। महर्षि पंतजलि के अनुसार योगी के लिए ईश्वर

उसका अपना गुरु है, जो कि उसको समाधि की अवस्था तक पहुंचता है और इस पूरे ब्रह्माण्ड को संचालित करने वाले भगवान से उसका साक्षात्कार कराता है।

3. आसन यम व नियम के पश्चात् योग साधना के लिए आसन का स्थान प्रमुख है। आसन का अर्थ है- "स्थिर सुखमासनम्" अर्थात् जिस मुद्रा में शरीर को सुखपूर्वक स्थिर रखा जा सके, जिससे शरीर और मन को सुख की प्राप्ति हो शरीर की उसी स्थिति को आसन कहा जाता है। आसनों की संख्या को विषय में यह ध्यान देना काफी जरूरी है कि जीवों के जितने प्रकार हैं उतने ही आसनों का उल्लेख है। कहा जाता है कि संपूर्ण आसनों की जानकारी भगवान शिव को ही है। स्वास्थ्य लाभ के अनुसार इस पुस्तक में कुछ आसनों की चर्चा की गई है। आसनों के करने से नसों का शुद्धीकरण, स्वास्थ्य वृद्धि और तन-मन को एक नयी शक्ति मिलती है। इसलिए योग साधना से आसन का बहुत अधिक महत्व है।

4. प्राणायाम इसका शब्दिक अर्थ है प्राण का नियंत्रण। जिस प्रकार शरीर को साफ-सुथरा रखने के लिए स्नान की जरूरत होती है, उसी प्रकार मन को शुद्धिकरण अर्थात् साफ-सुथरा रखने के लिए प्राणायाम काफी जरूरी है। प्राणायाम का मुख्य उद्देश्य शरीर की प्राणशक्ति को उत्प्रेरित करना, संचरित करना, संतुलित करना और नियमित करना होता है।

5. प्रत्याहार हमारी इंद्रियां जब अपने बाह्य विषयों और आडंबरों से मुक्त होकर अंतर्मुखी हो जाती हैं तो उस अवस्था को प्रत्याहार कहा जाता है। जब यह अवस्था प्राप्त हो जाती है तब इससे मन एवं इंद्रियों की चंचलता शांत हो जाती है। इससे ईश्वर की अनंत शक्तियों का अहसास होता है। साधना ईश्वर की लगन में लीन हो जाता है।

6. धारणा ईश्वर का ध्यान करने के लिए आँख बंद करके मन

को मस्तक, नासिका, कंठ, हृदय, भूमध्य आदि किसी एक स्थान पर स्थित करने का नाम है धारणा।

7. ध्यान अपने मन को धारणानुसार जिस विषय में लगाया हो उस विषय में ही निरंतर लगाए रखना ही 'ध्यान' कहलाता है। ध्यान की सहायता से ही राजसी और तामसी 'मलों' का नाश होता है और सात्विक गुणों का विकास होता है।

8. समाधि समाधि पतंजलि के अष्टांगयोग का आठवां और अंतिम लक्ष्य है।

ध्यानाभ्यास करते-करते जब स्वरूप शून्यता का प्रादुर्भाव हो जाता है तो समाधि सिद्ध हो जाती है। स्वरूप शून्यता आने पर उच्चतर चेतना कम होने लग जाती है। तथा ध्येय में पार स्थिर अंदरुनी सत्य का आभास होने लगता है। इस स्थिति में ध्यान और ध्येय एकाकार हो जाते हैं, अतः ध्यानाभ्यास की उच्चतर अवस्था ही समाधि होती है।

एक साधक की खोज का अंतः समाधि ही है। समाधि में योगी अपने ध्यान के अत्युच्च शिखर पर पहुंच जाता है, वहां उनका शरीर और इंद्रियां इस प्रकार स्थिर हो जाती हैं कि मानो वह सो रहा है और उसके मन व विवेक बुद्धि की क्रियाएं इस प्रकार सचेत और जाग्रत होती हैं कि मानो वह जाग रहा है, किन्तु फिर भी वह चेतना के परे होता है। समाधि की अवस्था में व्यक्ति पूर्ण रूप से सचेत व सक्रिय होता है।

योग का इतिहास

प्राचीन ग्रंथ उपनिषद्, भगवद्गीता और पतंजलि योगसूत्र को योग विज्ञान के तीन मूल स्रोत कहा गया है। कई वेदेत्तर दर्शन और परम्पराओं के माध्यम से योग कालांतर से प्रभावित भी होता रहा है इसलिए वेद व उपनिषद से लेकर जैन, बौद्ध, तंत्र और शांकर वेदांत तक की पूरी परंपरा

का एक संक्षिप्त सर्वेक्षण कर लेना हितकर है। इस अध्याय के अंतर्गत हम इस परम्परा का संक्षेप में परिचय देंगे।

वेद

वेद भारतीय परंपरा के प्राचीनतम ज्ञान स्रोत साहित्य है। वेदों के अंतर्गत मुख्य रूप से प्रकृति के देवताओं जैसे, जल, वायु, अग्नि, सूर्य इत्यादि की अर्चना के मंत्र या प्रार्थनाएं और प्रशंसा का वर्णन किया गया है। उस समय मानव प्रकृति पर ही पूर्ण रूप से निर्भर था और प्रवृत्ति ही उसकी आराध्य थी।

हिन्दू धर्म मानने वाले लोगों के लिए वेदों का एक मुख्य स्थान है। वेद सिर्फ एक ग्रंथ का नाम नहीं है, बल्कि एक विशेष साहित्य शृंखला का नाम है जो करीब 2000 वर्षों तक विकसित होती रही। वैदिक साहित्य को समय, भाषा और विषयवस्तु की दृष्टि से प्राय: चार भागों में बांटा गया है, जो इस प्रकार है

(i) संहिता, (ii) ब्राह्मण, (iii) उपनिषद् (iv) आरण्यक।

साधारण लोगों को ये साहित्य प्राप्त नहीं है। इन सभी को बहुत पवित्र साहित्य माना जाता है। शिष्य इन्हें अपने सद्गुरु के मुख से सुनकर ही वेदोक्त विषयों को सीखता और याद करता है, इसलिए इन्हें श्रुति भी कहा गया है।

वेद चार प्रकार के होते हैं (i) ऋग्वेद, (ii) सामवेद, (iii) यजुर्वेद, (iv) अथर्ववेद।

ऋग्वेद सभी वेदों से पुरानी है। सामवेद की अपनी कोई स्वतंत्र विषयवस्तु नहीं हैं। ऋग्वेद ही सारी रचनाओं को सामवेद के अंतर्गत उद्धृत किया गया है और गायन हेतु उन्हें एक निश्चित राग से भी प्रस्तुत किया गया है। इसलिए सामवेद को कीर्तन या गायन वेद भी कहा जाता है।

यजुर्वेद में ऋग्वेद से उद्धृत विषय के अलावा अनेक नए प्रसंग भी हैं। यजुर्वेद के अंतर्गत विषय को बलि, पूजन इत्यादि की क्रिया में प्रयोग किए जाने के क्रम से प्रस्तुत किया गया है। अथर्ववेद ऋग्वेद से बहुत भिन्न है और यह बहुत बाद की रचना है। इसके अंतर्गत अनेक मंत्रों, कीर्तनों और उपायों को प्रेतों से प्रसन्न करने के रूप में वर्णित किया गया है। आयुर्वेद को अथर्ववेद का उपवेद भी कहा जाता है और इसके अंतर्गत स्वास्थ्य और चिकित्सों संबंधी कुछ बातें भी हैं।

ब्राह्मण वैदिक संहिताओं के पश्चात् पैथियोलॉजी से संबंधित साहित्यों का विकास हुआ। जिन्हें ब्राह्मण ग्रंथ के नाम से जानते हैं। इसमें मुख्य रूप से बलिपूजन आदि के विषय में, इनमें धार्मिक क्रियाओं के पवित्र तत्त्व का उल्लेख किया गया है।

आरण्यक- मुख्य रूप से जो लोग गृहस्थाश्रम से छुटकारा पाकर जंगलों में प्रवास करने लगते थे और कुछ असुविधाओं के कारण बलि-पूजन आदि क्रियाओं को पूरा नहीं कर सकते थे, ये ग्रंथ ऐसे लोगों के लिए थे। यहाँ पर कुछ निशानों पर ध्यान केन्द्रित करने को जरूरी माना गया, जिस वजह से इस प्रकार की बलि इत्यादि विस्तृत क्रियाएँ क्रमशः धीरे-धीरे समाप्त होने लगीं। इस काल के अंतर्गत, आत्मचिंतन, दार्शनिक, हयानादि कर्म और आत्मज्ञान जैसे विषयों का आविर्भाव होने लगा। इन मूल्यों को बलि इत्यादि क्रियाओं से काफी महत्त्वपूर्ण माना जाने लगा।

वेदों में आरंभ से ही मौलिक ज्ञान के बीज थे। यह ज्ञान उपनिषदों तक पहुंचने के पश्चात पूर्ण दर्शन के रूप में विद्यमान हो गया।

उपनिषद उन संहिताओं, ब्राह्मणों और आरण्यक ग्रंथों से मौलिक उपनिषद् (ईसा पूर्व 700-300) का संबंध है और इन उपनिषदों को वैद्धिक साहित्य का सबसे अहम् हिस्सा माना जाता है। उपनिषद् ज्ञान मार्ग को समर्पित है जबकि इसके विपरीत अन्य वैदिक साहित्य मुख्य रूप से कर्ममार्ग (बलि, होम आदि) का बोध कराते हैं। वे मानव की मुक्ति का द्वार दिखाने वाले मार्ग का ज्ञान कराते हैं।

उपनिषद उपनिषद शब्द से तात्पर्य ऐसे पवित्र गोपनीय ग्रंथ या प्रशिक्षण पद्धति से है, जिसमें अत्यंत संयमशील और ज्ञान पिपासु शिष्यों के अत्यंत अंतरंग आदान-प्रदान के माध्यम से विकसित ज्ञान का संग्रह उपनिषदों में है। शंकराचार्य द्वारा भाष्य करने के लिए चुना, उदा, बृहदारण्यक, छान्दोग्य, ऐतरेम, ईश, केन, तैतिरीय, कठ, प्रश्न, मुण्डक और माण्डुक्य, उपनिषदों के अंतर्गत आते हैं। पूर्ण रूप से पहचान हो चुके उपनिषदों की संख्या 108 है।

वेदांत मुख्यतः शंकराचार्य के भाष्य ही मौलिक प्राचीन उपनिषदों का सर्वांगीण नेतृत्व करते हैं। वेदांत से तात्पर्य है वैदिक साहित्य के प्रमुख अंग उपनिषदों की विषयवस्तु का आर्ष-निष्कर्ष। वस्तुतः वेदांत दर्शन बादरायण के ब्रह्मसूत्रों में संग्रहित उपनिषद् को दार्शनिक तत्त्वों का ही प्रतिपादन, स्पष्टीकरण और पुष्टिकरण है। शंकराचार्य द्वारा उपनिषदों की भावना को फिर से प्रतिपादित किया गया। वे बौद्धदि अनात्मवादी विचारों की प्रतिक्रिया में भी खड़े हुए।

बौद्ध बौद्ध दर्शन के गुरु गौतम बुद्ध थे। उनका जन्म भारतवर्ष की नगरी कपिलवस्तु शाक्य राजपरिवार में 560 वर्ष ईसा पूर्व हुआ था। गौतम बुद्ध बचपन में ही वृद्धों जाधि-पीड़ित, मृत और संयासरत मनुष्यों को देखकर उत्तेजित हो उठे। वे इस निष्कर्ष पर आ पहुंचे कि विश्व की कोई भी वस्तु स्थायी नहीं है। इस संसार में सिर्फ दुःख-ही-दुःख है। यह संसार केवल दुःखों से भरा पड़ा है।

प्राचीन बौद्ध पाली साहित्य में तीन प्रमुख संग्रह हैं, जो इस प्रकार हैं-

(i) **सत्त** इसके अंतर्गत बौद्ध सत्य के सिद्धांत (धम्म) प्रतिपादित हैं।

(ii) **विनय** इसके अंतर्गत बौद्ध संत्रासिया के आदर्श और अनुशासन का वर्णन किया गया है।

(iii) अभिधम्म इसमें 'सत्त' का विवेचन किया गया है।

बौद्ध दर्शन का एक अन्य काफी महत्त्वपूर्ण आर्ष ग्रंथ 'मिलिन्द पन्हों' राजा मिलिन्द के प्रश्न हैं।

ऊपर दिए गए ग्रंथों में उपलब्ध बौद्ध सिद्धांत मेरवार या स्थविरवाद अर्थात् बुजुर्गों के सिद्धांत मेरवाद और स्थविरवाद के नाम से जाने जाते हैं।

बौद्ध 'शून्यवाद' का यही मूलभूत सिद्धांत है।

बुद्ध की सर्वेश्रेष्ठ खोज के रूप में भी दुःख या दुःख की प्रकृति को ही माना जाता है। यह बुद्ध का आर्यसत्य भी कहलाता है। बौद्ध के आर्यसत्य के निम्न चार पक्ष हैं, जो इस प्रकार हैं

(i) यहां दुःख संताप है, इसकी उद्घोषणा।

(ii) दुःख के निवारण के उपाय भी हैं।

(iii) दुःख का कारण है।

(iv) दुःख से निवृत्ति संभव है।

निम्नलिखित तथ्य के सिद्धांत को नियंत्रित करते हैं

(i) अविद्या, (ii) संस्कार, (iii) विज्ञान, (iv) स्पर्श, (v) नाम-रूप, (vi) पड़ायतन, (vii) तृष्णा, (viii) वेदना, (IX) उपादान, (X) जाति, (XI) भावर, (XII) जन्म-मरण।

औपनिषादिक परंपरा में बौद्ध दर्शन के अंतर्गत भी स्वीकृत पुनर्जन्म का सिद्धांत माना जाता है। जाति एवं जन्म-मरण दुःख संताप के मुख्य भाव हैं। बुद्ध, आत्मा के अस्तित्व को न मानकर तत्संबंधित क्रियाकलापों को निम्न पांच भागों के अंतर्गत स्वीकार करते हैं। ये खण्ड एक-दूसरे पर निर्भर शारीरिक और मानसिक स्थितियों के दो समूह हैं। किसी व्यक्ति

का यह कहना है कि वह आत्मतत्त्व का अनुभव कर रहा है तो स्वत: ही वह खुद को भ्रमित कर रहा होता है, क्योंकि वह इन्हीं में से एक या कई का अनुभव उस समय करता है।

बुद्ध के अनुसार, दु:ख का समाधान है और इसका निवारण किया जा सकता है। बुद्ध जीवन में निराशा या नकारात्मकता को बढ़ावा नहीं देते। इस हेतु बौद्ध दु:ख निराकरण के आठ मार्ग हैं, जो इस प्रकार है (i) सम्यक दृष्टि, (ii) सम्यक संकल्प, (iii) सम्यक वाक, (iv) सम्यक कर्ण, (v) सम्यक आजीव, (vi) सम्यक व्यायाम, (vii) सम्यक स्मृति, (viii) सम्यक समाधि।

बौद्ध योग का लक्ष्य सत्य की तात्कालिक अनुभूति।

बौद्ध-सम्प्रदाय

1. हीनयान इस संप्रदाय का मुख्य उद्देश्य है 'पुद्‍गल शून्यता अर्थात् पुद्‍गल का नकारना।'

उपरोक्त चार अवस्थाओं के माध्यम से आध्यात्मिक विकास की साधना करके इस उद्देश्य की प्राप्ति होती है। आध्यात्मिक विकास की चार अवस्थाएं होती हैं, जो इस प्रकार हैं

(i) स्स्त्रोतोपन, (ii) सवृदागामी, (iii) अनागामी, (iv) अर्हत्त।

इसका मुख्य उद्देश्य व्यक्तिगत शांति ही है।

2. महायान इसका मुख्य उद्देश्य है 'धर्मशून्यता' महामुनियों के अनुसार, 'पुद्‍गम-शून्यता' सर्वोच्च प्राप्ति नहीं है।

महायान का परम् उद्देश्य धर्मशून्यता से और भी ऊपर है। यहां दशविध आध्यात्मिक पंथ बतलाए गए हैं, जिन्हें दश-भूमि कहते हैं। ये इसकी दशभूमि प्राप्ति के लिए अति आवश्यक है।

इसकी मुख्य दस अवस्थाएं होती हैं, जो इस प्रकार हैं-

(i) प्रभुदिता, (ii) विमला, (iii) प्रभाकारी, (iv) अर्चिष्मति, (v) सुदुर्जवा, (vi) अभिमुखी, (vii) दुरंगमा, (viii) अचला, (IX) साधुमति, (X) धर्ममेधा।

महायान का मूल उद्देश्य सिर्फ व्यक्तिगत की शांति नहीं है। इसका मूल उद्देश्य सम्पूर्ण जगत् की शांति है।

सिर्फ व्यक्तिगत निर्वाण ही धर्म का सर्वोच्च उद्देश्य है, जबकि महायान जगत् के प्रत्येक जीव के निर्वाण का उद्देश्य रखता है। हीनयान निर्वाण तीन जीवन चक्रों में प्राप्त है, जबकि महायान सबके निर्वाण के लिए अनिश्चित समय तक साधना के लिए प्रस्तुत है। महायान के अनुसार संसार की सभी वस्तुएं अस्थायी होने के साथ-साथ अनावश्यक और शून्य भी हैं, जबकि दूसरी ओर हीनायन सभी वस्तुओं के अनस्थायित्व में विश्वास रखता है।

बौद्ध और वेदांत इसके अनुसार आत्मा स्थायी और अपरिवर्तनशील है। आत्मतत्त्व की परिभाषा नहीं दी जा सकती, यह परम पवित्र, आनंदतत्त्व और अपरिभाषित है। यह सर्वातीत अनुभव की एक वस्तु है। इसके अनुसार, आत्मतत्त्व सभी औपनिषदिक अवधारणा भी एक प्रकार की मानसिक अनुभव के अलावा कुछ भी नही है। मनुष्य की इस बात में सत्यता नहीं है कि आत्मा अपरिवर्तनशील है। इस पूरे संसार और मानव जीवन में कोई भी वस्तु स्थायी नहीं है। यह अनस्थायित्व ही एक दु:ख है और यही बौद्ध दर्शन का मूल चिंतन है।

जैन-सम्प्रदाय

नास्तिक दर्शन के आधार पर जैन धर्म या जिन धर्म भी आधारित है। जिन का अर्थ है- विजेता अर्थात् आत्मविजेता। यह जीवन मुख्य योगी का नाम है।

बिहार प्रदेश के वैशाली नगर में लगभग 599 ईसा पूर्व महावीर का जन्म हुआ था। वे 72 वर्षों तक जीवित रहे। सामान्य जन के समान योगसाधना करते हुए जिन अर्हत तीर्थंकर और अंतः सिद्ध हुए। महावीर ने जिस जीवन पद्धति का प्रचार किया था, उसे ही जिन धर्म या जैन धर्म कहा जाता है। यह धर्म सिर्फ किसी वर्ग व्यक्ति या जाति तक सीमित नहीं है। जैनियों में प्रायः दो भाग हैं- (i) दिगम्बर, (ii) श्वेताम्बर।

जैन दर्शन की चार पक्षीय मान्यता है, जो इस प्रकार हैं

(i) आध्यात्मिक आत्मा प्रबंधक यथार्थवाद।

(ii) दार्शनिक संबंधी।

(iii) नैतिकवाद-विवाही

(iv) मानशास्त्र संबंधी बुद्धिवाद।

अन्य भारतीय दर्शन के अनुसार जैन का मानना है कि जीवन का अंतिम उद्देश्य मोक्ष प्राप्ति ही है।

जैनियों के मौलिक अहिंसात्मक दृष्टिकोण का ही प्रतिभूति स्वरूप है। यह बौद्धिक अहिंसा का आख्यान है। जैन के अनुसार, दुनिया को छः तत्त्वों से बनाया गया है, जो इस प्रकार है

(i) जीवन, (ii) अजीव, (iii) धर्म, (iv) अधर्म, (v) आकाश, (vi) काल।

जैन दर्शन सतगुरु को महत्त्व देता है। ऐसा ईश्वर जो सृष्टि का स्थायित्व, संरक्षक और संहारक हो, उस ईश्वर में जैन विश्वास नहीं रखता, बल्कि वह सिद्धांत, कर्म, पुनर्जन्म, पुण्य, पाप, स्वर्ग, नर्क और मोक्ष में विश्वास करता है।

बौद्ध व जैन

इन दोनों धर्मों में कुछ समानताएं और कुछ अंतर हैं, जो इस प्रकार हैं

दोनों धर्मों में समानता

(i) दोनों ही धर्म व दर्शन के प्रति स्पष्ट दृष्टिकोण रखते हैं। दोनों का यह भी मानना है कि उसी पर विश्वास करना चाहिए जिसे सत्य और वास्तविक सिद्ध किया जा सके।

(ii) जैन और बौद्ध दोनों पुनर्जन्म में विश्वास करते हैं।

(iii) निर्वाण व कैवल्य की आत्मशुद्धि को दोनों ने जरूरी माना है और दोनों की मान्यता यही है कि कैवल्य को कुछ क्रियाओं के द्वारा प्राप्त नहीं किया जा सकता।

(iv) दोनों ही अपने-अपने प्रयासों पर भरोसा करते हैं और ये ब्रह्म और ईश्वर में विश्वास नहीं रखते। जैन ने ईश्वर को स्पष्ट रूप से नकारा है और बुद्ध खुद ईश्वर के अस्तित्व के विषय में कुछ नहीं कहते हैं।

(v) ये किसी एक व्यक्ति के लिए रुचि न रखते हुए संपूर्ण विश्व के कल्याण में रुचि रखते हैं। इस परमार्थी प्रवृत्ति को बौद्ध सम्प्रदाय में अधिक देखा जाता है।

दोनों धर्मों में अंतर

(i) जहां जैन सकारात्मक दृष्टिकोण रखते हैं, वहीं बौद्ध कुछ अंशात्मक नकारात्मक दर्शन है।

(ii) बौद्ध 'मध्यम मार्ग' को ज्यादा मान्यता देते हैं, जबकि जैन आत्यन्तिक शुद्ध में विश्वास करता है।

सूफी योग

सूफी शब्द की उत्पत्ति अरबी भाषा के 'ऊन' अर्थ वाले शब्दों से हुई है। इसका दूसरा अर्थ है 'सर्वोत्तम शुद्धि और आस्था' इनके अनुसार, ईश्वर में मिलने का एक उपाय उसका स्मरण करते रहने को माना गया है जिसमें व्यक्ति के गुण निहित हैं। सूफी योग की सभी प्रकार की प्राप्तियां इस्लाम के सिद्धांत से ओत-प्रोत होकर हुई हैं।

ये मनुष्य को ईश्वर के लिए समर्पित करने के लिए प्रयत्नशील रहते हैं। दूसरा पक्ष योग-साधना है जिसके अंतर्गत मनुष्य सांसारिक मनोविकारों और इच्छाओं से खुद की आत्मा को शुद्ध करने के लिए ध्यान, साधना और तप करता है।

हठयोग

जब मध्य युग में धार्मिक, आध्यात्मिक और दार्शनिक पक्ष कुछ पिछड़ गया तो इस युग में योग के क्षेत्र में शरीर विज्ञान का अधिक प्रवेश हुआ। हठयोग का बहुत तेजी से विकास होता गया और वह दिन-प्रतिदिन लोकप्रिय होता गया।

हठयोग के संबंध में अनेक ग्रंथों की रचना की गई। जैसे प्रदीपिका, शिवसंहिता, घेरण्ड संहिता आदि। इनमें मुद्रा, बंध, आसन, प्राणायाम आदि का वर्णन किया गया है। इसका आज भी काफी प्रभाव है। श्री अरविन्द, महात्मा गांधी और स्वामी विवेकानंद जी जैसे योग विचारकों के प्रादुर्भाव से इसका प्रयोग समाज के कल्याण के लिए किया जाने लगा। इसका प्रयोग चिकित्सा के क्षेत्र में भी बड़े प्रभावी ढंग से किया जा रहा है।

तंत्रयोग और तंत्र परंपरा

आगम या तंत्र, तंत्रयोग और तंत्रदर्शन के मुख्य स्रोत हैं। आगम

अत्यंत प्राचीन हैं और उनकी योग्यता वेदों के समान है। इनमें भिन्न-भिन्न प्रकार की महत्त्वपूर्ण आध्यात्मिक साधन विधियों का उल्लेख किया गया है जिनका कि अपना एक अलग वर्ग है और वे पतंजलि योग परंपरा से बिलकुल अलग हैं। सृष्टयात्मक पृष्ठभूमि-आगम में निरूपित आत्यन्तिक सत्य 'शिव' है, जो चिति या शुद्ध संवित है। संपूर्ण उसी का प्रकट स्वरूप है। अतः शिव आत्यन्तिक है। आध्यात्मियक अशुद्धि से घिरे पशु को भी शिव कहा गया है, जो कि माया के पांच तत्त्वों में दबा हुआ है। जीवन का मुख्य उद्देश्य शिव को प्राप्त करना अर्थात् मल से मुक्त होना है। इस मल को दूर करने के अलग-अलग साधन हैं।

योग का वर्गीकरण योग साधना को दो वर्गों में वर्गीकृत किया गया है, जो इस प्रकार हैं (i) दक्षिणमार्ग, (ii) वाममार्ग।

(i) दणिक्षमार्ग इसका प्रमुख पंथ पतंजलि योग और वेदांत है जो उपनिषदों से आविर्भूत है।

(ii) वाममार्ग- इसका मुख्य पंथ कौल है जो तंत्र से आविर्भूत है। तंत्र मार्ग को वाममार्ग भी कहा जाता है। इसके अलावा दोनों तरफ की अनेक तत्सम साधनाएं हैं।

दक्षिण भारत में प्रचलित शैव के शैवसिद्धांत पंथ, पतंजलि योग, अद्वैतवेदांत जैन और बौद्ध दक्षिणमार्गी हैं।

वैष्णव दो प्रकार के होते हैं

अधिकांशतः दक्षिणमार्गी हैं। बंगला के वाममार्गी हैं। बौद्ध में भी वज्रमान नामक वर्ग विकसियात है, वह भी तंत्रमार्ग है, वज्रयानियों को वामपंथी माना जाता है।

तंत्रयोग व क्रिया

दक्षिणमार्ग योग साधना मुख्य रूप से 'ज्ञान' पर ही आधारित है।

इसके विपरीत वाममार्ग 'मुख्य रूप से क्रिया' पर आधारित है। दक्षिण मार्ग को ज्ञानमार्ग व वाममार्ग को क्रियामार्ग कहा जाता है। ज्ञानमार्ग में अपने अंदर के सत्य के स्वरूप को सीधे अनुभूत करते हुए व्यक्तित्व के पीछे छोड़ देते हैं, जबकि क्रियामार्ग में व्यक्तिगत की संभावनाओं को अपने स्वाभाविक विकास क्रम में प्रस्फुटित होने और समाप्त होने के लिए उकसाया जाता है। दोनों सम्प्रदायों का अंतिम मुख्य उद्देश्य शिवत्व या ब्रह्मत्व को प्राप्त करना है।

इनके उद्देश्य एक जैसे होते हुए भी रास्ते अलग-अलग हैं। ज्ञान-मार्ग अपने परम उद्देश्य को प्राप्त करने के लिए प्रकृति को नकारता है, इसके विपरीत क्रियामार्ग प्रकृति को परिवर्तित करके शिव को उन्मुक्त करता है। कुछ विद्वानों का मानना है कि ज्ञान-मार्ग को नकारात्मक पंथ और क्रियामार्ग को सकारात्मक पंथ माना गया है।

प्रवृत्ति मार्ग तांत्रिक मार्ग को प्रवृत्ति मार्ग माना जाता है। तंत्रयोग जगत् में सांसारिक मूल्यों में प्रवृत्ति रखने वाले गृहस्थ जीवन का अनुगामी है। सांसारिक मूल्यों में प्रवृत्ति अनासक्तिभाव से ही होती है।

इच्छाओं का परिणमन तंत्रयोग अभिलाषाओं मुख्य रूप से यौन संबंधी अभिलाषाओं में परिणमन का उद्देश्य है। अभिलाषा एक प्रकार की शक्ति है जिसे पूर्णतः नष्ट नहीं किया जा सकता, अपितु इसे सिर्फ परिवर्तित किया जा सकता है।

अभिलाषा परिणमन के लिए तंत्रयोग में भिन्न-भिन्न उपयोगी विधियों का वर्णन किया गया है।

कुण्डलिनीयोग या लययोग तंत्रयोग का मुख्य पक्ष लययोग होता है, जिसमें कुंडलिनी योग आता है। षट्चक्रों और प्राणायाम पर ध्यान केन्द्रित करने से ये यौगिक चक्र पुष्पित और जागृत हो जाते हैं, जिसके द्वारा सूक्ष्म शरीर तनाव मुक्त हो जाता है। इसके द्वारा शारीरिक चेतना द्रवित होकर शिव चेतना में अंतर्लीन हो जाती है।

मंत्रयोग

मंत्रयोग तंत्रयोग का एक अन्य महत्त्वपूर्ण पक्ष है। कुछ मुख्य तांत्रिकों के अनुसार, मंत्रों में खुद कोई शक्ति नहीं होती है अपितु यह शक्ति सृजनात्मक चैतन्य के माध्यम से आती है। सृजनात्मक चैतन्य के धनी व्यक्ति द्वारा बोले गए शब्द ही मंत्र बनकर फलीभूति होते हैं।

शक्ति की उपासना

इसमें चामुण्डा, काली, त्रिपुरा, तारा, बगलेश्वरी इत्यादि शक्ति के रूप में उपासना की जाती है। इनके स्वरूप को वास्तविक शक्ति की प्रतिमूर्ति कहा गया है। श्री चक्र या त्रिकोण शक्ति के तीन अलग-अलग पक्षों, जैसे इच्छा, ज्ञान और क्रिया और पुरुष-स्त्री एक हैं। अतः ये सर्वोत्तम हैं, अर्ध नारीश्वर हैं।

वाममार्ग व दक्षिणमार्ग का आपस में पूरक पक्ष-तंत्रयोग, वैदिक योग का भी पूरक है।

प्रकृति के नियमों द्वारा ही प्रकृति पर विजय प्राप्त करने का क्रम तंत्रयोग के द्वारा किया जाता है। यही सांसारिकता को रूपान्तरित करके शिव में अंतर्निहित करता है।

इस प्राकृतिक स्पन्दन अथवा क्रिया को स्वतंत्रतापूर्वक और पूर्णरूप से विकसित होने में तांत्रिक साधना सहायता करती है। न तो दक्षिण मार्ग और न ही 'वाममार्ग' अकेले भारतीय वास्तविक योग है। ये दोनों ही एक-दूसरे के पूरक हैं।

अनेक भारतीय योगियों के जीवन में यह प्रकृत्ति देखी जा सकती है।

2

भारत में योग का विकास

इस पाठ के द्वारा भारत में योग की परंपरा को विकास प्रक्रिया पर प्रकाश डालने का पूर्ण रूप से प्रयास किया गया है। वैदिक युग से लेकर आधुनिक, दार्शनिक व धार्मिक साहित्य में योग की अनेक परम्पराएं विकसित हो गई हैं, लेकिन आज भी सुव्यवस्थित, संतुलित और समग्र योग के दृष्टिकोण से पतंजलि का योग दर्शन सर्वमान्य है और अरविन्द का योग समन्वय उत्कृष्ट, दार्शनिक सिद्धांतों से संलग्न है।

1. वेद ही आर्यों का सर्वस्व है। स्वतः प्रमाण है तथा सूर्य के समान अपना प्रकाश करता हुआ समस्त अन्य पदार्थों को प्रकाशित करने वाला है। यह सत्यविद्याओं का निधान है तथा उसी के आधार पर अन्य समस्त विद्याओं का विकास हुआ है।[1] वेद की साक्षी के विरुद्ध स्मृति पुराण आदि ग्रंथों में वर्णित सिद्धांतों या वाक्यों को अप्रामाणिक जानकर अग्राह्य माना जाता है। इस कारण जीवन के साथ वैदिक स्वाध्याय का घनिष्ठ संबंध प्रदर्शित करते हुए मनु स्मृति में व्यवस्था की गई है कि जो द्विज वेद का अध्ययन न कर अन्य शास्त्रों में श्रम करता है, वह बंधु बांधवों सहित शूद्र (जो पढ़ाने से भी न पढ़ सकें।) की कोटि में चला जाता है।[2]

2. मनु के अनुसार वेद पितृगण, देवता तथा मनुष्यों का सनातन चक्षु है।[3] लौकिक वस्तुओं के साक्षात्कार के लिए नेत्र की तथा अलौकिक वस्तुओं के रहस्य को जानने के लिए वेद की उपयोगिता है। वेद

का वेदत्व इसी में है कि वह प्रत्यक्ष या अनुमान के द्वारा दुर्बोध तथा अज्ञेय उपाय का ज्ञान कराता है।[4] शतपथ ब्राह्मण में वेदाध्ययन का महत्त्व प्रदर्शित किया गया है कि धन से परिपूर्ण धरती (पृथ्वी) के दान करने से जितना फल होता है वेदों के अध्ययन से उससे भी बढ़कर अविनाशी अक्षयलोक को मनुष्य प्राप्त करता है।[5]

वेद किसी एक ग्रंथ का नाम नहीं है, बल्कि एक विशेष साहित्य शृंखला का नाम है, जो करीब 2,000 वर्षों तक विकसित होती रही।

यद्यपि पातञ्जल योग दर्शन सुव्यस्थित, दार्शनिक सिद्धांतों एवं व्यावहारिक क्रियाओं का विवेचना प्रस्तुत करता है, परन्तु स्वयं पतंजलि ने भी यह स्वीकार किया है कि उन्होंने अपने से पूर्व साहित्यों में उपलब्ध योग के अर्थ, विवरण, क्रियाएं, अभ्यास, उपलब्धियां एवं उद्देश्यों को व्यवस्थित एवं अनुशासित ढंग से प्रस्तुत करने का प्रयास पातञ्जल योग दर्शन में किया है एवं उन्होंने स्वयं भी वैदिक देवता हिरण्यगर्भ को योगशास्त्र का मूल प्रणेता स्वीकार किया है। अतः वैदिक योग का आदि प्रवक्ता हिरणगर्भ परमात्मा ही है।[6]

पातञ्जल योग दर्शन को सर्वमान्य मापदंड के रूप में स्वीकार करते हुए इस पाठ में हम भारतीय दर्शन के कुछ उन प्रमुख विचारधाराओं में योग के प्रयोग और उपलब्ध के तत्त्व के आधार पर योग की विवेचना करेंगे। इसमें मुख्य रूप से वेद, उपनिषद्, सांख्य और गीता में वर्णित योग के स्वरूप पर ध्यान केन्द्रित किया गया है। इन चारों दर्शनों में योग के स्वरूप का विवेचन करने के पीछे वैध कारण हैं। वैदिक दर्शन में प्रकृति पूजा के काम बहुदेयवाद, एकेश्वरवाद में विश्वास के साथ ही आत्मज्ञान की प्राप्ति में या आत्मज्ञान की अवस्था में अधिष्ठित होता है। इन सभी प्रसंगों में योग का प्रयोग मिलता है। ये सभी प्रसंग कहीं-न-कहीं से पातञ्जल योग परंपरा में सिंचित और पूरा करता है। दूसरे शब्दों में पातञ्जल योग-दर्शन की पृष्ठभूमि तैयार करता है।

दूसरा उपनिषद् विचारधारा में उपलब्ध योग के तत्वों पर विचार इसलिए किया गया है कि पातञ्जल दर्शन में वर्णित शारीरिक व मानसिक विकार को चित्त की वृत्तियों को और पंचकलेश को सम्यक रूप से समझने के लिए उपनिषद् को पंचकोष विवरण काफी ठोस आधार पर प्रस्तुत करता है।

सांख्य में विवेचित योग के स्वरूप का अध्ययन पातञ्जल योग दर्शन को समझने की पूर्व अपेक्षा है। भिन्न-भिन्न विद्वानों ने सांख्य को सैद्धान्तिक और योग को उसका व्यावहारिक पक्ष कहा है। सांख्य में प्रस्तुत विविध दुःख पुरुष का भ्रमित होकर अविद्यावश प्रकृति के स्वरूप को अपना स्वरूप समझना और सुख-दुःख आदि अनुभूतियों के कारण बंधन में पड़ना, सांख्य को एक नैतिक समाधान खोजने के लिए मजबूर करता है। जो मानव का उसके विशुद्ध चैतन्य पुरुष रूप का ज्ञान कराए, क्लेशों से मुक्ति दिलाएं, वृत्तियों को हटाए और कैवल्य की ओर हमेशा अग्रसर करें। संख्या के इसी नैतिक खोज का अन्तर पातञ्जल योग दर्शन व्यावहारिक पृष्ठभूमि पर प्रस्तुत करता है।

गीता में वर्णित योग, परंपरा को यहां पर इसलिए विवेचित किया गया है ताकि योग परंपरा के व्यावहारिक व सांसारिक कर्त्तव्यों से विमुखता का आधार न बना लिया जाए। स्वस्थ और सम्मुख योगाभ्यास योग दृष्टि स्थित प्रज्ञयता सांसारिक कर्त्तव्यों से विविधता के साथ भी उपलब्ध हो सकती है। उनके लिए वैदिक कालित आरण्यकवासी ऋषियों का जीवन व्यतीत करना और साधना के लिए सांसारिक कर्त्तव्यों से विमुख होना औचित्यपूर्ण नहीं है। अतः गीता दर्शन योग के प्रयासों व उद्देश्यों का सीमित दायरे में बाहर निकालकर एक व्यापक पटल पर रखता है। चार दार्शनिक सम्प्रदायों में योग के तत्त्व का विवरण प्रस्तुत करने के बाद हम सबसे पहले वेदों में योग का क्या वर्णन मिलता है। इस पर पूर्ण रूप से विचार करते हैं।

वेदों में योग के तत्त्व

एम.के. देवराज के मतानुसार, "वैदिक वाङ्मय में योग के तत्त्व बिखरे पड़े हैं।" राधा कृष्णन व एस.एन. दास गुप्ता ने इसका विस्तृत विवेचन प्रस्तुत किया है कि पातञ्जल योग दर्शन के कौन से तत्त्व वेद की 'किस' संहिता व प्रसंग के किस उद्देश्य के तहत लिए गए और कैसे व्यवस्थित किए गए, इन्हीं सब तथ्यों का संक्षिप्त प्रारूप हम इस भाग में सबके सामने प्रस्तुत करने की कोशिश करेंगे और यह समझने की कोशिश करेंगे कि वेदों की मूल अवधारणा और भारतीय दार्शनिक विचारों के विकास में इनका क्या स्थान और योगदान है? वैदिक साहित्य को चार भागों में विभाजित किया जा सकता है

(i) संहिता, (ii) ब्राह्मण, (iii) आरण्यक, (iv) उपनिषद्।

संहिताएं भी चार प्रकार की होती हैं-

(i) ऋग्वेद

(ii) सामवेद

(iii) युजर्वेद।

(iv) अथर्ववेद।

(i) ऋग्वेद यह वेद सबसे पुरानी है।

(ii) सामवेद इसकी कोई अपनी स्वतंत्र विषयवस्तु नहीं है। सामवेद में ऋग्वेद की ही महत्वाओं को उद्धृत किया गया है। इसलिए सामवेद को कीर्तन या गायन वेद की संज्ञा दी गई है।

(iii) युजर्वेद इस वेद में ऋग्वेद से उद्धृत विषय के अलावा अनेक प्रसंग भी हैं। यजुर्वेद में विषय को पूजन, बलि इत्यादि की क्रिया में प्रयोग किए जाने के क्रम से प्रस्तुत किया गया है।

(iv) **अथर्ववेद** इसकी रचना सबसे अंत में हुई। यह ऋग्वेद से काफी अलग है। इसमें प्रेतों को प्रसन्न करने के मंत्र, कीर्तन और अन्य उपाय प्रमुख रूप से वर्णित हैं। इसमें स्वास्थ्य और चिकित्सा संबंधी कुछ महत्त्वपूर्ण बातें हैं, इसीलिए आयुर्वेद का उपवेद कहा जाता है।[7]

योग के अंतर्गत आए प्राण शब्द का प्रयोग वेदों में भिन्न-भिन्न अर्थों में हुआ है

(i) ऋग्वेद में प्राण शब्द विभक्तियों से युक्त नौ बार प्रयुक्त हुआ है।[8]

(ii) युजर्वेद में प्रत्यान्त तथा विभक्त्यन्त प्राण शब्द 49 बार आया है।[9]

(iii) सामवेद के प्राण शब्द प्रथमा बहुवचनान्त तथा पंचमी एक वचनान्त में 6 बार प्रयुक्त हुआ है।[10]

(iv) अथर्ववेद में प्राण सभी विभक्तियों में तथा प्राणयान समस्त पद लगभग 111 बार प्रयुक्त हुए हैं।[11]

ऋग्वेद के एक मंत्र में स्पष्ट किया गया है कि योग से विभिन्न प्रकार की सिद्धि चाहने वाले योगाभ्यासी पुरुष निरंतर गमनशील प्राणों को नाड़ियों में कुम्भक आदि उपयुक्त क्रियाओं से मूलबंध जालंधर आदि बंधों के साथ अवरुद्ध करते हैं तो शरीर में सम्यक् प्रकारेण। रुधिर संचार तथा सुदृढ़ बल का आधार है।[12] सात्त्विक आहार, ब्रह्मचर्य पालन, प्राणायाम तथा व्यायाम में यथेष्ट शारीरिक बल की प्राप्ति होती है। वर्तमान में इसी विधि से शारीरिक शक्ति बढ़ाकर मोटर रोकना, जंजीर तोड़ना, छाती पर पत्थर तुड़वाना आदि अनेक प्रदर्शन किए जाते हैं।[13] ऋग्वेद के अनुसार साधक आसन सिद्ध होने पर अपनी मनःस्थिति को अभिव्यक्त करता है कि आसन पर बैठे हुए मुक्ष पर सत्य साक्षात्कार की

कामनाएं आरोहण करने लगी हैं। तब हृदय के प्रति उन कामनाओं को ऐसे कहता हूं जैसे बालक को उनके अंतरंग मित्र बुलाते हैं।[14] सामवेद की एक ऋचा में रभेभिः शब्द इस बात का द्योतक है कि जब तक जीवात्मा शरीर में रहती है, तभी तक योगः साधनाओं के कारण परमात्मा को पा सकता है। बिना शरीर के न साधनाएं हो सकती हैं और न परमेश्वर को ही पाया जाता है।[15] सामवेद में ध्यान करने की प्रमुख नाड़ी सुषुम्ना का वर्णन उपलब्ध होता है।[16] तथा भक्तिरस को योगी का भोजन बताया है कि परमेश्वर जब हमारे साथ मिलकर भक्तिरस और आनंदरस के पारस्परिक योग से प्रसन्न हो जाता है, तब आध्यात्मिक सम्पत्तिशाली वेदवाणियां हमें बहुत बल प्रदान करती है।[17] सामवेदीय ऋचाओं में भी प्राणायाम से इंद्रियों एवं मानसिक पापवृत्तियों का नाश करने के लिए प्रेरित किया गया है।[18] रेचक प्राणायाम करते समय साधक वायु निस्सारण काल में मनोबल के द्वारा एक-एक दुर्गुण को निकालने का संकल्प करता जाता है तो धीरे-धीरे दुर्गुणों का विनाश हो जाता है।[19] यजुर्वेद में वाणी, नेत्र, स्रोत, नाभि, उपस्थ, वायु आदि शरीरावयवों की शुद्धि की आवश्यकता विद्या-योगाभ्यास के लिए बतायी गई है।[20]

यजुर्वेद में धारणावायी 'धृतिः' पद का प्रयोग चार मंत्रों में हुआ है।[21] एक मंत्र में 'येतो धृतिः' के उल्लेख से स्पष्ट होता है कि धृति-धारण्य, चेतः चित्त का ही धर्म है। पतंजलि का सूत्र इस मंत्रांश से समता रखता है।[22] यजुर्वेद में प्रतिपादित है कि ध्यान करने वाले विद्वान लोग यथायोग विभाग से नाड़ियों में अपना आत्मा से परमेश्वर की धारणा करते हैं जो योग युक्त कर्मों में तत्पर रहते हुए ज्ञान एवं आनंद के फैलाते हुए विद्वानों के मध्य प्रशंसा को पाकर परमानंद के भागी होते हैं।[23] यजुर्वेदीय मंत्र में भी प्रेरणा दी गई है कि ''हे योग के जिज्ञासु मनुष्यों। जैसे मैं सतभाषण युक्त योगी, स्मृति, प्रार्थनाः उपासनारूप सत्कार से पूर्व योगिजनों से प्रत्यक्ष किए हुए सर्वव्यापक ब्रह्म को आत्मा से साक्षात् करता हूं... उनसे आप लोग भी योग विद्या का श्रवण करो।''[24]

अथर्ववेद के प्राण-सूक्त में प्राणायाम का अभ्यासी आने वाले प्राण को हितकारी मानता हुआ नमस्कार करता है। अंदर से बाहर जाने वाले प्राण के लिए नमस्कार करता है। अंदर लेकर अर्थात् पूरक स्थिर किए हुए प्राण को इसी प्रकार रेचक सहित कुम्भक प्राण को नमस्कार करता है। ओउम् का जप-ईश्वर का मुख्य नाम 'ओउम्' है। अथर्ववेद में उसी के द्वारा परमात्मा को पुकारने का विधान है। मंत्र में कहा गया है कि सूर्योदय से पूर्व तथा उषा से भी पूर्व जो परमात्मा के नाम 'ओउम्' द्वारा उसका स्मरण करता है वह स्वात्मराज्य को प्राप्त कर लेता है अर्थात मन आदि एकाग्र होकर आत्मा के अधीन हो जाता है। जिससे बढ़कर अन्य कोई स्थिति नहीं है। अथर्ववेद में प्राणायाम की उपयोगिता निरुपित है। यहां मंत्रों में प्राण के लिए 'ओषध्सय:'- 'भेषनम्'[25] आदि शब्द प्रयुक्त हैं।

अथर्ववेद प्राण विद्या से ही सम्भवतः हठयोग के अंतर्गत अनेक प्रयोजनों को लक्ष्य बनाकर प्राणायाम प्रकारों का अविष्कार किया गया है। योग का मूल बड़े अच्छे तरीके से वेदों व उपनिषदों में वर्णित किया गया है। गीता में तो सांख्य योग का वर्णन खुद भगवान श्रीकृष्ण ने किया है। वेदों में वर्णित योग की उपनिषदों में भी चर्चा की गई है। वेदों में बताए गए ज्ञानयोग भक्तियोग, कर्मयोग गीता में बताए गए ज्ञान भक्ति, कर्मयोग ही है। सांख्य में 24 तत्त्वों को ग्रहण कर उन तत्त्वों पर नियंत्रण करके ही योगा अभ्यासी योग द्वारा बताए 26 तत्त्व ईश्वर को अपनाकर आत्मा को परमात्मा में लीन करता है। आत्मा को परमात्मा में लीन करने के लिए साधक को वेदों में बताए गए योग साधन को अपनाकर और श्रद्धा, भक्ति, विश्वास, कर्म को धारण कर योग मार्ग में आगे बढ़ना है।

उपनिषद में आसन, प्राणायाम, ध्यान इत्यादि का बड़े सुन्दर तरीके से वर्णन किया गया है। प्राणायाम की विधि के कारण हठयोग में इसमें कुछ भिन्नता दिखाई देता है। अन्य ग्रंथों में बहुत से प्राणायामों का वर्णन

मिलता है। गीता के हरेक अध्याय का नाम किसी-न-किसी प्रकार के योग से योग पर ही है। उदाहरण के तौर पर दूसरा अध्याय सांख्य योग, तीसरा कर्मयोग, चौथा ज्ञान-कर्म-संन्यास योग, पाँचवा कर्म-सन्यासयोग, छठा आत्मसंयम योग, सातवाँ ज्ञान-विज्ञान योग आदि है। गीता में अधिक प्रधानता निष्काम कर्म को ही दी गई है। प्रत्याहार, ध्यान, धारणा, समाधि का उल्लेख अनेक स्थानों पर किया गया है। योगेश्वर श्रीकृष्ण ने गीता में बतलाया है कि बुद्धिजीवी मनुष्य के लिए सांख्य और योग एक हैं और बुद्धिहीन व्यक्ति के लिए अलग हैं लेकिन सांख्य व कर्मयोग में कुछ अंतर देखने को मिलता है। गीता के पांचवें अध्याय 8-9 में सांख्य योग का वर्णन इस प्रकार से किया गया है मैं कुछ नहीं करता। जो भी व्यवहार होता है वह सिर्फ इंद्रियां अपने आप विषयों में बर्तती हैं और कर्मयोग के अनुसार निष्काम कर्म करना, फल की इच्छा न करना, बतलाता है। इसी प्रकार कर्मयोग का पालन करने वाला अपने को कर्मों का कर्त्ता समझता है। फल की इच्छा यद्यपि उसे नहीं रहती पर सांख्य योग का अनुयायी अपने कर्मों का कर्ता भी नहीं समझता बस आत्मा को निर्लेप समझकर यही मानता है कि प्रकृति इंद्रियों से कार्य कराती है। मुझे आत्म स्वरूप को उससे कुछ लेना-देना नहीं है।

भारत के प्राचीनतम ग्रंथों में वेद को रखा जाता है। वेद को समस्त विश्व को अपने ज्ञान से आलौकित करने का श्रेय भी प्राप्त है। मनुस्मृति में इस बात के संकेत मिलते हैं कि मान समुदाय वैदिक शब्दों को आधार मानक ही अपनी-अपनी भाषाओं और विकास की संस्थाओं का निर्माण करता है। रचना के दृष्टिकोण से वेद को अपौरुबेय माना जाता है, इसीलिए यह नित्य व अनादि कहे जाते हैं। संख्या की दृष्टिकोण से ऋग्वेद, यजुर्वेद, सामवेद और अथर्ववेद ही सर्वमान और प्रतिष्ठित माने जाते हैं। कालान्तर के अन्य अनेक ग्रंथ भी सामने आए जिन्हें उपवेद की श्रेणी में रखा गया है।

वेदों का सामान्य रूप से परिचय देने के पश्चात् अब हम वेद में उपलब्ध योग के तत्त्वों के बारे में जानेंगे। चारों वेदों में योग शब्द का प्रयोग मूलतः संयोग, प्रयत्न, सिद्धि व विशिष्ट शक्ति के रूप में प्रयोग किया गया है।

ऐसा मानना है कि वैदिक मंत्र मात्र स्तुति व यज्ञपरक अर्थों में प्रयुक्त होता है, परन्तु यज्ञ हेतु प्रयुक्त होने वाले मंत्रों के अंतर निहित अर्थों के योग के स्तर बीज उपलब्ध होते हैं। विज्ञान भिक्षु ने इस तत्त्व को स्तर करते हैं लिखा है

"सर्ववेदार्क सायोझ वेदव्यासेत भाषितः।
योग भावभामि षेणातों मुमुक्ष्णमिदंगतिः।।"[26]

वेद व्यास के योग मातम में योग विद्या का ही स्पष्टीकरण है। उसमें वर्णित विषय को यहां वेदार्थ के सार के रूप में स्वीकार किया गया है। अतः तथ्य पूर्ण रूप से प्रमाणित हो जाता है कि वेदों में निहित गूढ़ अर्थ का ही स्पष्ट रूप से सम्पूर्ण योगशास्त्र में प्रतिपादन किया गया है।

ऋग्वेद में योग यज्ञसिद्धि के साधन और चित्त वृत्तियों के निरोध के संदर्भ में प्रयुक्त हुआ है।

"यस्माहते न सिहमति मलों र्विपश्चित धीना योग भिन्वति।"

अर्थात् योग के बिना विद्वान का भी कोई यज्ञ-कर्म सिद्ध नहीं हो पाता। यह योग मुख्य रूप से चित्तवृत्तियों का निरोध करता है।

योग को सामवेद में समाधि की ओर अभिमुख होने और विवेक ख्याति विकसित कर अंततः विषयक बुद्धि और ऋतम्भरा ज्ञान को उत्पादन के प्रसंग में प्रयोग किया गया है।

"संसाधों योग आयुक्ट्स रामे स पुर ध्यान गमद वाजे मिरास नः।"[27]

यजुर्वेद में योग का प्रयोग कुण्डलिनी जागरण के रूप में हुआ है

अष्ट चक्रा नवद्वारा देवानां पूरमोदया
तस्था हिरण्मयों कोडा; स्वर्गो ज्योतिषावृत
तस्मिन् यद् यक्षमात्मन्तत् तद् वै ब्रह्म विदो विदु:।।[28]

ऊपर दिए गए विवरण से स्पष्ट हो जाता है कि वेदों में योग शब्द का प्रयोग अत्यंत सीमित अर्थ में न करके उपासना योग, चित्तवृत्तिनिरोध, समाधि और कुण्डलिनी ज्ञान इन सभी रूपों में प्रयुक्त हुआ है और सभी अर्थ प्रसंगानुकूल हैं। योग शब्द, स्पष्ट प्रयोग के अलावा प्रकरण आधारित विचारों से भी वैदिक काल के योग की अवधारणा से भी इस बात की पुष्टि मिलती है और इसके लिए विद्वानों के द्वारा तीन तर्क प्रस्तुत किए गए हैं, जो इस प्रकार हैं

(i) **ऋषिदर्शतार्त** व्यास ऋषि का यह वचन इस कथन की पुष्टि करता है कि ऋषियों ने योग के तंत्र से ही मंत्र में निहित तत्त्वों का साक्षात्कार किया है। यद्यपि यहाँ पर योग की प्रक्रिया का उतना विस्तृत व व्यवस्थित विवरण नहीं मिलता है जितना पातञ्जल योगशास्त्र में मिलता है।

(ii) **वैदिक परंपरा में प्रयुक्त मंत्र शब्द का अर्थ है** मनन। मंत्र परिपाध विषयों की आंतरिक मनन सतर्क ही साक्षात् उपलब्धि हुई है। इसी प्रक्रिया से मंत्र दर्शन संभव हुआ है। यद्यपि मंत्र दर्शन या मंत्र प्रयोग देव तिझिवर की उपासना हेतु प्रयुक्त हुआ है, परन्तु मंत्र दृष्टा बनते ही स्थिति तक पहुंचना काफी कठिन यौगिक अभ्यास के बिना संभव नहीं हो सकता। इस अर्थ में भी निश्चित रूप से योग की परम्परा विद्यमान रही होगी। तारक ज्ञान का उल्लेख वैदिक साहित्य और पातंजल योग सूत्र दोनों में मुख्य रूप से उपलब्ध होता है। दोनों के बीच मजबूत संपर्क सूत्र को स्पष्ट करता है।

अतीत अनागत सभी विषयों का बोध ही तारक ज्ञात का परिचालक है।

(iii) यद्यपि वैदिक कालिता संगिताएं व ऋचाएं आदि दैविक, आदि भौतिक व आध्यात्मिक तीनों ही अभा का प्रकाशित करती हुई स्पष्टतः सांख्य का आधार प्रतीत होता है, परन्तु आत्म साक्षात्कार व दैविक अनुकृपा की प्राप्ति हेतु मंत्रों के सहयोग से आध्यात्मिक उपलब्धि कहीं-न-कहीं से आत्म चैतन्य तत्त्व है। ज्ञान और कैवल्य के निकट प्रतीत होती है। इस संदर्भ में भी योग की पुनः परम्परा की उपस्थिति को नकारा नहीं जा सकता।

हम संक्षेप में कह सकते हैं कि योग के शाब्दिक शब्द के प्रयोग के पीछे वैदिक ऋषियों का निश्चित प्रयोजन था, उन्होंने जगत को मूल रूप में एक अद्‌भुत शक्ति को स्वीकार किया था, जिसे प्रकृति का नाम देकर उसके रहस्यों और शक्तियों को जानने के लिए तप व योग का आश्रय लिया था। मनुष्य इस बात से भली प्रकार परिचित था कि उसकी शक्तियां सीमित हैं। इस सीमित शक्तियों को विकसित करने के तीन आयाम कर्म, योग और ज्ञान थे। इन्हीं तीन दिशाओं में वे अपनी अंतर्दृष्टि विकसित करके सिद्धि व शक्ति प्राप्त करने के लिए पूर्ण प्रयासरत थे।

वेदों में योग की शाब्दिक प्रयुक्ति, प्रकरण व प्रसंगत विवरण के प्रस्तुत करने के बाद अब हम वेदों में योग के कौन से मूल तत्त्व भी उपलब्ध हैं? इस पर हम विचार करेंगे। यद्यपि सीमित अध्ययन के आधार पर यह कहना काफी कठिन होगा कि योग के समस्त तत्त्वों का विवेचन वेदों में उपलब्ध है या नहीं, फिर भी पातञ्जल योग के कुछ तत्त्वों का स्पष्टतः प्रयोग उपलब्ध होता है। हमारा पूर्ण रूप से प्रयास उन्हीं तत्त्वों पर प्रकाश डालना होगा।

तीन आयामों वेदों में वर्णित है कर्म, योग और ज्ञान। जिसमें कर्म

को व्यक्ति को (पुरुष) के द्वारा किया जाना प्रयुक्त हुआ और योग द्वारा समस्त शारीरिक व मानसिक विकारों (कलेशों) को क्षीण किया गया और ज्ञान के द्वारा अज्ञान का नाश होने की परिकल्पना को स्वीकार किया गया। पतंजलि भी अपने अष्टांगयोग मार्ग के द्वारा शाीरिक, मानसिक इत्यादि क्लेशों को दूर करने का मार्ग बताता है, क्योंकि शरीर स्वस्थ होने की प्रक्रिया के बाद ही कर्म और ज्ञान की उत्पत्ति होना स्वाभाविक है। वेद में मुख्य रूप से पातञ्जल योग दर्शन में उपलब्ध योग पूरे शरीर-विज्ञान और अष्टांगयोग कुछ तत्त्वों का स्पष्ट प्रयोग परिलक्षित होता है, अब हम उनको सरल रूप में आपके सामने प्रस्तुत करने की कोशिश करेंगे।

वेदों में योग

"वेद सर्व सत्यविद्याओं की पुस्तक है।" मानवीय जीवन की समस्त समस्याओं का समाधान वेदों में निबद्ध है। यह मान्यता सर्वविदित है कि सब सत्यविधाओं में प्रमुख रूपेण ब्रह्मविद्या-अध्यात्म विद्या है, अर्थात् योग विद्या से घनिष्ठ संबंध है।[29]

वेदों में वर्णित योग तत्त्वों और योगानुष्ठान

विषयक ईश्वर आज्ञाओं से पूर्ण रूप से स्पष्ट हो जाता है कि वेद में योग पर कई स्थानों पर चर्चा हुई है। ईश्वर यजुर्वेद में योगाभ्यास के लिए उपदेश करता है।

प्रथम चार मंत्रों में उपासना का महत्त्व बताने के पश्चात परमेश्वर उपासना का उपदेश करने वाले व ग्रहण करने वाले दोनों के प्रति प्रतिज्ञा करता है कि 'जब तुम सनातन ब्रह्म की सत्य, प्रेम, सेवा एवं श्रद्धाभाव से अपनी आत्मा को स्थिर करके नमस्कारादिपूर्वक उपासना करोगे तब मैं तुमको आशीर्वाद दूंगा कि सत्यकीर्ति तुम दोनों को ऐसे प्राप्त हो जैसे कि परम् विद्वान को धर्ममार्ग यथावत् प्राप्त होता है। पुनः परमेश्वर मुमुक्तजनों

हे मोक्षमार्ग का अनुसरण करने वाले मनुष्यों, तुम सब लोग ध्यान देकर सुनो कि जिन दिव्य लोकों अर्थात् मोक्ष सुखों को पूर्वज लोक प्राप्त हो चुके हैं, उसी उपासना-योग से तुम लोग भी उन सुखों में प्राप्त करो इसमें संदेह न करो। इसलिए मैं तुम्हें उपासना-योग से युक्त करता हू।'[30]

योग के प्रणेता ''हिरण्यगर्भ की स्तुति वेदों में अन्यत्र भी की गई है।''[31]

अत: वैदिक योग का आदि प्रवक्ता हिरण्यगर्भ परमात्मा ही है। चारों वेदों में योग की चर्चा अलग-अलग स्थानों पर की गई है। ऋग्वेद में लिखा गया है

''यस्माहते न सिध्यति यज्ञों विपिश्चितश्चन धीना योग मिन्वति।''

अर्थात् योग के बिना विज्ञान का भी कोई यज्ञ-कर्म सिद्ध नहीं होता। यह योग चित्तवृत्तियों का निरोध करता है।

''सधानों योग आमुक्त स राये स पुर ध्यान गमद वाजेभिरास न:।''[32]

अर्थात् वही परमात्मा हमारी समाधि के लिए अभिमुख हो, वही विवेक, ख्याति रूप धन या अनंत वस्तुविषयक होने से बहुविधि और ऋतुम्भरा ज्ञान के उत्पादन निमित्त अनुकूल होना चाहिए।

क्व त्रोच क त्रिवृतों स्थस्य क्व त्रयो बन्धुरो च सनील:।
वन्दा योगो वासियों रास्मस्य चेन यज्ञ नासत्योपयाथ:॥[33]

अर्थात् मानव शरीर जो अग्नि, जल, पृथ्वी इन तीनों भूतों से बना है इसके नीचे के तीन चक्र (मूलाधार इत्यादि) कहाँ हैं? ऊपर के तीन चक्र कहां हैं? शिवशक्ति, संगम रूप, रासलीला का स्थल कुण्डलिनी भी वहां है। हे अविनाशी पिता! आपकी कृपा से मुझे यह सब पूर्ण रूप से ज्ञात हो जिससे मैं योग में संलग्न हो सकूं।

वेदों में योग सम्मत शरीर विज्ञान

अथर्ववेद में इस शरीर को आठ चक्र और नव द्वारों वाली देवताओं की अयोध्यापुरी कहा गया है। इस अयोध्यापुरी में परमात्म ज्योति हिरण्यमय कोश से आवृत रहती है।

अष्टचक्रा नवद्वारा देवानां पूरयोध्या
तस्या हिरण्मयों कोशः स्वर्गो ज्योतिषावृत
तस्मिन यद् यक्षमात्मन्वत् तद् वै ब्रह्म विदो विदुः।[34]

अर्थात् आठ चक्र और नवद्वारों वाली देवताओं की अयोध्यापुरी है, जिसमें ज्योति हिरणमय कोश से आवृत है। उसी तीन अर वाले हिरण्यमय कोश में निहित पूजनीय आत्मस्वरूप बहन को ब्रह्मज्ञानी जानते हैं। इसी तरह

पुण्डरीक नवद्वार त्रिमिर्गुणोगिरा वृतम्
तस्मिन यद् यक्षतात्मन्वत् तद् वै ब्रह्म विदोविदृः।।[35]

चक्र, नवद्वार, पुण्डरीक, त्रिपुन इत्यादि योगशास्त्र में परिभाषित शब्द हैं।

वेदों में यम-नियम- वेदों में अनेक स्थलों पर योगशास्त्र के यम नियम में विदित सत्यादि की शिक्षा दी गई है। अथर्ववेद में 'वायावदामि मधुगत्'[36] द्वारा सत्य और मधुर वाणी के प्रयोग का उल्लेख किया गया है। ऋग्वेद के अधोलिखित मंत्र में सत्य और अहिंसा का निरूपण हुआ है।

"ऋतधीतम भा गत सत्यधर्म्माणों अध्वरम्।"[37]

अर्थात् सत्य के धारण करने वाले सत्कर्मी विद्वजन आप लोग अहिंसा रूप व्यवहार को प्राप्त हों।

ऋग्वेद के निम्न मंत्र में धन की निःसारता प्रदर्शित की गई है

"ओ हि वर्तन्ते रथ्येव चक्रान्मयुपतिष्ठन्ति राम:।"[38]

अर्थात् 'राम' रथ के पहियों की तरह आवर्तित होने वाली हैं। जो कभी किसी आदमी के समीप रहती हैं, तो कभी किसी आदमी के समीप रहती हैं। पुनः स्तेय व अपरिग्रह का निर्देश देते हुए यहीं पर कहा गया है

"ईशावस्यमिद सर्व यत्किन्चित् जगत्यां जगत्
तेज व्यक्तेन मुन्णीयामा गृधः कस्यस्विद्वनम्।"[39]

अथर्ववेद के अनेक मंत्रें में ब्रह्ममचर्य द्वारा परमात्मा के प्रकटीकरण का कथन है।[40]

"यत्र ब्रह्मविदों यान्ति दीक्षसा तपसा सह।"[41]

इस उक्ति में दीक्षा और तप द्वारा ब्रह्मज्ञानी जनों द्वारा प्राप्त लोक का कथन है। निम्न मंत्र में ईश्वरप्रणिधान का निरूपण है–

कुर्वन्नेवेह कर्माणि जिजीविषेच्छतं समा:। एवं एवमि
नान्ययेतोऽस्मि न कर्मे लिप्यते नर:।।[42]

अर्थात् इस संसार में कर्म करते हुए सौ वर्ष तक जीने की इच्छा करें। इस तरह किसी अन्य को छोड़कर ईश्वर में ही कर्म समर्पण करने से मानव कर्म में लिप्त नहीं होता (युजर्वेद में व्रत का उल्लेख हुआ है। स्वामी दयानंद सरस्वती ने व्रत को योगशास्त्र के यम का परिचायक मानकर उसका यम संबंधी अर्थ किया है।)

'व्रतेन दीक्षमाप्नोति दीक्षचारप्नोति दक्षिणाम्
दक्षिणया श्रद्धामान्नोति श्रद्धया सत्यमाप्यते।'[43]

अर्थात् वृत्त के अनुष्ठान से मानव दीक्षा को प्राप्त होता है, दीक्षा से सरकार रूप दक्षिणा मिलती है। दक्षिणा से (सत्याचरण की) श्रद्धा से परमार्थ सुख प्राप्त होता है।

इसी तरह- ''अभ्याद्धामि समिधमग्ने व्रतपते रवचि।

वृतं च श्रद्धा चौपमीन्धेत्वा दीक्षितोअहम्।।''[44]

यहां व्रत का तात्पर्य यम से हो सकता है, क्योंकि पा. यो. स्. 2/3 में यम को ''सार्वभौम महाव्रत'' कहा गया है।

यजुर्वेद में शरीर के सभी उपकरणों के शुद्धिकरण (शौच) की इच्छा व्यक्त करते हुए अभिहित है कि

''प्राणरथ में अपानश्च में व्यनश्न में,

चित्त च आधीतं च मे वाक् च मे वाक् च मे मनश्य में चक्षुश्च मे श्रोत च मे दक्षश्च मे बलं च में यज्ञेन कल्पताम्।''[45]

ऊपर दिए गए विवरण से यह स्पष्ट होता है कि वेदों में एकत्र यम-यम नियम की संज्ञा पूर्वक यम नियम के विदित आचारों का वर्णन नहीं है तथापि मंत्र का प्रकीर्ण वैदिक मंत्रों में यम-नियम के सभी तत्त्व निहित हैं।

इस मंत्र में प्राणायाम का उल्लेख मिलता है

'स भ एवं विदुष उपद्रष्टा भवति प्राणं रूपद्धि।'[46]

वेदों में कुछ महत्त्वपूर्ण योगविषयक मंत्र इस प्रकार हैं

'युक्तेन मनसा क्च देवस्य सवितुः सवे।
स्वर्म्यान शक्त्या।'[47]

मोक्ष की इच्छा रखने वाले योगी लोग युक्त मन से योगबल द्वारा यीमी प्रकाशमय आनंदस्वरूप सर्वान्त अनंत ऐश्वर्य स्थित होते हैं।

'तद्विप्रासो विपन्वयो जागृवांसः समिन्धते।
विष्णोचरिपरमं पदम्।।'[48]

अर्थात् हे मनुष्यो! अविद्या रूपी निन्द्रा से उठककर चैतन्यतापूर्वक ईश्वर (भगवान्) की स्तुति करने वाले व बुद्धिमान योग सर्वत्र व्यापक मोक्षदानी जिस परम् पद को सम्यक् रूप से प्रकाशित करते हैं, उसी को तुम अच्छी तरह प्रकाशित करो।

सप्तस्यासन् परिधर्यास्त्र सप्तसमिधा कृमः।
देवा यद्यज्ञं तन्वाना अबध्नन् पुरुषा पशुम्।।[49]

सात गायत्री इत्यादि छंदों के चारों ओर से सूत से चार लपेटों के समान मानकर प्रकृति, महर, ताव, अहंकार, पंचसूक्ष्म भूत, पंचस्थूल भूत, पंचज्ञानेन्द्रियां और सत्व, रजस, तमस तीन गुणों की साम्रणी रूप से प्रयुक्त जिस मानव यज्ञ को विस्तृत करते हुए विद्वानों ने परमात्मा रूपी पशु को (हृदय में बांधते हैं, उसी यज्ञ को तुम भी सम्पादित करो)।

'उपह्वरे गिरीणा सङ्मे च नदीनाम्।
धियो विप्तो अजायत।।'[50]

अर्थात् पर्वत की गुफाओं में नदियों के संगम पर ब्राह्मण (ज्ञान को प्रकाशित करने वाली) बुद्धि को प्रकट करते हैं।

'युभजानः प्रथमं मनस्त्वाय सविता धिमम्।
अग्नेर्ज्योतिर्निचाभ्यपृथ्विया अध्याभरत्।'[51]

अर्थात् तत्त्वज्ञान के लिए मन को समाहित करने पर परमेश्वर उसकी बुद्धि को विस्मृत करता है, जिसके फलस्वरूप वे परमेश्वर के प्रकाश स्वरूप का यथावत् निश्चय करके धारण करते हैं। पृथ्वी के मध्य योगी का यही मुख्य लक्षण है।

उपरोक्त अवलोकन से यह पूर्ण रूप से अभिव्यंजित होता है कि वेदों में मुख्यतया ब्रह्म विद्या का प्रतिपादन हुआ है। हमारे ऋषि, मुनि ने वेद को गोपनीय व प्रतीकात्मक भाषा में इसलिए प्रस्तुत किया कि अनाधिकारी व्यक्ति ब्रह्मविद्या के अभयार्थ स्वरूप को ग्रहण कर उसके

स्वरूप को विकृत न बना सकें। उपदेश दिए जाने पर भी अधिकारी मनुष्य की बुद्धि ही ब्रह्मविद्या को ग्रहण कर सकती है।

यही कारण है कि विधिवत् संस्कार करके ब्रह्मज्ञानी गुरु द्वारा ही वेद की शिक्षा दी जाती थी। वास्तव में, यौगिक चक्षु से संपन्न मानव ही वेद में वर्णित विद्या की यथार्थ तात्पर्य समझ सकता है और उसके यथार्थ स्वरूप का उपदेष्टा हो सकता है।[52]

उपनिषदों में योगः (पंचकोषों का विशेष विवेचन)

मुक्तिकोपनिषद में उपलब्ध उपनिषदों की एक सूची दी गई है। उसके उपनिषद् 108 हैं जिसमें 103 उपनिषद् ऋग्वेद से, 19 शुक्ल यजुर्वेद से, 32 कृष्ण यजुर्वेद से, 16 सामवेद से और 31 अथर्ववेद से सम्बद्ध है। मुक्तिकोपनिषद के अध्ययन से यह भी ज्ञान होता है कि उपनिषदों की संख्या इससे भी कई अधिक है। 108 उपनिषद् में भी 12, 13 उपनिषद् (विषय प्रतिपादन की) विशदता एवं प्राचीनता के विचार में नितांत ही प्रामाणिक माने जाते हैं।[53]

इन उपनिषदों में योग प्रक्रिया और योगांगों का विस्तारपूर्वक वर्णन है।

क्षुरिकोपनिषद् "इस उपनिषद् में आसन, प्राणायाम, धारणा, ध्यान, समाधि एवं समाधि के फल आदि विषय कथित हैं।"

तेजोबिन्दुपनिषद् "इस उपनिषद् के प्रथम अध्याय में परब्रह्म का स्वरूप विवेचित है। इसमें योग के ये पन्द्रह अंग निर्दिष्ट यम, नियम, आसन, प्रत्याहार, धारणा, समाधि इत्यादि जीवन मुक्ति एवं विदेहमुक्ति आदि का वर्णन भी मिलता है।"

ध्यानबिन्दु उपनिषद् "इस उपनिषद् में प्रणवध्यान, त्रिमूर्तिध्यान, मूलाधारादि, चक्र, नाडी, मुद्रा, वज्रौलि, सिद्धि, नादानुसन्धान द्वारा आत्मावबोधन का उपदेश है।"

योग चूडामण्युपनिषद् "इसमें प्राणायाम, मुद्रा प्रणव जप, स्वाधिष्ठावादि चक्र नाड़ी आदि तत्त्व विवेचित है।"

मण्डलब्राह्मणोपनिषद् "इस उपनिषद् में अष्टांगयोग, मुद्रा सिद्धि, प्रणवोवासना उन्मनी अवस्था द्वारा 'अमनस्का सिद्धि' आदि का वर्णन है।"

दर्शनोपनिषद् "इस उपनिषद् में अष्टांगयोग, दस यम-नियम, कुण्डलीस्थान नाड़ी चक्र शुद्धि, मुद्रा आदि यौगिक क्रियाओं का वर्णन है।"

योग शिखोपनिषद् "इस उपनिषद् में कुण्डलिनी चालन नादानुसंधान, जप, कुम्भक, बंध आदि का अभ्यास एवं राजयोग, लययोग, हठयोग आदि चार योगों का उल्लेख है।"[54]

उपनिषद् भी योग दर्शन की तरह आत्मसाक्षात्कार के मार्ग में प्रणव (ओंकार) के अतिशय उपयोगिता का गान करती है।[55] प्रश्नोपनिषद् में सत्य काम के प्रति ऋषि का कथन है कि "हे सत्य काम इस पर एवं ऊपर ब्रह्म रूप आंगकार के मात्रा ध्यान विद्वान पुरुष ब्रह्मनुभव की प्राप्ति करते हैं।[56] छान्दोपनिषद्-ओऽम् जिनका नाम है और जो कभी नष्ट नहीं होता, उसकी उपासना करनी चाहिए।[57]

यही भाव उपनिषदों में अन्यत्र भी व्यक्ति किया गया है। उपनिषदों में प्रणवों की साधनता को धनुषादि के रूपक द्वारा अत्यंत कुशलतापूर्वक स्पष्ट किया गया है "प्रणव धनुष है, आत्मा बाण है एवं ब्रह्म उसका लक्ष्य कहा जाता है। उसका सावधानीपूर्वक बंधन करना चाहिए।"[58] योगोपनिषदों में 7,200 नाड़ियों का निरूपण है, दर्शनों उपनिषद् में इन 7,200 नाड़ियों में से 14 नाड़ियों को प्रमुख बताया गया है। योगोपनिषदों में नाड़ी शुद्धि की अनिवार्यता पर जोर दिया गया है। योग कुण्डलीन्युपनिषद् में कुण्डलिनी जागरण के दो उपाय और विधियां बताई गई हैं

1. सरस्वती नाड़ी का संचालन और 2. प्राणायाम।

जिन स्थानों पर बहुत-सी नाड़ियां मिलती हैं, उन्हें 'चक्र' कहते हैं। योगोपनिषदों में मुख्य रूप से इन षट्चक्रों का विवेचन है 1. मूलाधार, 2. स्वाधिष्ठान, 3. मणिपूरक, 4. अनाहत, 5. विशुद्धि और 6. आज्ञाचक्र।

इसी प्रकार ध्यान बिन्दूपनिषद्, योगगचूडामण्यपनिषद वराहीपनिषद् और अन्य उपनिषदों में इसका विवेचन उपलब्ध होता है।[59] श्वेताश्वेतरे-पनिषद् में ध्यान के विषय में कहा गया है कि उन्होंने 'ध्यान-योग का अनुसरण कर अपने गुणों से आच्छादित परमात्मशक्ति का साक्षात्कार किया जो (परमात्मा) अकेले काल से लेकर समस्त कारणों का अधिष्ठाता है।[60] उस परमात्मा के अभिध्यान से उसमें मनोयोग करने से एवं तत्त्व की भावना करने से विश्व रूपी माया की निवृत्ति होती है।'[61] श्वेताश्वेतरोपनिषद् में योगाभ्यास के फल लिखे गए है 'जब अभ्यास का प्रभाव होने लगता है तब पहले यह रूप दिखाई देते हैं कोहरा, धूप, सूर्य, वायु, अग्नि, जुगनू, विद्युत, बिल्लौर और चन्द्र यह सब रूप दिखायी देने के पश्चात जब शांत हो जाते हैं तब ब्रह्म का प्रकाश होता है।'[62] जब पृथ्वी, जल, तेज, वायु और आकाश प्रकट होते हैं अर्थात् पंच तत्वों का जम हो जाता है तब फिर योगी के लिए न जरा है, न रोग है, न दुःख है; क्योंकि उसने वह शरीर प्राप्त कर लिया है जो योग की अग्नि से बना है।[63]

इसके पश्चात् योगी को आत्मा के 'शुद्ध स्वरूप' का साक्षात्कार होता है, फिर देही (जीवात्मा) आत्मतत्त्व (आत्मा का शुद्ध रूप) देखकर शोक के पार हुआ कृतार्थ हो जाता है।

योग साधना द्वारा जब चित्त पूर्णतया निरुक्त हो जाता है और 'परमात्मा स्वरूप' का अपरोक्ष रूप से साक्षात्कार होता है। उस समय मुक्ति की अवस्था को प्राप्त योगी की स्थिति का वर्णन भी उपनिषदों में प्राप्त होता है।[64]

उपनिषदों में पंचकोशों द्वारा आत्मा के पांच आवरणों का मुख्य रूप से उल्लेख किया गया है जिनके द्वारा क्रमशः स्थूल आवरण में आत्मा भावना का निषेध करते हुए ब्रह्म स्वरूप के साक्षात्कार की बात बताई गई है। ये कोश हैं 1. अन्नमयकोश, 2. प्राणमयकोश, 3. मनोमयकोश, 4. विज्ञानमयकोश, 5. आनंदमयकोश

प्रत्येक कोशों में आलंबन का अभाव करते-करते अंत में अभाववृत्ति का भी अभाव करके निरालंब समाधि की पूर्ण रूप से सिद्धि होती है।

पंचकोशों का वर्णन सर्वप्रथम तैतरीय उपनिषद् में आया है।[65]

1. अन्नमयकोश

यह कोश पंच महाभूतों के सात्त्विक अंशों से बनता व बढ़ता है अर्थात् पृथ्वी, जल, अग्नि, आकाश के सात्त्विक परमाणुओं को गर्भगत जीव माता के रुधिर से खींच लेता है और निरंतर खिंचता चला जाता है, जब तक कि गर्भ से बाहर नहीं आ जाता। अन्नमयकोश स्थूल आहार के अभाव में कुछ महीने (मास) तक और जलाहार के बिना, कुछ दिनों तक श्वास-प्रश्वास के बिना, कतिपय मिनटों तक और आकाशीय आहार के बिना कुछ सेकेंड ही जीवित रह सकता है। पंचभूत अन्नमयकोश के अंदर-बाहर आते-जाते रहते हैं अन्नमयकोश इनके द्वारा भी पुष्टि और जीवन पाता रहता है और जीव के स्थूल भोग और शांतिधाम मोक्ष को सिद्ध करता है। जीवात्मा का कर्म-विपाक तीन प्रकार से है, जो निम्न है 1 जागृत अवस्था, 2. स्वप्नावस्था, 3. सुषुप्तावस्था।

इस संधन 'अन्नमयकोश' में हमें आत्म-साक्षात्कार कहां से हो सकता है, 'प्रकृति-पुरुष विवेक' कैसे और कहां हो सकता है। इसके लिए महर्षि, पतंजलि ने अष्टांगयोग के प्रथम चारों अंगों को साधने को सबसे श्रेष्ठ बतलाया है।

2. प्राणमय कोश

प्राणमयकोश जिनसे बनता है वे सब दस प्राण हैं और उनमें प्राण के पांच प्रमुख भेद और पांच उपभेद हैं। वायु महाभूत का सात्त्विक अंश प्राण के रूप में मानव देह में विद्यमान है जो वायु के सत्वप्रधान अंश से उत्पन्न हुआ है।[66]

3. मनोमयकोश

यह पूरी तरह से मन पर निर्भर है और इसमें स्वार्थमय संकल्प है।

4. विज्ञानमय कोश

यह पूर्ण रूप से बुद्धि और उसके कार्यों पर निर्भर है, इसमें विषय और विषयी का भेद लिए हुए वैतात्मक ज्ञान है।

5. आनंदमय कोश

इसमें विषयी और विषय के भेद से रहित आनंद है। यह अनंत पारमार्थिक और पूर्ण है। यह आत्मा को कोश नहीं, बल्कि उसका साध्य है। आत्मा ही जीवात्मा का यथार्थ तत्त्व है, यही ब्रह्म है। इसके ज्ञान से जीव के बंधन छूट जाते हैं। यह ज्ञान अप्रादानोभूती से होता है।[67]

अत: अन्नमयकोश आहार से बनता है जो हमारा शरीर है और अन्नमयकोश के विकास की उपलब्धियां हैं पवित्रता, निष्ठा, संयम, सक्रियता और सिद्धि। इसके अंदर प्राण क्रियाशील रहता है। यह आत्मा की दूसरी परत होती है, इसे प्राणमयकोश कहते हैं। इसके विकास की उपलब्धि है पराक्रम, उत्साह, साहस और सिद्धि प्रतिभा। इससे भिन्न अंदर मन का अस्तित्व है। यह मनोमयकोश है, इसके विकास की उपलब्धि है एकाग्रता, दृढ़ता, संतुलन, सिद्धि और स्थिरता, कामनाओं की पूर्ति कामनाओं की समाप्ति, आप्तकाम स्थिति है।

इससे अलग बुद्धि का अस्तित्व है जो सभी कार्यों को निर्देशित करती है। यह हमारी विज्ञानमयकोश है इसके विकास की उपलब्धि-आत्मभाव का विस्तार, सूक्ष्म जगत में प्रवेश, परोक्ष ज्ञान व सिद्धि-द्विव्यदृष्टि है। इसमें भी भिन्न व अंदर आत्मा का आनंदमयकोश है। इसके विकास की उपलब्धि है स्वर्ग अनुभूति बंधन मुक्ति, ईश्वर प्राप्ति, संतुष्टि, तृप्ति, शांति एवं सत्‌चित् आनंद की अनुभव। इस तरह जागृत पंचकोश व्यक्तित्व विशिष्ट एवं दिव्य उपलब्धियां तथा सिद्धियों से सम्पन्न बनाते हैं।[68] वास्तविक आत्मा इन पांचों कोशों से परे है। इन्हीं पांच कोशों को तीन समूहों में बांटा गया है, जो हैं- स्थूल, सूक्ष्म व कारण शरीर। स्थूल शरीर में अन्नमय व प्राणमय कोश आते हैं। इसमें पांच तत्त्वों, पांच प्राणों का मूल्यरूप से समावेश है। सूक्ष्म शरीर में मनोमयकोश व विज्ञानमय कोश आते हैं।

इन दोनों को चेतन मस्तिष्क और अचेतन मानस कह सकते हैं, कारण शरीर में आनंदमयकोश आता है।[69] आनंदमयकोश वास्तव में आदमी का आवरण नहीं है, क्योंकि यह जीवात्मा का सार तत्त्व है। व्यक्तित्व का केन्द्रीय तत्त्व आत्मा स्वयं में पूरी तरह से स्वतंत्र है और आनंदमयकोश में आत्मा की अनुभूति आनंद के रूप में होती है जो कि एक तरह से मानवीय व्यक्तित्व का चरमोत्कर्ष भी है।[70] शरीर और आत्मा के संबंध को मैत्री उपनिषद् में भली-भांति समझाया गया है। शरीर को 'रथ' और 'आत्मा' को इसका सारथी बताया गया है।[71] ज्ञानेन्द्रियों को पांच लगाम कहा गया है और पांच कर्मेन्द्रियों को इसके पांच घोड़े कहा गया है।[72] यही वर्णन कठोपनिषद् में आया है और इसका कर्म भी बताया गया है।[73]

इन्द्रियों से परे प्राण का अस्तित्व है, प्राण से परे मन आता है, मन से भी सूक्ष्म बुद्धि से भी परे महान् आत्मा का अस्तित्व है। उससे भी परे अव्यक्त परम सत्ता है।[74]

अज्ञान के कारण जीवात्मा अपने वास्तविक स्वरूप को भूले रहती है और बाह्य आवरणों एवं शरीर के साथ अपनी पहचान बनाती है। इसी अनुरूप तरह-तरह की इच्छाओं एवं वासनाओं में आबद्ध होकर एक सीमित जीवन जीने के लिए बाधित होती है, जो कि आत्मा को स्वस्थ एवं आनंदमय स्थिति से सर्वथा दूर होती है। यौगिक साधनाओं द्वारा क्रमशः जीवात्मा अपने कोशों को साधते हुए आनंदमयकोश की स्थिति में पहुंचाता है। जहां जीवात्मा समस्त इच्छाओं से मुक्त हो जाती है और अपने वास्तविक स्वरूप में स्थित हो जाती है और सर्वव्यापी ब्राह्मी चेतना से जुड़ जाती है।[75]

आनंदमयकोश जाग्रत होने पर जीव अपने को अविनाशी ईश्वर अंश, सत्य, शिव, सुंदर मानता है तथा शरीर, मन और साधन एवं संपर्क परिवार को मात्र जीवनोद्देश्य के उपकरण मानता है। यह स्थिति ही आत्मज्ञान कहलाता है। यह उपलब्ध होने पर मनुष्य हर घड़ी संतुष्ट एवं उत्साहित पाया जाता है। जीवन मंच पर वह अपना अभिनय करता रहता है। उसकी संवेदनाएं भक्तियोग, विचारणाएं ज्ञानयोग और क्रियाएं कर्मयोगी जैसी उच्चस्तरीय बन जाती हैं।[76]

गीता में योग

"गीता सभी उपनिषदों, पुराणों एवं दर्शनशास्त्रों का सार है। इसका प्रपि विषय योग है। योग के आदि प्रवर्तक योग-योगेश्वर श्रीकृष्ण ने श्रीमद्भगवद गीता में अर्जुन के माध्यम से जन साधारण को पवित्र योग विद्या का उपदेश दिया है।

जीव क्या है एवं परमात्मा क्या है तथा योग को अपनाकर किस प्रकार मनुष्य शाश्वत सुख को प्राप्त कर सकता है आदि सभी रहस्यपूर्ण बातें परमयोगी श्रीकृष्ण ने अपने श्रीमुख से लोक कल्याणार्थ गीता में

स्पष्ट की है। इसके अतिरिक्त जो लोग योग सिद्धांतों की अवहेलना करके मनमाने ढंग से व्यवहार करते हैं, उनकी क्या गति होती है इसका भी स्पष्ट उल्लेख गीता में लिखा है।''[77]

श्रीकृष्ण ने गीता में मन के विषय में और मन को नियंत्रण करने के लिए बताया है कि "हे अर्जुन! यह अत्यंत चंचल स्वभाव वाला मन अभ्यास और वैराग्य से वश में किया जा सकता है।'' अभ्यास क्या करना है और किस प्रकार करना है। यह बात समस्त गीता में विशेष रूप से छठे, आठवें, नौवें, बारहवें और सत्रहवें अध्याय में सविस्तार समझायी गई है और इसी तरह वैराग्य का स्वरूप और उसकी साधना का निरूपण 13वें व 19वें अध्याय में बड़े सरल रूप में प्रस्तुत किया गया है।

गीता में यह बात भी प्रकार से कही गई है कि योग एक प्राचीनतम विद्या है। कल्प के आदि में भी इस विद्या का प्रचार था और उस समय भी इसके उपनिषद् योगावतार श्रीकृष्ण ही थे। "हे अर्जुन! मैंने इस अविनाशी योग को कल्प के आदि में सूर्य के प्रति कहा था, सूर्य ने अपने पुत्र मनु के प्रति कहा और मनु ने अपने पुत्र राजा इक्ष्वाकु के प्रति कहा।'' "इस प्रकार परंपरा से प्राप्त हुए इस योग को राजर्षियों ने जाना, परंतु हैं अर्जुन! वह योग विद्या बहुत लंबे समय से इस पृथ्वी लोक में लुप्त प्रायः हो गई थी। अतः वही पुरातन योग मैंने अब तुझे बताया है, क्योंकि तू मेरा भक्त है और प्रिय सखा है।''

"यह योग सभी विद्याओं का राजा, सब सहस्यों का राजा अति पवित्र सर्वश्रेष्ठ, प्रत्यक्ष फल देने वाला, धर्मयुक्त और साधन करने में बड़ा सुगम और अनिवाशी है।''[78]

योग के अंतर्विभाग

गीता में योग के तीन अंतर्विभाग किए गए हैं, जो इस प्रकार हैं ज्ञानयोग, कर्मयोग और भक्तियोग।

ज्ञानयोग

"दृश्य मात्र संपूर्ण जगत मात्र का अर्थ होने से क्षणभंगुर, नाशवान, जड़ और अनित्य है तथा जीवात्मा नित्य चेतन निर्विकार, अविनाशी, सच्चिदानंद घन ईश्वर का ही सनातन अंश है। इस प्रकार समझकर परम पुरुष परमात्मा में एकीभाव से नित्य स्थिति रहने का नाम ही ज्ञानयोग है। श्रद्धालु और साधनपरायण व्यक्ति ही ज्ञान का अधिकारी है।" श्रद्धालु, संयमी तथा तत्परतापूर्वक साधन में लगे रहने वाला योग साधक ही ज्ञान को प्राप्त होता है और ज्ञान पाकर वह शीघ्र ही परमात्मा की प्राप्ति रूप परमशांति को प्राप्त हो जाता है।[79]

"इसलिए तत्त्वदर्शी ज्ञानी पुरुषों की शरण में जाकर उनसे उसे जाने तुम्हारे दंडवत् प्रणाम करने से भक्तिपूर्वक सेवा करने तथा विनीत भाव से जिज्ञासा प्रकट करने पर वे तत्त्व को जानने वाले ज्ञानीजन तुम्हें ज्ञान का उपदेश दे देंगे।"[80] गीता के तेरहवें अध्याय में श्लोक संख्या 7 से 11 तक ज्ञान का यथार्थ स्वरूप विस्तार से वर्णित किया गया है।

कर्मयोग

"फल और आसक्ति को त्यागकर अपने वर्ण और आश्रम के सभी प्रकार के कर्त्तव्य कर्मों को भगवत् प्रत्यर्थ करना कर्मयोग कहलाता है। जो व्यक्ति जीवनभर पुण्यमय तथा लोकहित के कार्य को करते हैं, किन्तु वह न तो फल की इच्छा रखते हैं और न अपने को उन कर्मों का कर्त्ता समझते हैं, वे व्यक्ति कर्मयोगी कहलाते हैं। इस प्रकार अनासक्त भाव से कर्म करने वाला व्यक्ति कर्म बंधन से मुक्त हो जाता है और राजर्षि जनक की भांति परम सिद्धि को प्राप्त हो जाता है। फलेच्छा को त्यागकर कर्म करते रहना योगारुढ़ होने का उत्तम साधन है।"[81]

"योगी बनने की इच्छा रखने वाले मननशील पुरुष के लिए योग की प्राप्ति में निष्काम भाव से कर्म करना ही हेतु कहलाता है अर्थात् कर्म

करने से ही वह योग प्रवेश कर सकता है और योगारुढ़ हो जाने पर सर्व संकल्पों का अभाव ही उसके कल्याण का हेतु बन जाता है अर्थात् उनके कर्म स्वयं भी छूट जाते हैं।''

इसलिए ईश्वर का आदेश है ''हे अर्जुन! आसक्ति को त्यागकर सफलता और असफलता के समान बुद्धि रखकर योग में स्थित हुआ तू कर्म करता जा, क्योंकि समत्व भाव ही योग कहलाता है।''

''कर्म करने मात्र में तेरा अधिकार है, फल प्राप्ति में नहीं। इसलिए फल की इच्छा भी मत रख और कर्म करना भी मत छोड़।''

ऊपर दिए गए कथनों के आधार पर कर्म करने वाला योगी कर्म बंधन से सर्वथा मुक्त हो जाता है और वह भगवत् प्राप्ति रूप परम शांति को प्राप्त हो जाता है।

यह कर्म योग का ही मुख्य स्वरूप है। इस योग को समत्व योग, निष्काम कर्म योग, अनासक्ति योग इत्यादि नामों से भी जाना गया है।

भक्तियोग

भक्ति की प्रधानता जिस साधन में हो, उसे भक्तियोग कहा जाता है। भक्तियोग का वास्तविक स्वरूप गीता के बारहवें अध्याय के श्लोकों में समझाया गया है। इन श्लोकों में परमयोगी श्रीकृष्ण ने भक्ति के द्वारा ईश्वर प्राप्ति के मुख्य चार महत्त्वपूर्ण उपाय बतलाए हैं और उनमें साधक को सबसे अच्छा यह आदेश दिया है कि वह अपना मन व बुद्धि, ईश्वर में विलीन कर दे। ऐसा करने के उपरांत वह ईश्वर में ही निवास करेगा, इसमें कोई दो मत नहीं है। मन व बुद्धि को ईश्वर में लगाने का अर्थ है कि साधक खुद को सर्वतोभावेन ईश्वर में अर्पण कर दे, अपना अलग अस्तित्व अनुभव ही न करे। यदि साधक ऐसा न कर सके तो उसके लिए दूसरा तरीका बताया गया है। ''यदि तू मन को मेरे में लगाने में

समर्थ नहीं है तो ध्यानाभ्यास, स्वाध्याय, सत्संग एवं संकीर्तन आदि साधनों के द्वारा मुझ परमेश्वर को प्राप्त करने की इच्छा कर। यदि तू पूर्वोक्त प्रकार से योगाभ्यास करने में भी अपने को असमर्थ समझता है, तो स्वार्थ को त्यागकर तथा मुझ परमेश्वर को ही परम आश्रम परम गति समझकर, निष्काम प्रेमभाव से मनसा, वाया, कर्मणा मेरे निमित ही यज्ञ, दान, तपादि कर्मों को कर।''[82]

''यदि कोई मनुष्य यह भी न कर सके तो उसके लिए भगवान ने चौथा उपाय बतलाया है कि वह समस्त कर्मों का फल त्याग दे अर्थात् अपने द्वारा किए जाने वाले सभी शुभाशुभ कर्मों को ईश्वर को अर्पण कर दे।''

भक्तियोग को योग दर्शन में प्रणिधान कहा गया है और उसे अष्टांग योग का एक अति महत्त्वपूर्ण अंग बतलाया गया है।

गीता के अनुसार चाहे कोई ज्ञानी हो या कर्मयोगी हो अंत में उसे भक्ति का आश्रय लेना पड़ता है।

ध्यान की विधि और उसका काल

''साधक को चाहिए वह अपने योगाभ्यास के लिए किसी एकांत स्थान का चयन करे। वहां वह अकेला बैठकर सब प्रकार की आशाओं और कामनाओं को त्यागकर मन तथा इंद्रियों पर पूरा निमंत्रण करके योगाभ्यास करे।''

''पवित्र स्थल पर कुशा, मृगछाला आदि के आसन को बिछाकर सिद्धासन, पद्मासन आदि किसी एक आसन में बैठ जाए। आसन न तो अधिक ऊंचा होना चाहिए और न ही नीचा।''

''उस आसन पर बैठकर मन को एकाग्र करता हुआ और इंद्रियों पर पूरा नियंत्रण करके आत्मशुद्धि के लिए योगाभ्यास करें।''

"अभ्यास काल में साधक का मेरुदंड, बिलकुल सीधा होना चाहिए अर्थात् छाती, गर्दन और सिर में तीनों एक सूत्र में होने चाहिए। इस प्रकार समकाय शिरोग्रीव होकर नासिका के अग्रभाग को देखता रहे, दिशा-प्रदिशाओं को न देखे।"

"ब्रह्मचर्य व्रत को धारण करता हुआ एवं सर्वथा निर्भय, शांत, अंतःकरण वाला सावधान होकर मन को वश में करके ईश्वरमय होकर योगाभ्यास करे।"[83]

"इस प्रकार आत्मा को निरंतर परमात्मा के स्वरूप में लगाता हुआ स्वाधीन मन वाला योगी मुझ परमेश्वर में स्थित होकर परमानंद शांति को पा जाता है।"[84]

समाधि का स्वरूप

"जिस अवस्था में ध्यानयोग के अभ्यास से निरुद्ध हुआ चित्त पूर्णतया शांत हे जाता है और जिस अवस्था में परमेश्वर के ध्यान से शुद्ध हुई सूक्ष्म बुद्धि द्वारा परमात्मा के दर्शन करता हुआ योगी सच्चिदानंद धन परमात्मा में संतुष्ट रहता है तथा इंद्रियों के अनुभव से परे, सूक्ष्म बुद्धि द्वारा ग्रहण करने योग्य जो अनंत आनंद है, उसको जिस अवस्था में अनुभव करता है, जिस स्थिति को पाकर वह योग भगवतस्वरूप से चलायमान नहीं होता तथा परमेश्वर की प्राप्ति रूप जिस लाभ को पाकर वह उससे बढ़कर और कोई काम नहीं समझता, जिस अवस्था को प्राप्त हुए वह भारी-से-भारी विपत्ति से भी चलायमान नहीं होता तथा जिस अवस्था में दुःखों का अत्यंत अभाव हो जाता है उसी का नाम समाधि है।"

उस समाधि रूप योग को मुख्य रूप से प्राप्त करने के लिए प्रयत्नशील मानव मात्र का कर्त्तव्य है और इसी में मानव जीवन की पूर्ण सार्थकता है।

सात्त्विक आहार और उचित दिनचर्या

"योगाभ्यासी का आहार बिलकुल सात्त्विक होना चाहिए, उसे चटपटे और उत्तेजक पदार्थों का कदापि सेवन नहीं करना चाहिए, सात्त्विक आहार क्या है? यह गीता के सतरहवें अध्याय में बताया गया है।"[85]

योगभ्रष्ट की उत्तम गति

"जो साधक अपने जीवन काल में सिद्धि को प्राप्त नहीं हो पाते बीच में ही उनका शरीरांत, उनकी साधना अधूरी रह जाती है या क्लिष्ट संस्कारवश जो अतंकाल में योग से विमुख हो जाते हैं, ऐसे व्यक्तियों को गीता में योगभ्रष्ट कहा गया है उनकी भी उत्तम गति बतलाई है।"

"वह योगभ्रष्ट पुरुष स्वर्गादि उत्तम लोकों को प्राप्त होकर उनमें वर्षों तक वास करके पुनः पृथ्वी लोक में पवित्र धनवानों के घरों में जन्म लेता है अथवा उन लोकों में न जाकर ज्ञानवान योगियों के कुल में ही जन्म लेता है, किन्तु इस प्रकार का जन्म अत्यंत दुर्लभ है।"

"अनेक जन्मों से अंतःकरण की शुद्धिरूप सिद्धि को प्राप्त हुआ और अति प्रयत्न से अभ्यास करने वाला योगी संपूर्ण पापों से अच्छी प्रकार शुद्ध होकर परम गति को प्राप्त होता है।"

योगी की परम गति

"जो योगी अंतकाल में भक्ति युक्त होकर अपने योगबल से परमेश्वर का स्मरण करता हुआ शरीर को त्यागता है वह उस दिव्य परमपुरुष परमात्मा को ही प्राप्त होता है।"[86]

ब्रह्मलोक तक के सभी लोकों से जीव को पुनः इस संसार में आना पड़ता है, क्योंकि वे सभी लोककाल की अवधि वाले होने से अनित्य हैं,

किन्तु मैं कालातीत हूं। अतः मुझको प्राप्त होकर मानव संसार चक्र से छूट जाता है, उनका पुनर्जन्म नहीं होता है।

"गीता में योगसिद्धि को ही परम कल्याण का हेतु बतलाते हुए मनुष्य को योगारुढ़ होने की बार-बार प्रेरणा दी गई है तथा उनके अनेकों उपाय बतलाए गए हैं एवं यह सिद्ध किया गया है कि कर्म फल, त्याग तथा निष्काम भक्ति से ही मनुष्य योगसिद्धि को प्राप्त हो सकता है। कर्त्तव्य कर्मों को स्वरूपतः त्याग देना और मन-ही-मन विषयों का चिंतन करते रहना योग प्राप्ति में सहायक नहीं हो सकता। काम सब अनर्थों की जड़ है। अतः कामनाओं का त्याग हो सर्वश्रेष्ठ त्याग है। गीता में ज्ञान, कर्म एवं भक्ति को एक-दूसरे की प्राप्ति में सहायक माना गया है तथा तीनों का समान महत्त्व बतलाया गया है। गीता की सबसे बड़ी विशेषता यह है कि इसमें सांख्य का योग में समावेश कर दिया गया है।"[87]

सांख्य योग

"सांख्य दर्शन राग से दूर ले जाने वाला ध्यान है।"

"वृत्तियों के निरोध से ध्यान की सिद्धि होती है।"

"धारणा, आसन तथा अन्य स्वकीय कर्मों अर्थात् अन्य साधनों से वृत्ति निरोध (ध्यान) की सिद्धि होती है।"

"स्थिरतापूर्वक सुख का अनुभव करना आसन है।"[88]

"सांख्य दर्शन के अनुसार ध्यान के लिए रत्रसगुण का दमन आवश्यक है, क्योंकि वही भित्त को चलायमान रखता है। जब मन में तमस और रजस गुणों पर सत्वगुण का अधिकार हो जाता है, तो वह ध्यानमुक्त हो जाता है। इसके लिए चित्र की वृत्तियों का निरोध किया जाता है। सत्वगुण बढ़ने के साथ चित्तवृत्तियों का निरोध हो जाता है। इसके लिए चित्त की वृत्तियों का निरोध किया जाता है। इसके लिए

वैराग्य और विवेक की आवश्यकता होती है। सांख्य दर्शन में 'देह' को पृथ्वी, जल, अग्नि, प्रकाश और वायु इन पंचतत्त्वों से निर्मित माना जाता है। इसमें पृथ्वी तत्व प्रधान है। आत्म देह से भिन्न है, आत्म स्वयं साध्य है जबकि देह उनका साधन है। पाप और पुण्य के समाप्त हो जाने पर आत्मा देह छोड़ देती है। अविवेक के कारण सामान्यजन आत्मा और देह में अंतर नहीं कर पाता।''[89] सांख्य संसार को दुख:मय मानता है। जन्म, मृत्यु, रोग, जन्म आदि सांसारिक दु:खों का प्रतिनिधित्व करते हैं। दु:खों से परिपूर्ण हैं, क्योंकि समस्त विश्व गुणों के अधीन है। जहां गुण है, वहां दु:ख भी है।

संसार के दु:खात्मक मानकर सांख्य भारतीय विचारधारा और योगदर्शन की परंपरा का पालन करता है। भारत के प्राय: सभी दर्शनों में संसार की दु:खमयता पर पूर्ण रूप से बल दिया गया है।

सांख्य के अनुसार संसार में तीन तरह के दु:ख पाए जाते हैं 1. आध्यात्मिक दु:ख, 2. आधिभौतिक दु:ख, आधिदैविक दु:ख।

1. आध्यात्मिक दु:ख

यह दु:ख उस दु:ख को कहा जाता है, जो मानव के निजी शरीर वमन से उत्पन्न होते हैं। मानसिक व शारीरिक व्याधियां ही आध्यात्मिक दु:ख है। इस प्रकार के दु:खों का उदाहरण भूख, सरदर्द, भय, द्वेष, क्रोध आदि हैं।

2. आधिभौतिक दु:ख

आधिभौतिक दु:ख वह है जो बाह्य पदार्थों के प्रभाव से उत्पन्न होता है। जैसे कांटे का गड़ना, तीर का चुभना व पशुओं के द्वारा फसल का नष्ट हो जाना इत्यादि को अधिभौतिक दु:ख कहा जाता है। वह दु:ख मनुष्यों, पशुओं, पक्षियों इत्यादि से प्राप्त होता है।

3. आधिदैविक दुःख

इस प्रकार का दुःख बाह्य व आलौकिक कारण के उत्पन्न होता है, उदाहरण स्वरूप नक्षत्र, भूत, प्रेतादि से प्राप्त दुःख आधिदैविक दुःख कहलाता है।

सर्दी, गर्मी इत्यादि से मिलने वाले दुःख भी आधिदैविक दुःख है।

"मानव स्वभावतः इन तीन प्रकार के दुःखों से छुटकारा पाना चाहता है। चिकित्सा विज्ञान इन दुःखों से अस्थायी छुटकारा दिला सकते हैं, परन्तु मानव इन दुःखों से सदा के लिए छुटकारा पाना चाहता है। वह केवल वर्तमान दुःख से बचना नहीं चाहता है, अपितु भविष्य में मिलने वाले दुःखों से भी छुटकारा पाना चाहता है। चिकित्सा विज्ञान उसकी इस इच्छा की तृप्ति करने में असमर्थ है। दुःखों का पूर्ण विनाश मोक्ष से ही संभव है। मोक्ष का अर्थ-त्रिविध दुःख का अभाव है। मोक्ष ही परम् अपवर्ग या पुरुषार्थ है।"[90]

आत्मा का प्रतिबिम्ब बुद्धि पर प्रतिबिम्बित होने पर ज्ञान का उदय होता है। बुद्धि जड़ है। चैतन्य आत्मा का धर्म है, परन्तु आत्मा को विषयों के ज्ञान के लिए बुद्धि, मन और इंद्रियों का सहारा लेना पड़ता है।"

इसी कारण आत्मा के सर्वव्यापी होने पर भी हमें सर्वदा समस्त विषयों का ज्ञान नहीं रहता। इंद्रियों व मन की क्रियाओं से विषयों का आकार बुद्धि पर अंकित हो जाता है। बुद्धि पर जब आत्मा के चैतन्य का प्रभाव पड़ता है, तब उन विषयों का ज्ञान होता है। बुद्धि की सहायता से पुरुष अपना तथा प्रकृति का भेद समझकर अपने यथार्थ की मुख्यरूप से विवेचना कर सकता है, इसलिए बुद्धि आत्मा से अलग है। बुद्धि तीनों सत्व, रज, तम से युक्त होने पर गुणों जैसे काम करती है। आत्मा समस्त भौतिक गुणों से परे हैं। इंद्रिय व मन की क्रिया बुद्धि के लिए है और बुद्धि की क्रिया आत्मा के लिए है, आत्मा त्रिगुणातीत है। वह मोक्ष के

लिए प्रकृति के संपर्क में आती है। जबकि प्रकृति अभिव्यक्ति के लिए आत्मा के संपर्क में है। मोक्ष मिलने पर आत्मा का देह से संबंध नहीं रहता। सांख्य द्वारा बतलाई ग्यारह इंद्रियों में मनस में दोनों प्रकार की इंद्रियां आ जाती हैं। मन का सहयोग, ज्ञान व कर्म और दोनों में आवश्यक है। यह आभ्यंतरिक इंद्रिय है और यही अन्य इंद्रियों को उनकी वास्तविक विषयों की ओर हमेशा प्रेरित करती है। मन की इस क्रिया के दो प्रयोजन हैं 1. भोग, 2. अपवर्ग। ये ही दो प्रयोजन पुरुष व प्रकृति के संयोग कहे जाते हैं। इन प्रयोजन के पूर्ण हो जाने पर मनस की क्रिया खत्म हो जाती है। इस तरह प्रत्यक्षीकरण की प्रक्रिया में वस्तु बाह्य इंद्रियां, मनस अहंकार, बुद्धि सब मिलकर पुरुष के भोग के लिए क्रिया करती है। बुद्धि पर जब आत्मा के चैतन्य का प्रकाश पड़ता है, तब ज्ञान का उदय होता है। सांख्य दर्शन के अनुसार, आदर्श व्यक्तित्व "विवेकी" पुरुष कूटस्थ नित्य और परमार्थ सत्य है, क्योंकि उसमें प्रकृति व पुरुष की पार्थक्य अवस्था का विवेक ज्ञान होता है। जिसमें यह ज्ञान है वही विवेक है और वह आदर्श व्यक्तित्व वाला भी है। विवेक ज्ञान से सम्पन्न व्यक्ति शरीरष्णत के अनंतर कैवल्य, मोक्ष की स्थिति प्राप्त करता है। मोक्ष प्राप्त करने पर वह सांसारिक दु:खों में और पुनर्जन्म के चक्कर में नहीं फंसता। यही विवेकी पुरुष और योग का अंतिम लक्ष्य है।

भूतकाल से स्मृति का संबंध स्पष्ट करते हुए सांख्यदर्शन में कहा गया है कि "स्मृति अतीत ज्ञानम" अर्थात् स्मृति अतीत का ज्ञान है। इसी तरह अन्य स्थान पर स्मृति में संस्कार का महत्त्व बतलाते हुए कहा गया है कि "स्मृति संस्कार जन्यम् ज्ञानम्" अर्थात् स्मृति संस्कार से उत्पन्न ज्ञान है। संस्कार के कारण कोई वस्तु भूतकाल में अनुभव की गई वस्तु प्रतीत होती है। योग दर्शन में भी स्मृति की इसी तरह की व्याख्य देखने को मिलती है। पतंजलि के अनुसार, "अनुभूत विषया समसंप्रभोष: स्मृति।" अर्थात् स्मृति वह मनोवृत्ति है जो कि किसी वस्तु को भूतकाल के देखने के ज्ञान पर पूर्ण रूप से आधारित है।

सांख्य व योग के अनुसार भी सुख की अनुभूति सत्व के कारण होती है। दूसरी तरफ रजस गुण दु:ख उत्पन्न करता है। तमस से निराशा होती है। ये सब अत:करण की वृत्तियां हैं, आत्मा नि:सर्ग है। वह सुख–दु:ख दोनों से परे है। वाचस्पति मिश्र के अनुसार मनुष्य अज्ञानता के कारण सुख–दु:ख की मानसिक वृत्तियों को आत्मा का ज्ञान मान बैठता है। इसलिए विज्ञान भिक्षु ने कहा है कि "सर्वोच्च सुख इच्छाओं के विनाश में है। इसी प्रकार का मत लगभग सभी भारतीय दार्शनिकों के विचारों में पाया गया है। योगसूत्र के रचयिता पतंजलि ने धर्म और अधर्म को क्रमश: सुख और दु:ख का कारण माना है।"[91]

सांख्य व योग दोनों अज्ञान को हटाकर मोक्ष प्राप्ति का मार्ग प्रशस्त करती है। भारत में योग का विकास सबसे पहले वैदिक काल से चला आ रहा है। योग के प्रणेता भगवान हिरण्यगर्भ हैं। यह खुद पतंजलि ने अपने प्रथम पाद के प्रथम सूत्र में कहा है। चारों वेदों में भी योग विषय पर चर्चा की गई है। उपनिषद् वेदों के सार होने से उपनिषदों में भी योग विषय की धारणाएं दिखाई पड़ती हैं। तैतरिय उपनिषद् में पंचकोश–अन्नमय, प्राणमय, मनोमय कोश कनोमयकोश विज्ञानमय, आनंदमय पर योग भूमिका का वर्णन मिलता है। गीता में ज्ञान, कर्म, भक्तियोग और ध्यान की विधि और उसका फल का वर्णन करते हुए समाधि का स्वरूप बतलाया गया है। सांख्या योग तीन दु:खों को बतलाता है। इन दु:खों को योग साधना द्वारा समाप्त कर मोक्ष की प्राप्ति हो सकती है। सांख्य योग में आसन, धारणा, ध्यान आदि का मुख्य रूप से वर्णन मिलता है। इस तरह हम कह सकते हैं कि विदों में वर्णित योग ही उपनिषद् गीता और सांख्य में बतलाए योग एक ही हैं।

संदर्भ

1. न वेदशास्त्रादन्यतु किचिच्छांस हि विद्यते।
निसृतं सर्वशास्त्रां मु वेदाशास्त्रात् सनातनात्।। या. स्मृ.ऋ

2. मनु., 2/168
3. वही, 12/94
4. प्रत्यक्षेणानुमित्या वा यस्तूपायो न बुध्यते एतं विदन्ति वेदेन तस्माद् वेदस्य वेदता।
5. शव ब्रा., 11/5/6/1
6. स्वामी दिव्यानंद सरस्वती, वेदों में योग, यौगिक शोध संस्थान, योगधाम, आर्य नगर, ज्वालापुर, हरिद्वार, 1999, पृ॰–51
7. प्रो. रामहर्ष सिंह, योग एवं यौगिक चिकित्सा, चौखम्बा सुरभारती प्रकाशन, वाराणसी 1999, पृ॰–51
8. ऋण. पद., पृ॰–4416
9. यजु. पद., पृ॰–67
10. साम. पद. पृ॰–64
11. अभ. पद. द्रष्टव्य।
12. ऋग्.– 1/38/11
13. स्वामी दिव्यानंद सरस्वती, वेदों में योग विद्या, यौगिक शोध संस्थान, पृ॰–115
14. ऋग्.– 8/100/5
15 सामवेद, पृ॰–933
16. वही, पृ॰–1744
17. वही, 1084, ऋग्., पृ॰ 1/30/13
18. वही, 324
19. वही, 1860
20. यजु. 6/14
21. धृतिः यजु.– 8/51, 1817, 22/11, 34/3
22. यजु.–34/3
23. वही, 12/67 ऋग् भा.भू. उपा.वि.
24. ऋग्. 9/11/6
25. अभ. 114/7–10/7/3/–77/4/6– 11/4/9
26. राजकुमारी पांडेय, भारतीय योग परंपरा के विविध आयाम, राधा स्वामी पब्लिकेशन्स, 4378/4बी, अंसारी रोड, दरियागंज, नई दिल्ली–1993 पृ॰–38, 39
27. साम.– 301/2/10
28. वही, 30–1/2/10

29. स्वामी दिव्यानंद सरस्वती, वेदों में योग विद्या, यौगिक शोध संस्थान, योग धाम, आर्य नगर, ज्वालापुर, हरिद्वार, 1999 , पृष्ठ-47
30. युजेवां ब्रह्म पूवर्म नमोभिर्वि श्लोक एक पच्येव सूरेः। ऋणबन्तु शिवे अमृतस्य पुत्रा आर्च धामानि दिव्यनि तस्युः।। यजु.-11/5
31. स्वामी दिव्यानंद सरस्वती, वेदों में योग, यौगिक शोध संस्थान, योग धाम, आर्य नगर, ज्वालापुर, हरिद्वार 1999, पृ०-5
33. ऋगू. 1/34/9
34. यजुर्वेद, वाजसर्नोय संहिता, 32/14
35. अथर्ववेद 10/4/8/43। इन मंत्रों में भी शरीर विज्ञान का कथन है, ऋग्वेद 1/164/15, 1/22/8/2
36 वही, 1/34/3
37. ऋग्वेद 5/59/2, अथर्ववेद 1/1/4, 10/7/19 एवं 10/7/20
38. ऋग्वेद 10/117/5
39. यजुर्वेद, 40/1
40. अथर्ववेद 1/5/7, 10, 24
41. अथर्ववेद, 19/43/1, 11/5/10/11 और 6/22/4 (में तप का वर्णन मिलता है।)
42. यजुर्वेद, 40/2 के इसी भाव को गीता 18/66 में भी व्यस्त किया गया है।
43. वही, 19/30 इसको स्वामी दयानंद सरस्वती ने अपने भास्य में स्पष्ट किया है।
44. वही, 20/24 दयानंद भास्यानुसार
45. वही, 17/2
46. अथर्ववेद, 17/2
47. यजुर्वेद, 34/44
48. वही, 31/15
49. वही, 31/15
50. सामवेद पूर्व आर्थिक- 2/3/1
51. यजुर्वेद 11/1
52. राजकुमारी पाण्डेय, भारतीय योग परंपरा के विविध आयाम, राधा पब्लिकेशन्स, 4378/4 बी, अंसारी रोड, दरियागंज, नई दिल्ली, 1993, पृष्ठ-48
53. आचार्य बलदेव उपाध्याय, भारतीय दर्शन, चौखम्बा ओरियंअसिया तृ. सं. -1984, पृ. 37, 38।

54. राजकुमारी पांडेय, भारतीय योग परंपरा के विविध आयाम, राधा पब्लिकेशन्स, 4378/4, बी. अंसारी रोड, दरियागंज, नई दिल्ली, 1993, पृ॰ 53, 57
55. सन्यासोपनिषद् 2/123
56. प्रश्नोपनिषद्- 5/2
57. छनदोग्योपनिषद्, पृ॰ 1।
58. मुण्डकोपनिषद्, 2/2/4
59. राजकुमारी पांडेय, भारतीय योग परंपरा के विविध आयाम, राधा पब्लिकेशन्स, 4378/4 बी. अंसारी रोड, दरियागंज, नई दिल्ली, 1993, पृ॰ 75, 78
60. श्वताश्वेतरोपनिषद् 1/1/3
61. वही,
62. वही, 2/11
63. वही, 2/12।
64. राजकुमारी पांडेय, भारतीय योग परंपरा के विविध आयाम, राधा पब्लिकेशन्स, 4378/4, बी. अंसारी रोड, दरियागंज, नई दिल्ली, 1993, पृ॰ 80, 84,
65. तैतरिय उपनिषद्- 2, 3, 4
66. श्री योगेररानंद परमहंस, आत्म विज्ञान, योग निकेतन ट्रस्ट, 30ए-78, पंजाबी बाग, नई दिल्ली, 1996, पृ॰-67, 68, 97
67. डॉ. रामनाथ शर्मा, भारतीय मनोविज्ञान, एटलांटिक पब्लिशर्स एण्ड डिस्ट्रब्यूटरर्स नई दिल्ली, पृ. 37, 38
68. श्री सुरेश वर्णमाला, योग और मानसिक स्वास्थ्य, न्यू भारती बुक कॉर्पोरेशन, दिल्ली- 2002, पृ॰ 45 तथा मन्दागिनी, श्री माली, प्रज्ञापुरुष का समग्र दर्शन पृ॰ 229-233
69. पं. श्री रामशर्म आचार्य, वांङ्मय खण्ड-13, गायत्री की पंचकोशी साधना एवं उपलब्धियां पृ॰- 2, 4
70. Joseph Vninte, The concept of Personality in Sri Aurovindo's Integral yoga Pshychology and A Maslow's Humanistic e' Transpersonal phychology, p-55.
71. मैत्रीय उपनिषद् 2/34
72. वही-472
73. कठोपनिषद्- 1/3

74. वही, 3/10-11
75. Joseph Vninte, the concept of Personality in Sri Aurovindo's Integral yoga Pshychology and A Maslow's Humanistic e' Transpersonal phychology, P-55
76. पं. रामशर्मा आचार्य, वांङ्मय खंड-13, गायत्री की पंचकोशी साधना एवं उपलब्धियां, पृ॰-2, 30
77. पं. पूर्णचंद्र पंत शास्त्री, योग विज्ञान, इंटरेक्टिव एजुकेशन सिस्टम प्राइवेट लिमिटेड, नाहन, 2002, पृ॰-131
78. गीता- 6/35, 4/1, 3-9/2।
79. गीता- 4/38
80. वही- 4/34
81. पं. पूर्णचंद पंत शास्त्री, योग विज्ञान, इंटरेक्टिव एजुकेशन सिस्टम, प्राइवेट लिमिटेड, नाहन, 2003- पृ॰ 136
82. गीता- 6/3- 4/48- 4/47- 12/8, 12-9-12-10
83. वही- 12/11- 6/10-6/ 11-6/ 12-6/ 12-6/ 13-6/14
84. वही- 6/20 से 6/23 तक।
85. पं. पूर्णचंद्र पंत शास्त्री, योग विज्ञान, इंटरेक्टिव एजुकेशन सिस्टव प्राइवेट लिमिटेड, नाहन, 2002, पृ॰-143, 147
86. गीता- 6/41- 6-42-4, 6/45, 8/10
87. पं. पूर्णचंद्र पंत शास्त्री, योग विज्ञान, इंटरेक्टिव एजुकेशन सिस्टव प्राइवेट लिमिटेड, नाहन, 2002, पृ॰-149, 150
88. सांख्य सूत्र महर्षि कपिल-3/30-3/31-3/32-3/ 33-3/34
89. डॉ॰ रामनाथ शर्मा, भारतीय मनोविज्ञान, एटलांटिक पब्लिशर्स एण्ड डिस्ट्रीब्यूटर्स-बी-2, विशाल एन्कलेव, नई दिल्ली, पृ॰- 208, 77
90. प्रो. हरेन्द्र प्रसाद सिन्हा, भारतीय दर्शन की रूपरेखा, मोती लाल बनारसीदास, दिल्ली-1993, पृ॰- 251
91. डॉ॰ रामनाथ शर्मा, भारतीय मनोविज्ञान, एटलांटिक पब्लिशर्स एण्ड डिस्ट्रीब्यूटर्स-बी-2, विशाल एन्कलेव, नई दिल्ली, पृ॰- 103, 78, 90, 124, 252, 149, 171

3

आसनों के नियम

आसन सबसे आसान विद्या है। यह बिना खर्च किए सबसे अमूल्य निधि है। वर्तमान में भौतिकता का इतना दबाव है कि प्रत्येक व्यक्ति भिन्न-भिन्न प्रकार की बीमारियों से ग्रस्त है। डायबिटीज, हार्ट अटैक, ब्लड प्रेशर, मोटापा इत्यादि बीमारियां अब फैशन बन गई हैं। किसी के पास अपने शरीर की ओर ध्यान देने का भी समय नहीं है। यह देखकर काफी दुःख होता है कि व्यक्ति अपने रहने के लिए आलीशान महलों के निर्माण का बजट बनाता है, कार और बड़ी-बड़ी गाड़ियां खरीदने के लिए बजट बनाता है, भिन्न-भिन्न प्रकार के व्यंजनों पर रुपये खर्च करता है, लेकिन जिस शरीर को इन सब साधनों का उपयोग करना है उसके लिए कोई बजट नहीं है। जिसे देखो, वह समय का अभाव बतलाता है और चिकित्सकों की शरण में चला जाता है। उसे दवाइयों पर पैसा खर्च करना स्वीकार है, परन्तु शरीर को स्वस्थ रखने के लिए शारीरिक श्रम करना कतई स्वीकार नहीं है। कभी आपने सोचा है कि 24 घंटे के समय में से कितना समय हमने अपने शरीर को स्वस्थ बनाने के लिए दिया है। हम तब तक कोई अभ्यास नहीं करते जब तक कोई चिकित्सक सलाह न दे। बीमारी की मजबूरी में किए गए आसन या व्यायाम का उतना लाभ नहीं होता जितना बीमारी आने से पहले किए गए आसन व व्यायाम का होता है।

हमारे पास शरीर को स्वस्थ, सुंदर और सुडौल बनाने के काफी सरल और सस्ते उपाय उपलब्ध हैं तो हम पैसा खर्च करके स्वास्थ्य क्यों खरीदें। शरीर के स्वस्थ रखने के दो मुख्य उपाय हैं–

(i) आसन

(ii) व्यायाम

आसन व व्यायाम में अंतर होता है। आसन शरीर पर कोई बोझ नहीं डालते और न ही आसन करने में किसी प्रकार का खर्च करना पड़ता है। आसन करने के लिए किसी साधन विशेष की आवश्यकता नहीं पड़ती और न ही किसी बड़ी मैदान की आवश्यकता होती है। इसे आप कहीं भी किसी भी स्थिति और किसी भी मौसम में कर सकते हैं। आसन सीखने या करने की कोई आयु नहीं है। उसे बच्चे, वृद्ध व जवान और महिलाएं सभी कर सकते हैं। हमारे इतिहास में ऐसे व्यक्ति हुए हैं, जिन्होंने दीर्घायु प्राप्त की है। वह दीर्घायु आसन, प्राणायाम द्वारा ही प्राप्त की जा सकती है। आसन सिर्फ शारीरिक प्रक्रिया मात्र नहीं है, उसमें अध्यात्म निर्माण के बीज छिपे हैं। आसन अध्यात्म प्रवेश का प्रथम द्वार है। आसन शब्द का अनेक अर्थों में प्रयोग होता है, आसू धातु बैठने के लिए प्रयुक्त होता है। महर्षि पतंजलि ने कहा 'स्थिरं सुखमासनम।' जिसमें स्थिरता व सुखपूर्वक ठहरा जा सके, वह आसन है। कुछ लोग इसी व्याख्या को यूं कहकर स्पष्ट करते हैं कि वह अवस्था जो सुखकारी और स्थिर हो आसन है। यदि वह व्याख्या हमने की तो लेटकर सोने की अवस्था अत्यंत सुखकारी है, पर क्या वह आसन हो सकती है? श्री स्वात्माराम ने इसी को स्पष्ट करने हेतु हठ प्रदीपिका में कहा है, कुर्मान्तदासनम् स्थैर्यमारोग्यं चाङगलान्धवम्। स्पष्ट है कि आसन का परिणाम स्थैर्य, आरोग्य और शरीर व मन के लाघव की प्राप्ति के लिए होने चाहिए। यही ऐसा नहीं होगा तो आसन, आसन न होकर व्यायाम कहा जाएगा। अतः मूलरूप से प्रश्न उठता है कि फिर आसन कैसे?

महर्षि पतंजलि ने इसका बड़ा ही सुंदर ढंग से उत्तर दिया है। 'प्रयत्न-शैथिल्यामन्तसमापत्तिभ्याम' अर्थात आसन करते समय प्रयत्न का अत्यल्प प्रयोग हो। मन के बारे में कि वह अत्यंत्र न दौड़ाकर सिर्फ अनंत अर्थात् शून्य में लगाएं या प्राण स्पंदन पर रखें, ताकि शरीर में तनाव कम-से-कम रहे। यह स्पष्ट होता है कि यदि हम आसन को व्यायाम की तरह करेंगे तो थकान की मात्रा ज्यादा होगी। व्यायाम करने से शरीर के किसी हिस्से पर ज्यादा दबाव और किसी पर कम दबाव पड़ने के कारण मन चंचल हो सकता है। अतः जरूरी इस बात की है कि इन दोनों का मिलन हो जिससे शरीर और मन निरोगी हो। इसलिए आसन व व्यायाम में अंतर माना जाता है। विधिपूर्वक लेटना, बैठना, खड़े रहना तीनों मुद्राओं में आसन किए जा सकते हैं। आसन शरीर की क्रियाओं को व्यवस्थित ही नहीं बनाता, अपितु वाक एवं मन को भी स्थिरता प्रदान करता है। वर्तमान में आसनों की उपयोगिता निर्विवाद है। आसन के लिए प्रयुक्त होने वाले वस्त्र इत्यादि को भी आसन की संज्ञा से अमिहित किया जाता है। यह आसन सूत, कुशा, ऊन, तिनके इत्यादि के होते हैं। ऊन का आसन सबसे अच्छा माना जाता है। आसन शरीर की सहज स्थिति के लिए है। हठयोग में आसनों के असंख्य प्रकार बताए गए हैं, जिनकी संख्या चौरासी लाख मानी जाती है, परन्तु इनमें से चौरासी आसन श्रेष्ठ माने जाते हैं।

आसनों का वर्गीकरण

पांच आधार पर आसनों का वर्गीकरण किया जा सकता है (i) ध्यानात्मक, (ii) शारीरिक आधार पर, (iii) आसन की स्थिति के आधार पर, जैसे लेटकर करने के आसन, बैठकर करने के आसन व खड़े होकर करने के आसन, (iv) दैनिक आवश्यकता अनुसार, (v) प्रतियोगिता के आधार पर।

पूज्य स्वामी कुवलयानंद जी ने इन्हें दो श्रेणियों में विभक्त किया है (i) शरीर संवर्धनात्मक, (ii) ध्यानात्मक। प्रथम का एक उपांग हो सकता है जिसे आज के लेखकों ने शिथिलात्मक कहा है, जो शरीर को आराम पहुंचाते हैं जिससे थकान दूर होती है। आसनों का वर्गीकरण निम्नलिखित आधार पर किया जा सकता है

आसन

ध्यानात्मक	**शरीर सवर्धनात्मक**	**विश्रामात्मक**
(i) सुखासन	(i) सर्वांगासन	(i) मकरासन
(ii) सिद्धासन	(ii) हलासन	(ii) शिशुआसन
(iii) पद्मासन	(iii) सुप्तवज्रासन	(iii) शवासन आदि
(iv) बज्रासन	(iv) भुजंगासन	
(v) स्वस्तिकासन आदि	(v) शीर्षासन आदि	

आसन करने की स्थिति आसन लेटकर, कमर के बल, पेट के बल, लेटकर, बैठकर, खड़े होकर किए जाते हैं।

लेटकर करने के आसन लेटकर, करने के मुख्य आसन हलासन, पवनमुक्त आसन, नौकासन, सर्वांगासन, उत्तानपाद आसन, मत्स्य आसन, चक्रासन इत्यादि हैं।

औंधे लेटकर करने के आसन मयूरासन, मकरासन, भुजंगासन, धनुरासन, शलमासन इत्यादि।

बैठकर करने के आसन उष्ट्रासन, गौमुखासन, सुखासन, सिद्धासन, पद्मासन, दण्डासन, पश्मिोमत्तानासन, वज्रासन, बक्रासन इत्यादि।

खड़े होकर करने वाले आसन वृक्षासन, कोणासन, ताड़ासन, नटराजासन, पादहस्तासन इत्यादि।

दैनिक अभ्यास के आसन डॉ॰ देवव्रत व्यायामाचार्य और अनेक योगियों के अनुसार हरेक व्यक्ति को 15 मिनट तक संक्षिप्त रूप से अभ्यास क्रमानुसार आसन करने चाहिए। अधिक व्यस्त रहने वाले व्यक्ति या दुर्बल शरीर वाले व्यक्तियों के लिए यह संक्षिप्त अभ्यास क्रम पर्याप्त माना जाता है। समय व आवश्यकतानुसार आसनों का समय घटाया और बढ़ाया जा सकता है। यहां जानकारी के लिए आसन करने के लिए तीन समयावधियां दी गई हैं, जो इस प्रकार है

संक्षिप्त अभ्यासक्रम (15 मिनट)

(i)	अर्धहलासन	2 मिनट
(ii)	भुजंगासन	1 मिनट
(iii)	उत्तान पादासन	1 मिनट
(iv)	वक्रासन (दोनों ओर से)	2 मिनट
(v)	योग मुद्रा	1 मिनट
(vi)	जानुथिरासन	1 मिनट
(vii)	अर्ध शल्भासन (दोनों ओर से)	2 मिनट
(viii)	उज्जायी (7 चक्र)	5 मिनट
	कुल =	**15 मिनट**

मध्यम अभ्यास क्रम (30 मिनट)

(i)	कोणासन	2 मिनट
(ii)	ताड़ासन	2 मिनट
(iii)	सर्वांगासन	2 मिनट
(iv)	गरुड़ासन	2 मिनट
(v)	पवनमुक्तासन	2 मिनट

(vi)	उत्तानपादासन	2 मिनट
(vii)	प्राणायाम	2 मिनट
(viii)	शवासन	7 मिनट
(ix)	वज्रासन	2 मिनट
(x)	गोदहासन	2 मिनट
(xi)	अर्धमरत्स्येन्द्र आसन	5 मिनट
		कुल = 30 मिनट

अधिकतम अभ्यास क्रम (45 मिनट)

(i)	शवासन	2 मिनट
(ii)	हलासन	2 मिनट
(iii)	शीर्षासन	2 मिनट
(iv)	धनुरासन	2 मिनट
(v)	हलासन	2 मिनट
(vi)	मत्स्यासन	2 मिनट
(vii)	धनुरासन	2 मिनट
(viii)	सुप्तवज्रासन	2 मिनट
(ix)	मयूरासन	1 मिनट
(x)	भुजंगासन 3 चक्र	2 मिनट
(xi)	शलभासन 3 चक्र	2 मिनट
(xii)	अर्धमरस्येन्द्रासन दोनों ओर से	2 मिनट
(xiii)	सूर्य भेद 3 चक्र	2 मिनट
(xiv)	उज्जायी 7 चक्र	5 मिनट
(xv)	नाड़ी शुद्धि अनुलोम-विलोम कुम्भकसहित 3 चक्र	5 मिनट

(xvi) कपाल भाति 60 से 120 धक्के प्रति मिनट	3 मिनट
(xvii) नौति 3 से 7 चक्र दोनों ओर	3 मिनट
(xviii) उड्डियान 3 चक्र	3 मिनट
(xix) योगमुद्रा 3 चक्र	3 मिनट
कुल	**= 45 मिनट**

आसनों के लाभ

आसनों से निम्न लाभ हैं, जो इस प्रकार हैं

(i) आसन करने से अलग-अलग प्रकार की बीमारियों में काफी लाभ होता है।

(ii) नियमित आसन करने से शरीर काफी हलका और मन प्रसन्न रहता है।

(iii) आसन परमात्मा का चिंतन करने में और ध्यान समाधि लगाने में काफी सहायक सिद्ध होते हैं।

(iv) आसन द्वारा बिना किसी खर्च के अमूल्य स्वास्थ्य प्राप्त किया जा सकता है।

(v) आसन द्वारा मांसपेशियां सुदृढ़ व सुडौल बनती हैं जिससे शरीर की रोग-प्रतिरोधक क्षमता बढ़ जाती है।

(vi) आसन करने से हमारी चर्बी (वसा) कम हो जाती है। पेट और कमर का मोटापा दूर होता है।

(vii) आसनों से शारीरिक स्वास्थ्य, मानसिक शांति व आध्यात्मिक विकास को अच्छी गति मिलती है।

(viii) आसन करने से शरीर के सभी अव्वयवों को लाभ मिलता है, जैसे हड्डियों के जोड़, पेट, हृदय, फेफड़ों, मस्तिष्क गतिशील होकर अधिक काम करने लगती है।

(ix) आसन करने से स्नायुमंडल शक्ति सम्पन्न व सक्रिय हो जाता है। जिससे मानसिक व शारीरिक स्वास्थ्य बढ़ता है।

(x) आसन स्वस्थ व्यक्ति के लिए काफी आवश्यक है, तो अस्वस्थ के लिए भी श्रेष्ठ माना गया है। इससे दोनों प्रकार के व्यक्ति लाभ उठा सकते हैं।

(xi) आसनों से रक्त संचार में लाभ होता है।

(xii) आसनों से व्यक्ति का भावनात्मक व संवेगात्मक विकास होता है।

(xiii) आसनों द्वारा पाचनशक्ति सक्रिय रहती है।

(xiv) आसन करने से रक्तशिराओं पर जरूरतानुसार संकोच-विकोच होता है, जिससे रक्त संचार समुचित तरीके से होता है।

आसन उपयोगी नियम

आसन उपयोगी नियम निम्न हैं, जो इस प्रकार हैं

(i) भोजन आसन से तीन-चार घंटे पहले और आधे घंटे के बाद करना चाहिए।

(ii) आसन के पश्चात श्वास सामान्य होने पर व पसीना सूख जाने पर ही स्नान करना चाहिए।

(iii) आसनों को धीरे-धीरे करना चाहिए। झटका या दबाव देकर नहीं करना चाहिए।

(iv) बीमार अवस्था में या चोट लगने पर चिकित्सक के आज्ञानुसार ही आसन करना चाहिए।

(v) आसनों के पश्चात शवासन जरूर करें। इसे नहीं करने से शरीर को पूर्ण लाभ नहीं होगा।

(vi) महिलाएं सभी आसन कर सकती हैं, सिर्फ गर्भवस्था में वो आसन न करें जो पेट पर ज्यादा दबाव डालते हैं।

(vii) मासिक धर्म के समय भी आसन न करें, क्योंकि दूसरे रक्त वाहनियों पर अनावश्यक दबाव पड़ने से रक्तस्राव अधिक हो सकता है।

(viii) आसन की अंतिम स्थिति अपनी शक्ति अनुसार प्राप्त करें।

(ix) भोजन हमेशा सुरुचिपूर्ण व पौष्टिक करना चाहिए। उसमें तैलीय, नमक, प्याज, लहसुन अंडे, चाय, धूम्रपान या मसाले आदि नहीं होने चाहिए।

(x) आसन करते समय थकावट रोकने के लिए अभ्यास के मध्य शवासन या मकरासन कर विभाग करें।

(xi) शीतकाल में या विशेष परिस्थिति में सायंकाल का समय भी उचित है। आसन 15 मिनट से लेकर 45 मिनट तक कर सकते हैं। प्रतियोगिता के लिए या विशेष रोगों के लिए विशेषज्ञ की अनुमति से ज्यादा समय तक कर सकते हैं।

(xii) कब्ज से पीड़ित व्यक्ति को पानी पीकर न्योलि करके आसन करने चाहिए।

(xiii) आसन करते समय शरीर पर हलके वस्त्र होने चाहिए।

(xiv) आसन करने के लिए प्रातःकाल का समय श्रेष्ठ माना गया

है, क्योंकि इस समय प्रदूषण कम और ऑक्सीजन अधिक रहता है और मन शांत होता है।

(xv) आसन नदी, तालाब का किनारा, बाग-बगीचे, पार्क इत्यादि में करना काफी लाभकारी होता है।

(xvi) आसन करने से पहले स्नान करना उत्तम रहता है।

(xvii) आसन व व्यायाम में अंतर होता है, इसलिए आसानों का प्रयोग व्यायाम के तरीके से न करें।

4

योग के भेद

भक्तियोग

ईश्वर की खोज निष्कपट भाव से करना भक्तियोग है। इस खोज का आरंभ, मध्यम व अंत प्रेम में निहित होता है। ईश्वर के प्रति एक क्षण की भी प्रेमोन्मत्तता हमारे लिए शाश्वतमुक्ति का मार्ग प्रशस्त करने वाली होती है। भक्तिसूत्र में नारद जी कहते हैं, ''भगवान के प्रति उत्कट प्रेम ही भक्ति है।'' जब मनुष्य इसे प्राप्त कर लेता है, तो सभी उसके पात्र बन जाते हैं। तब वह किसी से भी घृणा नहीं करता अपितु वह हमेशा के लिए संतुष्ट हो जाता है। ''इस प्रेम द्वारा किसी काम्य वस्तु की प्राप्ति संभव नहीं है, क्योंकि जब तक सांसारिक वासनाएं व्यक्ति के हृदय में निहित होती हैं तब तक इस प्रेम का उदय नहीं होता है।'' भक्ति कर्म से श्रेष्ठ है और ज्ञान और योग से भी उच्च है, क्योंकि इन सबका एक ही लक्ष्य है, परन्तु ''भक्ति स्वयं ही साध्य और साधनस्वरूप है।''

वास्तव में, ज्ञान व भक्ति में उतना अंतर नहीं है जितना कि लोग अनुमान लगाते हैं। किन्तु जैसा कि हम आगे देखेंगे, ये दोनों ही हमें एक ही लक्ष्य स्थल पर ले जाते हैं। राजयोग की भी यही स्थिति है। जब इस अनुष्ठान को भोले-भाले लोगों की आंखों में धूल झोंकने की अपेक्षा मुक्ति लाभ के उद्देश्य से किया जाता है तब वह भी हमें उसी लक्ष्य पर पहुंचा देता है।

भक्तियोग का सबसे महत्त्वपूर्ण लाभ यह है कि वह हमारे चरम लक्ष्य की प्राप्ति का सबसे स्वाभाविक व सरल मार्ग है। किन्तु इससे संबंधित एक विशेषमय की आशंका यह होती है कि यह अपनी गौणी या निम्न अवस्था में मनुष्य को कट्टर व भयानक मतांध बना देता है। ईसाई, इस्लाम या हिन्दू धर्म में जहां कहीं भी इस तरह के धर्मांध व्यक्तियों का दल है वह हमेशा इसी प्रकार के निम्न श्रेणी के भक्तों द्वारा गठित किया गया है। वह इष्ट-निष्ठा जिस अभाव में यथार्थ प्रेम का विकास संभव नहीं है, प्रायः दूसरे सभी धर्मों की निंदा का कारण भी बन जाती है। प्रत्येक धर्म व देश में जितने दुर्बल व अविकसित बुद्धि के मानव हैं, के सभी अन्य सभी आदर्शों को घृणा की दृष्टि से देखने को ही अपने आदर्श से प्रेम करने का उपाय समझते हैं। यही कारण है कि वह मानव जो ईश्वर व धर्म संबंधी अपने आदर्श में इतना अनुरक्त है, वह किसी अन्य आदर्श के संबंध में कोई बात सुनकर या किसी अन्य आदर्श को देखकर अधिक खूंखार हो उठता है। इस प्रकार का प्रेम कुछ-कुछ उस सहज प्रवृत्ति के कुत्ते की भांति है, जो दूसरे के हाथों से अपने स्वामी की सम्पत्ति की रक्षा करता है। किन्तु वह कुत्ता अपने स्वामी को किसी भी वेष में देखकर भी उसे शत्रु नहीं समझता बल्कि उसे पहचान लेता है, उसकी यह सहज प्रेरणा मानव की युक्ति से काफी श्रेष्ठ है। व्यक्तिगत विषयों के प्रति उसका नजरिया परिवर्तित होकर संकुलित हो जाता है और सिर्फ यही जानने का जिज्ञासु रह जाता है कि कोई बात किसी व्यक्ति के द्वारा कही गई है, कही गई बात सही है, सत्य है या गलत व असत्य है, के संबंध में उसका ध्यान नहीं जाता। आप अपने जीवन में ऐसे व्यक्तियों को देख सकते हैं, जो कि अपने मत वाले और अपने सम्प्रदाय के लोगों के प्रति तो भले, सच्चे, दयालु व सहानुभूति सम्पन्न होते हैं, किन्तु वही व्यक्ति अपने सम्प्रदाय के बाहर के लोगों के प्रति बुरा काम करने में भी नहीं हिचकिचाते हैं।

यह आशंका सिर्फ निम्नतर अवस्था में रहती है। यह अवस्था गौणी कहलाती है। किन्तु 'परा' कही जाने वाली अवस्था को जब भक्ति परिपक्व होकर प्राप्त कर लेती है, तब इस तरह की भावना कट्टरता व मतान्धता की कोई आशंका शेष नहीं रह जाती है। वह व्यक्ति जो इस 'परा' भक्ति से अभिभूत हो जाता है, वह प्रेमस्वरूप भगवान् के इतने नजदीक पहुंच जाता है कि फिर वह दूसरों के प्रति घृणा भाव नहीं रखता और न ही उसमें धृणा-भाव के स्वरूप का विस्तार हो सकता है।

एक भक्त को इन सभी शुष्क विषयों के ज्ञान की उपयोगिता सिर्फ इतनी है कि उसे अपनी इच्छाशक्ति दृढ़ बनाने में उनकी जरूरत होती है, इसके अलावा उसकी दृष्टि में इनका कोई अन्य उपयोग नहीं है। इस कारण उसको उस पथ पर चलना होता है, जो जल्द ही युक्ति के धुंधले व अशांतिमय राज्य की सीमा के बाहर निकालकर प्रत्यक्ष रूप से अनुभूति के राज्य में ले जाता है। ईश्वर की कृपा से वह जल्द ही एक ऐसी अवस्था में पहुंच जाता है, जहां पांडित्य-गर्वियों की पूर्ण अक्षम युक्ति बहुत पीछे रह जाती है।

वहां बुद्धि के माध्यम से अंधेरे में टटोलने की गुंजाइश नहीं होती, अपितु वहां तो प्रत्यक्ष अनुभव सूर्य की तेज किरणों द्वारा सर्वस्व आलोकित हो जाता है। तब वह और ज्यादा विचार या विश्वास की धुंध के बाहर निकलकर प्रत्यक्ष देखता है। वह और ज्यादा युक्ति तर्क भी नहीं करता बल्कि प्रत्यक्ष अनुभव करता है और क्या ईश्वर का यह साक्षात्कार, यह अनुभव, यह उपयोग अन्याय विषयों से कहीं श्रेष्ठ नहीं है? सिर्फ इतना ही नहीं, कुछ ऐसे भी भक्त हैं, जिन्होंने खुद को मुक्ति से भी श्रेष्ठ होने की घोषणा की है और क्या यह हमारे जीवन का श्रेष्ठ प्रयोजन नहीं है। दुनिया में बहुत से लोगों को पक्की धारणा के अनुसार जिनसे मानव को पाश्विक सुख की प्राप्ति होती है, सिर्फ वही चीज उपयोगी है, यहां तक कि धर्म, ईश्वर, आत्मा, परकाल इत्यादि भी उनके मतानुसार किसी

काल के नहीं हैं, क्योंकि उन्हें उनसे धन या शारीरिक सुख की प्राप्ति नहीं होती है। उनके मतानुसार वे सभी वस्तुएं जिनसे न तो इंद्रियां चरितार्थ होती हैं और न ही जिनसे वासनाओं की तृप्ति होती है, वे सभी अनुपयोगी हैं। इसके अलावा प्रत्येक मन को विशिष्ट अभिलाषाओं के अनुसार उपयोगिता का रूप भी बदलता रहता है। किसी भी व्यक्ति को कोई भी वस्तु अपनी आवश्यकतानुसार ज्यादा उपयोगी दिखाई पड़ती है। अतः ऐसे व्यक्ति जो खाने-पीने, वंशवृद्धि करने और फिर मर जाने के अलावा अन्य कुछ नहीं जानते, उनके अनुसार एकमात्र लाभदायक वस्तु इंद्रिय सुख है। उच्चतर विषयों के संबंध में थोड़ी-सी भी स्पर्धा ऐसे लोगों के हृदयों में जगने के लिए अनेक जन्म ले लेगी। किन्तु जिनके लिए दैहिक जीवन के क्षणिक सुखों भोगों से ज्यादा आत्मोन्नति के साधन अधिक महत्त्वपूर्ण हैं, जिनके लिए इंद्रियों की तृष्टि सिर्फ एक ना समझ बच्चे के खिलवाड़ के अलावा और कुछ नहीं है, उनके लिए ईश्वर व भगवा प्रेम ही मानव जीवन का श्रेष्ठ और एकमात्र प्रयोजन है। ईश्वर की कृपा से यह घोर लोग लिप्सापूर्ण संसार आज भी ऐसे ऋषि-मुनियों और महात्माओं से शून्य नहीं हुआ है।

पहले बताया जा चुका है कि 'गौणी' व 'परा' दो तरह की भक्ति होती है। गौणी से मतलब है साधन भक्ति अर्थात् जिसमें हम भक्ति को एक साधन के रूप में लेते हैं और इसी की परिपक्वावस्था 'परा' होती है। क्रमशः हम समझ पाएंगे कि इस भक्तिमार्ग में अग्रसर होने के लिए साधनावस्था के कुछ बाह्य सहायता लिए बिना काम नहीं बन पाता है। वास्तव में, सभी धर्मों के पौराणिक व रूप भाग खुद उपस्थित होते हैं, और उन्नति-गमी आत्मा की आरंभिक अवस्था में उसे भगवान की ओर अग्रसर होने में सहायक होते हैं। यह एक महत्त्वपूर्ण बात है कि जिन धर्मों में पौराणिक भावों व क्रिया अनुष्ठानों की प्रचुरता है बड़े-बड़े धर्मात्मा भी उन्हीं सम्प्रदायों में हुए हैं। जो भी शुष्क, मांध धर्म-प्रणालियां इस बात की

कोशिश करती हैं कि जो कुथ भगवाप्राप्ति के रास्ते में गिरते-पड़ते अग्रसर होने वाले सुकुमार मन के लिए सहोर स्वरूप हैं, उन सभी को नष्ट कर दिया जाए, जो धर्म प्रणालियां धर्म के आधारस्वरूप स्तंभों को ही ढहा देने की कोशिश करती है, जो सत्य के संबंध में अज्ञान व भ्रमपूर्ण धारणा लेकर इस बात के लिए प्रयत्नशील हैं कि जो कुछ भी जीवन हेतु संजीवनी स्वरूप है और जो कुछ भी मानवता रूपी क्षेत्र में लहलहाती हुई धर्मांधता के लिए पोषक और पालक है वह सब नष्ट हो जाए तो उन धर्म प्रणालियों को यह यथाशीघ्र ही अनुभव हो जाता है कि उनमें जो कुछ भी शेष रह गया है, वह सिर्फ एक खोखलापन, अनन्त शब्दाराशि और कोरे तर्क-वितर्कों का सिर्फ एक स्तूपमात्र है, जिससे शायद एक प्रकार की सामाजिक सफाई या तथाकथित सुधार की सिर्फ थोड़ी-सी गंध ही शेष रहती है। इस तरह के धर्म के लोग अधिकांशतः जाने का अनजाने में जड़वादी है, उनके ऐहिक और परलौकिक जीवन का सिर्फ एकमात्र उद्देश्य भोग ही है, उनकी दृष्टि में वही मानव जीवन का सर्वस्व है और वही उनका ईष्टापूर्त है। उनके मतानुसार मानव के ऐहिक सुख-स्वच्छंदता के लिए मार्ग सरल और सुगम करना आदि कार्य ही मानव का सर्वस्व है। इस तरह की अज्ञानता और मान्धता के इस विचित्र मिलावट में रंगे हुए ये लोग जितनी जल्दी जड़वादियों और नास्तिकों के दल में जाकर शामिल हो जाएं, इसके अलावा अपने असली रंग में भी आ जाएं, तो संसार का उतना ही कल्याण है। धर्मानुष्ठान व आध्यात्मिक अनुभूति का सिर्फ एक छोटा-सा कण भी ढेरों, थोथी, बकवासों और अंधी भावुकता से कहीं अधिक श्रेष्ठ है। हमें कहीं भी सिर्फ एक भी ऐसा आध्यात्मिक दिग्गज नहीं दिख सकता, जो इस प्रकार की मतान्धता व अज्ञान की ऊसर भूमि से उपजा हो। यदि, यह संभव न हो सके तो अपना मुंह बंद करके अपने हृदय से कपाट खोलिए जिससे सत्य के शुभ्रोज्ज्वल किरणें भीतर प्रवेश कर सकें।

भक्ति के साधन

भगवान रामानुज वेदांत-सूत्रों की टीका करते हुए भक्ति लाभ के साधनों और उपायों के बारे में कहते हैं कि "भक्ति की प्राप्ति विवेक विमोक (दमन), अभ्यास, क्रिया (यज्ञादि), कल्याण (पवित्रता) अनवसाद (बल) और अनुद्धर्ष (उल्लास के विरोध) से होती है।" उनके मतानुसार विवेक से यह अभिप्राय है कि हमें अन्य बातों के साथ-साथ खाद्य खाद्य का भी विचार रखना चाहिए। उनके मतानुसार खाद्य वस्तु के अशुद्ध होने के तीन प्रमुख कारण हैं, जो इस प्रकार हैं

(i) जातिदोष अर्थात् खाद्य वस्तु का प्रकृतिगत दोष जैसे प्याज व लहसुन आदि।

(ii) आश्रर्य दोष अर्थात दुष्ट व पापी व्यक्तियों के पास से आने में दोष।

(iii) निमित्त दोष अर्थात् किसी अपवित्र वस्तु जैसे धूल व केश आदि।

शुद्ध आहार करने से चित्त भी शुद्ध होता है और चित्त के शुद्ध होने से निरंतर भगवान् का स्मरण होता है। यह वाक्य रामानुज जी के छंदोग्य उपनिषद् से उद्धृत किया गया है।

खाद्याखाद्य का यह प्रश्न भक्तों के लिए हमेशा ही काफी महत्त्वपूर्ण रहा है। अनेक सम्प्रदाय के लोगों ने यद्यपि इस विषय के संबंध में काफी तिल का ताड़ भी किया है, किन्तु फिर भी इस संबंध में एक महत्त्वपूर्ण सत्य अवश्य है। हमें यह स्मरण रखना चाहिए कि सांख्यदर्शनानुसार सत्व, रज और तम जिनकी साम्यावस्था प्रकृति है और जिसकी वैषम्यावस्था से यह संसार उत्पन्न होता है, प्रकृति के गुण और उपादान दोनों हैं। अतएव इन्हीं उपादानों से समस्त मनुष्य शरीर निर्मित हुआ है। आध्यात्मिक उन्नति हेतु सत्व पदार्थ को प्रधानता सबसे अधिक जरूरी है। भोजन के

माध्यम से हमारा शरीर जिन उपादानों को ग्रहण करता है, वे हमारे मानसिक गठन पर विशेष रूप से प्रभाव डालते हैं। अतः हमें खाद्याखाद्य के संबंध में विशेष सावधान रहने की जरूरत है। इस संबंध में यह बात जरूर है कि अन्य विषयों के सदृश इस संबंध में भी जो कट्टरताएं शिष्यों द्वारा उपस्थित कर दी जाती हैं, उनका उत्तरदायित्व आचार्यों पर नहीं होता है।

खाद्याखाद्य के संबंध में यह शुद्धाशुद्ध विचार वास्तव में गौण है। श्री शंकराचार्य ने अपने उपनिषद्-भाष्य में इसी बात का अन्य प्रकार से विवेचन किया है। उन्होंने आहार शब्द जिसका अर्थ हम प्रायः भोजन से लगाते हैं की एक-दूसरे ही प्रकार से व्याख्या की है। उनके मतानुसार, "जो कुछ आहत हो वही आहार है।" शब्दादि विषयों का ज्ञान भोक्ता अर्थात् आत्मा के प्रयोग के लिए भीतर आहत होता है। यह विषयानुभूति रूप ज्ञान शुद्धि आहार-शुद्धि कहलाता है। इस तरह आहार शुद्धि का अभिप्राय द्वेष, मोह और आसक्ति से रहित होकर विषय ज्ञान प्राप्त करता है। अतः इस ज्ञान या आहार के शुद्ध हो जाने के परिणामस्वरूप अत्यक्ति का सत्व पदार्थ अर्थात् अंतःकरण शुद्ध हो जाता है और सत्वशुद्धि हो जाने के कारण अन्य पुरुष के यथार्थ स्वरूप का ज्ञान व अविच्छिन्न स्मृति प्राप्त हो जाती है।

ये दोनों व्याख्याएं यद्यपि ऊपर से विरोधी अवश्य प्रतीत होती हैं, किन्तु फिर भी दोनों ही सत्य और आवश्यक हैं। यद्यपि शूक्ष्म शरीर या मन को संयम करना स्थूल शरीर के संयम से निश्चित ही सर्वश्रेष्ठ है, किन्तु इसके साथ-साथ सूक्ष्म के लिए स्थूल का संयम भी नितांत आवश्यक है। अतः आरंभिक स्थिति में साधक को उसकी गुरु परंपरा से चले आ रहे आहार संबंधी सब नियमों का विशेष रूप से पालन करना चाहिए। परंतु आधुनिक समय में हमारे अनेक प्रकार के सम्प्रदायों में आहारादि के विचार को इतना बढ़ा-चढ़ाकर कहा गया है कि अर्थहीन

नियमों की इतनी अधिक पाबंदी है कि उन सम्प्रदायों में धर्म को मानो रसोईघर में ही सीमित कर दिया हो। उस धर्म के महान सत्य अब कभी वहां से बाहर निकलकर आध्यात्मिकतारूपी भानू के प्रकाश में जगमगा सकेंगे इनकी कोई संभावना प्रतीत नहीं होती है। इस प्रकार के धर्म सिर्फ एक विशेष प्रकार के कोरे जड़वाद मात्र हैं। वास्तविक अर्थों में वह न तो ज्ञान है, न भक्ति है और न ही कर्म है, वह सिर्फ एक विशेष प्रकार का पागलपन-सा है। जो लोग अलग-अलग संप्रदायों के खाद्याखाद्य के इस विचार को ही जीवन का सार कर्त्तव्य मानकर बैठे हैं, उनकी गति ब्रह्मलोक की अपेक्षा पागलखाने में होना अधिक संभव है। अत: यह युक्तियुक्त प्रतीत होता है कि खाद्याखाद्य का विचार मन की स्थिरता रूपी उच्चावस्था लाने में विशेष रूप से आवश्यक है। अन्य किसी भी विधि द्वारा यह स्थिरता इतने सहज तरीके से प्राप्त होना संभव नहीं है।

इसके उपरांत विमोक है अर्थात् इंद्रियनिग्रह है जिसके अंतर्गत इंद्रियों को विषयों की ओर से रोककर उनको अपने वश में रखकर अपनी इच्छा के अधीन रखा जाता है। इसे धार्मिक साधन की नींव कहा जाता है।

इसके उपरांत अभ्यास अर्थात् आत्मसंयम व आत्मयोग का अभ्यास आता है। हम लोगों के द्वारा आत्मा में परमात्मा का कितने अद्भुत तरीके से अनुभव और कितने गंभीर भाव से संभोग किया जा सकता है, इसकी भी क्या कोई निश्चित सीमा हो सकती है। किन्तु साधक के प्राणयण प्रयत्न से और प्रबल संयम के अभ्यास बिना इसे किसी भी भांति कार्य में परिणत नहीं किया जा सकता है। ''मन में सदा प्रभु का ही चिंतन चलता रहे।'' आरंभिक स्थिति में यह बहुत दुर्गम प्रतीत होता है। किन्तु अध्यवसाय के साथ निरंतर लगे रहने से इस प्रकार की चिंतनशक्ति खुद ही धीरे-धीरे बढ़ती जाती है। भगवान् श्रीकृष्ण ने गीता में कहा है ''हे कौन्तेय, अभ्यास और वैराग्य से यह प्राप्त किया जा सकता है।''

अहिंसा की कसौटी ही ईर्ष्या का अभाव है। भले ही कोई व्यक्ति अंधविश्वास से प्रेरित होकर यह पुरोहितों के चक्कर में पड़कर पुक्षणिक आवेश में आकर कोई भला काम कर डाले या अच्छा खासा दान दे डाले किन्तु फिर भी मानवता का वास्तविक सच्चा प्रेमी वही है जो अपने हृदय में किसी के भी प्रति ईर्ष्या भाव नहीं रखता। संसार के बड़े आदमी कहे जाने वाले मनुष्यों में भी प्रातः यह देखने को मिलता है कि वे भी सिर्फ थोड़े से नाम, कीर्ति या चांदी के चंद टुकड़ों के लिए एक-दूसरे के प्रति ईर्ष्या भाव रखने लग जाते हैं। मन में ईर्ष्या भाव के रहते हुए अहिंसा भाव में प्रतिष्ठित होना लगभग असंभव ही है। न तो गाय मांस खाती है और न ही भेड़, तो क्या वे बहुत बड़े योगी व अहिंसक हो गए। कोई भी ऐरा-गेरा कोई विशेष चीज खाना छोड़ सकता है। किंतु जिस तरह घास-फूस खाने वाले पशुओं को कोई विशेष उन्नत नहीं कहा कहा जा सकता, उसी तरह कोई खाद्य विशेष का त्याग कर देने से कोई व्यक्ति उन्नत स्वभाव का अथवा ज्ञानी नहीं हो सकता। एक ऐसा व्यक्ति जो निर्दयता के साथ अनाथ बालक-बालिकाओं व विधवाओं को ठगने और थोड़े से धन के लालच में उनके साथ जघन्य काम करने में भी नहीं हिचकिचाता, ऐसा मनुष्य पशु से भी गया गुजरा है, फिर चाहे वह घास खाकर ही क्यों न रहता हो। इसके विपरीत एक ऐसा मनुष्य जिसके हृदय में कभी भी किसी के प्रति अनिष्ट विचार तक नहीं आता, जो अपने बड़े-से-बड़े दुश्मन की प्रगति से भी ईर्ष्या नहीं करता अपितु उसकी उन्नति पर भी काफी आनंद लेता है, वास्तव में वही योगी, भक्त व सबका गुरु है फिर चाहे वह प्रतिदिन मांस ही क्यों न खाता हो। अतएवं हमें यह बात हमेशा स्मरण रखनी चाहिए कि यदि बाह्य कर्मों के पालन में या बाह्य कर्मों के साधन में यदि छोटी बातों का पालन करना संभव न हो तो उस समय सिर्फ अंतः शौच का अवलंबन करना काफी श्रेयस्कर है। पर ऐसे व्यक्ति और ऐसे राष्ट्र पर धिक्कार है जो धर्म के सार को भूलकर अभ्यासवश बाह्य अनुष्ठानों को ही कसकर पकड़े रहते हैं और

इन्हें किसी कीमत पर भी छोड़ना नहीं चाहते हैं। इन बाह्य अनुष्ठानों की उपयोगिता सिर्फ तब तक है जब तक कि वे आध्यात्मिक जीवन के द्योतक हैं। जब वे प्राणशून्य हो जाते हैं या जब वे द्योतक नहीं रह जाते, तब बिना किसी हिचकिचाहट के उनको नष्ट कर देना चाहिए।

भक्तियोग की प्राप्ति का एक अन्य साधन 'अनवसाद' अर्थात् बल है। श्रुति कहती है, "बलहीन व्यक्ति आत्मलाभ नहीं कर सकता।" इस दुर्बलता से अभिप्राय शारीरिक व मानसिक दोनों प्रकार की दुर्बलताओं से है। 'बलिष्ठ व दृढ़िष्ठ' व्यक्ति ही ठीक-ठाक साधक बनने योग्य है। एक दुर्बल, कुश शरीर और जराजीर्ण व्यक्ति क्या साधना करेगा। किसी भी योगाभ्यास के द्वारा यदि शरीर और मन में निहित अद्भुत शक्तियां थोड़ी-सी भी जागृत हो गईं तो दुर्बल व्यक्ति तो बिलकुल नष्ट हो जाएगा। "युवा, स्वस्थकाय, सबल" व्यक्ति ही सिद्ध हो सकता है। अतः शारीरिक दृढ़ता अत्यंत आवश्यक है। एक स्वस्थ शरीर ही इंद्रिय संयम की प्रतिक्रिया सहन कर सकता है। अतः जो भक्त होने का इच्छुक है, उस स्वस्थ व सबल होना चाहिए। यदि कोई अत्यंत दुर्बल व्यक्ति योगाभ्यास आरंभ कर दे तो यह संभव है कि वह किसी असाध्य व्याधि से ग्रस्त हो जाए अथवा अपना मानसिक संतुलन ही खो बैठे। जान-बूझकर शरीर को कमजोर कर लेना आध्यात्मिक अनुभूति के लिए कोई अनुकूल व्यवस्था नहीं है।

इसी तरह एक दुर्बलचित्त व्यक्ति भी आत्मलाभ नहीं कर सकता। एक भक्त होने के इच्छक मानव को हमेशा प्रसन्नचित्त मुद्रा में रहना चाहिए। पाश्चात्य देशों में एक ऐसे व्यक्ति को धार्मिक व्यक्ति माना जाता है, जो कभी नहीं मुसकराता और जिसके मुख पर हमेशा विषाद की रेखा बनी रहती है और जिसकी सूरत लंबी और जबड़े बैठे से होते हैं। ऐसे कृश शरीर व लंबी सूरत वाले व्यक्ति तो किसी हकीम से देखभाल करवाने के लिए अधिक उपयुक्त प्रतीत होते हैं, वे योगी नहीं हो सकते

हैं। एक प्रसन्नचित्त व्यक्ति ही अध्यवसायशील हो सकता है। एक दृढ़ संकल्पी व्यक्ति हजारों कठिनाइयों के मध्य भी अपनी मार्ग बना लेता है। संसाररूपी मायाजाल को काटकर अपना मार्ग बनाना ही सबसे अधिक कठिन काम है और उसे सिर्फ एक प्रबल इच्छाशक्ति सम्पन्न मनुष्य ही पूरा कर सकता है।

परन्तु इसके साथ-ही-साथ इस बात का भी ध्यान रखना चाहिए कि मानव कहीं अत्यधिक आमोद में मत्त हो जाए। यही 'अनुर्द्धष' है। अत्यंत हास्य कौतुक हमें गंभीर चिंतन के अयोग्य बना देता है।

उससे मानसिक शक्ति व्यर्थ में ही नष्ट हो जाती है। इच्छाशक्ति जितनी अधिक दृढ़ होगी, मानव अलग-अलग भावों के प्रति उतना ही कम वशीभूत होगा। अत्यधिक आमोद की उतना ही बुरा है जितना कि गंभीर उदासी का भाव जब हृदय शांत, पूर्ण और स्थिर रहता है, तभी सभी तरह की आध्यात्मिक अनुभूति संभव होती है।

इन्हीं सब साधनों के द्वरा क्रमशः ईश्वर भक्ति का उदय होता है।

कर्मयोग

कर्म शब्द 'कृ' धातु से उद्धृत हुआ है। जिसका तात्पर्य करना होता है, जो कुछ भी किया जाता है, वही कर्म होता है। इस शब्द का पारिभाषिक अभिप्राय 'कर्मफल' भी है। दार्शनिक दृष्टि से देखने पर इनका अभिप्राय कभी-कभी वे फल होते हैं, जिनका कारण हमें पिछले जन्म के कर्म होते हैं, किन्तु कर्म शब्द का मतलब कर्मयोग में सिर्फ 'कार्य' से ही लिया जाता है। संपूर्ण मानव जाति का चरम लक्ष्य ज्ञान लाभ है। प्राचीन शास्त्र हमारे सम्मुख सिर्फ यही एकमात्र उद्देश्य रखते हैं। मानव जाति का अंतिम लक्ष्य सुख नहीं अपितु ज्ञान है, क्योंकि सुख और आनंद का तो अवश्य ही एक-न-एक दिन अंत हो जाता है। अतः सिर्फ सुख को ही अंतिम ध्येय मान लेना मनुष्य की सिर्फ भूल मात्र है।

अज्ञानता के कारण सिर्फ सुख को ही चरम ध्येय मान लेना ही, इस संसार में मानव के विविध दु:खों का मूल कारण है। किन्तु सिर्फ कुछ समय के पश्चात् ही उसे इस बात का एहसास हो जाता है कि जिसके प्रति वह निरंतर खिंचा चला जाता है, वह तो सुख नहीं अपितु सिर्फ ज्ञान है और सुख और दु:ख दोनों ही महान शिक्षक हैं, क्योंकि जितनी शिक्षा हमें सुख से प्राप्त होती है उतनी ही शिक्षा हमें दु:ख से भी प्राप्त होती है। सुख और दु:ख दोनों ही ज्यों-ज्यों आत्मा पर से होकर जाते हैं त्यों-त्यों वे उसके ऊपर अनेक प्रकार के चित्र अंकित करते चले जाते हैं। इन चित्रों या संस्कारों के समष्टिफल को ही मानव का 'चरित्र' कहा जाता है। किसी मनुष्य के चरित्र पर ध्यान देने से यह बात खुद ही पूर्णरूपेण स्पष्ट हो जाती है कि उसका चरित्र वास्तव में मानसिक झुकावों और मानसिक प्रवृत्तियों की समष्टि होता है। आप उस सहय चरित्र में सुख व दु:ख दोनों को ही समान रूप से उपादान स्वरूप पाएंगे। अच्छाम्र व बुराई दोनों ही शरीर के एक विशिष्ट ढांचे में ढालने में समान रूप से भूमिका निभाते हैं और कभी-कभी तो दु:ख, सुख से भी बड़ा शिक्षक बन जाता है। संसार के विशेष महापुरुषों के चरित्र का अध्ययन करने पर हम यह पाएंगे कि संपत्ति की अपेक्षा परिश्रम और सुख की अपेक्षा दु:ख ने उन्हें शिक्षा दी है और प्रशंसा की अपेक्षा दारिद्रय व सुख की अपेक्षा दु:ख ने उन्हें शिक्षा दी है और प्रशंसा की अपेक्षा निंदारूपी आघात ने ही उनकी अंत:स्थ ज्ञानाग्नि को अधिक प्रस्फुटित किया है।

मनुष्य की अन्य सभी शक्तियों में से कर्मों की शक्ति सबसे प्रबल है, जो मानव चरित्र के गठन पर प्रभाव डालती है। मानव सिर्फ एक प्रकार का केन्द्रमात्र है, जो संसार की समस्त शक्तियों को अपनी ओर खींचता है और उस केन्द्र में सभी शक्तियों को मिलाकर फिर उन्हें एक बड़ी तरंग के रूप में बाहर भेजता है। यह केन्द्र ही 'प्रकृत मानव' है, यही सर्व शक्तिमान और सर्वज्ञ है और समस्त विश्व को अपनी ओर खींचता है। सुख-दु:ख, भला-बुरा सभी उसकी ओर दौड़ते हुए मानो

उसकी ओर लिपटे चले जा रहे हैं और वह उन सभी में से चरित्ररूपी महाशक्ति का गठन करके उसे बाहर भेज रहा है। जिस तरह उसमें किसी चीज को अपनी ओर आकर्षित करने की शक्ति है, उसी तरह बाहर भेजने की भी शक्ति है।

संसार में हम जो भी कार्यकलाप देखते हैं या मानव समाज में कुछ भी गति हो रही है और हमारे चारों ओर जो कुछ भी हो रहा है, वह सारा का सारा सिर्फ मन का ही खेल है मानव की इच्छाशक्ति का प्रकाशमात्र है। जैसे आधुनिक समाज में उपलब्ध यंत्र, नगर युद्धपोत जहाज इत्यादि सभी मानव की इच्छाशक्ति के विकासमात्र हैं। कर्मों के द्वारा गठित चरित्र से ही यह इच्छाशक्ति उत्पन्न होती है। अतः जैसा कर्म होगा, इच्छाशक्ति का विकास भी वैसा ही होगा। संसार में जितने भी प्रबल इच्छाशक्ति सम्पन्न महापुरुष हुए हैं, वे सभी धुरंधरकर्मी थे। उनकी इच्छाशक्ति इतनी प्रबल थी कि वे इस संसार को भी उलट-पुलट कर सकते थे, किन्तु यह शक्ति उन्हें युग-युगांतर तक निरंतर कर्म करते रहने से प्राप्त हुई थी। महात्मा बुद्ध व ईशा मसीह जैसे महापुरुषों में जिस तरह की प्रबल इच्छाशक्ति थी, वह सिर्फ एक जन्म से प्राप्त नहीं की जा सकती और न ही हम इसे उनका आनुवंशिक शक्ति संचार कह सकते हैं, क्योंकि हमें ज्ञात है कि उनके पिता कौन थे। ऐसा हम इसलिए नहीं कह सकते, क्योंकि यह बात हमें भली-भांति ज्ञात है कि उनके पिता कौन थे। ऐसा हम इसलिए नहीं कह सकते क्योंकि यह बात हमें भली-भांति ज्ञात है कि उनके पिता के मुख से मानव जाति के कल्याण के लिए शायद ही कभी कोई शब्द निकला हो। जोसेफ के समान तो असंख्य बढ़ई हो गए और आज भी हैं, बुद्ध के पिता के सदृश भी लाखों छोटे-छोटे राजा हो चुके हैं। अतः यदि यह बात सिर्फ आनुवंशिक शक्ति संचार के कारण हुई होती, तो इस बात का स्पष्टीकरण भला किस प्रकार किया जा सकता है कि एक छोटे से राजा, जिसकी आज्ञा का पालन शायद उसके नौकर तक भी नहीं करते थे। इस प्रकार के पुत्ररत्न की

प्राप्ति हुई, जिसे पाने की कामना से करीब आधा संसार उपासना करता है? इसी तरह जोसेफ नामक बढ़ई और संसार में लाखों लोगों द्वारा ईश्वर के समान पूजे जाने वाले उसके पुत्र ईसा मसीह के मध्य जो अंतर है, उसका स्पष्टीकरण कर पाना संभव नहीं है। बुद्ध और ईसा के द्वारा जिस महाशक्ति का संचार इस संसार में किया गया, आखिरकार वह शक्ति कहां से आई है? उस महान शक्ति का उद्‌गम कहां से हुआ? वह शक्ति अवश्य ही युग-युगांतरों से उस स्थान में रह रही होंगी और क्रमशः प्रबलतर होते-होते अंत में बुद्ध और ईसा मसीह के रूप में समाज में प्रकट हुई और आजतक निरंतर चली आ रही है।

इन सबका निर्धारण कर्म द्वारा ही होता है। यह एक सनातन नियम है कि जब तक कोई भी मानव किसी वस्तु का उपार्जन नहीं करता, तब तक वह उसे प्राप्त नहीं कर सकता। यह संभव है कि कभी-कभी हम इस बात को स्वीकार नहीं करते किन्तु आगे चलकर हमें खुद ही इस बात का पूर्ण विश्वास प्राप्त हो जाता है। एक मानव चाहे अपने समस्त जीवन भर धनवान होने के लिए एड़ी-चोटी का जोर लगा लेता है, हजारों इनसानों को धोखा देते रहे, किन्तु अंत में वह देखता है कि वह वास्तव में सम्पत्तिशाली होने का अधिकारी नहीं था।

तब उसके लिए जीवन दुभर व दुःखमय हो जाता है। यद्यपि भले ही हम अपने भौतिक सुखों के लिए अलग-अलग चीजों को एकत्र करते चले जाएं, परन्तु वास्तव में सिर्फ वही हमारा होता है, जिसका उपार्जन हम अपने कर्मों द्वारा करते हैं। यदि एक मुर्ख आदमी संसारभर की सभी पुस्तकों को खरीदकर भी अपने पुस्तकालय में रख ले तब भी वह सिर्फ उन्हीं किताबों का अध्ययन कर सकता है, जिनको पढ़ने का वह अधिकारी होगा और वह अधिकार कर्म के द्वारा प्राप्त होता है। हम किसी चीज के अधिकारी हैं या हम अपने भीतर क्या-क्या ग्रहण कर सकते हैं, इन सभी का निर्णय कर्म द्वारा होता है। अपनी वर्तमान की अवस्था के

लिए हम खुद ही उत्तरदायी होते है और जो कुछ भी हम बनना चाहते हैं या प्राप्त करना चाहते हैं उसकी शक्ति भी हम में ही निहित होती है। यदि हमारी वर्तमान स्थिति हमारे पिछले जन्म के कर्मों के परिणामस्वरूप है तो यह बात निश्चित है कि जो कुछ भी हम भविष्य में अपने लिए प्राप्त करना चाहते हैं, वह हमारे वर्तमान जीवन के कर्मों द्वारा निर्धारित हो सकता है। अतः हमारे लिए इस बात का ज्ञान अत्यंत जरूरी है कि किस तरह के कर्म किए जाने चाहिए। यह भी संभव है कि इस संबंध में आप यह सोचेंगे कि कर्म करने की शैली जानने से क्या लाभ? संसार का हरेक मानव किसी-न-किसी तरह से कार्य अवश्य करता है। किन्तु हमें यह बात भी हमेशा ध्यान में रखनी चाहिए कि शक्तियों का निरर्थक लक्ष्य नहीं किया जाना चाहिए। गीता का कथन है, ''कर्मयोग का अर्थ है कुशलता से अर्थात् वैज्ञानिक प्रणाली से कर्म करना।'' कर्मानुष्ठान की विधि का भली-भांति ज्ञान होने से मनुष्य को ज्यादा श्रेष्ठ फल प्राप्त हो सकता है। यह बात हमेशा ध्यान में रखनी चाहिए कि समस्त कर्मों का मुख्य उद्देश्य मन के अंदर स्थित शक्ति को प्रकट करना, आत्मा को जागृत करना ही है। प्रत्येक मानव के अंदर पूर्ण ज्ञान और पूर्ण शक्ति विद्यमान होती है। विभिन्न प्रकार के कर्म तो सिर्फ इन महान शक्तियों को जागृत करने अथवा उन्हें बाहर प्रकट करने के साधन मात्र हैं।

हमें अत्यंत सामान्य कर्मों को भी घृणा की दृष्टि से नहीं देखना चाहिए। जो मानव कोई आदर्श नहीं जानता, वह स्वार्थ भावना से सिर्फ नाम कमाने के लिए ही सभी काम करता है। हरेक मानव के लिए यह काफी जरूरी है कि उसे निरंतर अन्य ध्येयों की प्राप्ति के लिए अग्रसर रहना चाहिए। ''हमें कर्म करने का ही अधिकार है, कर्मफल में हमारा कोई अधिकार नहीं।'' हमें कम फलों की चिंता नहीं करनी चाहिए। हमें किसी व्यक्ति की सहायता करते समय यह बात तक भूला देनी चाहिए कि उसका व्यवहार हमारे प्रति कैसा है। प्रत्येक श्रेष्ठ काम को हमें बिना फल की इच्छा किए निःस्वार्थ भाव से करना चाहिए।

इस कर्म के आदर्श के विषय में एक कठिन प्रश्न यह उठता है कि कर्मयोगी के लिए निरंतर कर्मशीलता जरूरी है, हमें सदैव कर्म करते रहना चाहिए, बिना काम के हम एक क्षण भी नहीं रह सकते हैं। तब सवाल यह उठता है कि विश्राम का क्या होगा? यहां इस जीवन-संग्राम में एक ओर तो कर्म है, जिसके तीव्र भंवर में फंसकर हम लोग चक्कर काटते हैं और दूसरी ओर है शांति। सभी मानो निवृत्तिमुखी हैं, चारों ओर सब स्थिर, शांत, किसी तरह का कोलाहल नहीं, प्रकृति सिर्फ अपने जीवों, पुष्पों और गिरि-गुफाओं के साथ बिराज रही है।

किन्तु इन दोनों में से कोई भी पूर्ण आदर्श की छवि नहीं है। यदि एक एकांतवास के अभ्यासी व्यक्ति को संसार के मायाजाल में घसीटकर लाया जाए तो उसका ठीक उसी तरह ध्वंस हो जाएगा, जिस तरह 'समुद्र' में अत्यधिक गहराई में निवास करने वाली एक विशेष प्रकार की मछली पानी की सतह पर लाते ही खंड-खंड होकर मर जाती है, क्योंकि वह सतह पर वह दबाव नहीं पानी जिसके कारण वह जीवित रहती थी। इसी तरह एक ऐसे मानव जो सांसारिक व सामाजिक जीवन के कोलाहल का अभ्यस्त रहा है, उसे यदि किसी शांत स्थान पर ले जाया जाए तो क्या वह शांतिपूर्वक रह सकता है। कदापि नहीं। वह ऐसे स्थान पर कदापि नहीं रह सकता, उसे इस प्रकार की स्थिति में रहने में काफी कष्ट होता है। उसका मानसिक संतुलन खो जाने का भी डर रहता है। वास्तव में, आदर्श पुरुष वे होते हैं जो परम शांत और निस्तब्धता के मध्य भी तेज कर्म का और प्रबल कर्मशीलता के मध्य भी मरुस्थल की शांति और निस्तब्धता का अनुभव करते हैं। वास्तव में, वे खुद पर विजय प्राप्त कर चुके हैं और उन्होंने संयम का रहस्य जान लिया है। एक बड़े शहर की भीड़ भरी सड़क से गुजरते समय भी उनका हृदय उसी प्रकार शांत रहता है कि मानो वे किसी निःशब्द गुफा में हमें, फिर भी उसका हृदय समर्थ कर्म में तेजी से संलग्न रहता है। वास्तव में, यही कर्म का आदर्श है और

यदि आप इसे प्राप्त कर पाते हैं तो इसका तात्पर्य है कि आपने वास्तव में कर्म का रहस्य ज्ञात कर लिया है।

किन्तु हमें शुरू से प्रारंभ करना होगा, जो भी काम सामने प्रतीत हो उन्हीं को करते हुए हमें खुद को धीरे-धीरे निःस्वार्थ बनाने का प्रयत्न करना चाहिए। हमें निरंतर काम करते रहना चाहिए और यह पता लगाने की कोशिश करनी चाहिए कि उस काम के करने के पीछे हमारा क्या प्रयोजन है। ऐसा करने पर धीरे-धीरे हमें यह अनुभव होगा कि आरंभावस्था में तो प्रायः हमारे सभी कर्म उद्देश्यपूर्ण थे किन्तु धीरे-धीरे यह स्वार्थ परायणता अध्यवसाय होती जाती है। और अंत में एख ऐसा समय आता है, जब हम वास्तव में स्वार्थ रहित होकर काम करने योग्य बन जाते हैं। अतः हम सभी प्रकार इस प्रकार की आशा कर सकते हैं कि जीवन पथ पर आगे बढ़ते हुए एक-न-एक दिन तो ऐसा अवश्य आएगा जब हम पूर्ण रूप से निःस्वार्थी बन जाएंगे और इस स्थिति को प्राप्त करते ही मानव की संपूर्ण शक्तियां केन्द्रीभूत हो जाती हैं और अभ्यांतरिक ज्ञान प्रकट हो जाता है।

सांख्यमतानुसार यह प्रकृति त्रिगुणमयी है। ये त्रिगुण सत्व, रज व तम है। बाह्य जगत् में इन त्रिगुणों का प्रकाश साम्यावस्था, क्रियाशीलता और जड़ता के रूप में दृष्टिगोचर होती है। तम से तात्पर्य अंधेरा या कर्मशून्यता से है, रज से अभिप्राय कर्मशीलता अर्थात् आकर्षण और विकर्षण है और सत्य से अभिप्राय इन दोनों की साम्यवस्था व संयमरूपर से है।

इस संसार का हरेक व्यक्ति इन्हीं त्रिगुणों से निर्मित है। तमोगुण के प्रबल होने पर हम सुस्त हो जाते हैं, कभी-कभी तो स्थिति इस हद तक हो जाती है कि हम तनिक भी गति नहीं करा पाते और निष्कर्म होकर कुछ विशेष प्रकार की भावनाओं के दास हो जाते हैं। इसी प्रकार कभी-कभी कर्मशीलता की प्रबलता होती है और कभी-कभी इन दोनों

के संयमरूप सत्व की प्रबलता होती है जिसके परिणास्वरूप हमारा हृदय शांत भाव धारण करता है। अलग-अलग प्रकार के मनुष्यों ने इन त्रिगुणों में से कोई-सा गुण प्रबल होता है। यदि एक व्यक्ति में सुस्ती, कर्मशून्यता व आलस्य के गुण प्रबल रहते हैं तो दूसरे में उत्साह, शक्ति व कर्मशीलता के गुण प्रबल रहते हैं और वहीं तीसरे में कर्मशून्यता, मृदुता और शांति का सामंजस्य स्वस्थ गुण, प्रबल रहता है। इसी प्रकार इस संपूर्ण संसार-वृक्षों, पशुओं व मनुष्यों में हम इन विभिन्न त्रिगुणों का न्यून या अधिक मात्रा में वैशिष्टय पूर्ण प्रकाश देख सकते हैं।

कर्मयोग का संबंध भी मुख्य रूप से इन तीन गुणों से ही है। कर्मयोग हमें हमारे काम को अधिक अच्छी तरह से करने की शिक्षा देता है, क्योंकि वह हमें कार्य का स्वरूप और उपयोग बनाता है। मानव समाज एक श्रेणीबद्ध संस्था है और इसके अंतर्गत सभी मानव एक-एक श्रेणी में विभक्त हैं और नाना प्रकार के सोपानों में अवस्थित हैं। यद्यपि हम सब कर्त्तव्यों के विषय में यह भली-भांति जानते हैं कि कर्त्तव्यों से हमारा क्या तात्पर्य है, किन्तु फिर भी अलग-अलग देशों में सदाचार के संबंध में अलग-अलग धारणाएं हैं। कई बार ऐसा भी होता है कि जिस एक बात को एक देश में सदाचारपूर्ण समझा जाता है। वही बात दूसरे देश में अत्यंत दुराचारी समझी जाती है। उदाहरण के तौर पर एक देश में चचेरे भाई-बहन आपस में विवाह संबंध स्थापित कर सकते हैं, किन्तु दूसरे देश में इसी बात को बुरा माना जाता है। इसी तरह किसी देश या धर्म में तो लोग सिर्फ एक ही बार विवाह कर सकते हैं और वहीं कहीं उन्हें अनेक बार विवाह करने की अनुमति प्राप्त है। इसी तरह सदाचार से संबंधित अन्यान्य बातों के संबंध में भी अलग-अलग देशों में बहुत-सी भिन्न-भिन्न धारणाएं विद्यमान हैं। किन्तु फिर भी यह सर्वमान्य है कि सचाचार का एक सार्वभौमिक आदर्श अवश्य है।

भगवद्गीता में भी हमें इस बात का बार-बार उपदेश दिया गया है कि हमें निरंतर कर्म करते रहना चाहिए और फल की कामना नहीं करनी

चाहिए।, कर्म स्वभावतः ही सत्-असत् से मिश्रित होता है। हम ऐसा कोई भी कर्म नहीं करते जिससे कहीं कुछ भला न हो और इसी प्रकार ऐसा भी कोई कर्म नहीं है जिससे कहीं-न-कहीं कुछ-न-कुछ हानि न हो। प्रत्येक कर्म अनिवार्य रूप से गुण व दोष से मिश्रित होता है। किन्तु फिर भी शास्त्र हमें निरंतर कर्म करते रहने का उपदेश देते हैं। सत्-असत् दोनों ही कर्मों का अपना अलग-अलग परिणाम होता है। जिस प्रकार, सत्कर्मों का परिणाम सदैव सत् ही होता है, उसी प्रकार असत् कर्मों का परिणाम भी हमेशा असत् ही होता है। परन्तु फिर भी सत् व असत् दोनों ही आत्मा के लिए बंधन स्वरूप हैं। इस संबंध में गीता का कथन है कि यदि हम अपने कर्मों में आसक्त न हों तो हमारी आत्मा पर किसी प्रकार का बंधन नहीं पड़ सकता।

अब हम 'कर्मों में अनासक्ति' का अभिप्राय ज्ञात करेंगे। निरंतर कर्म करते रहना, परन्तु उसमें आसक्त न होना ही गीता का मूल सूत्र है। स्थूल रूप से तो जिस तरफ मन का विशेष झुकाव होता है, उसे ही संस्कार कह सकते हैं। यदि हम मन को एक तालाब मान लें तो उसमें उठने वाली प्रत्येक लहर जब शांत हो जाती है तो वास्तव में वह पूर्णरूप से खत्म नहीं होती बल्कि चित्त में एक प्रकार का निशान छोड़ देती है और ऐसी संभावना निर्मित करती है जिससे कि वह लहर पुनः उठ सके। इस चिह्न और इस लहर के पुनः उठने की संभावना को मिलाकर हम संस्कार कह सकते हैं। हमारा प्रत्येक काम, हमारा प्रत्येक अंग-संचालन और हमारा प्रत्येक विचार हमारे चित्त पर इसी तरह छाप छोड़ जाता है और यदि ऊपरी दृष्टि से ये संस्कार स्पष्ट प्रतीत न हो तब भी ये अज्ञात रूप से अंदर-ही-अंदर कार्य करने में विशेष प्रबल होते हैं। हम प्रति मुहूर्त जो कुछ भी है, वह वास्तव में इन संस्कारों के समुदाय द्वारा ही निर्धारित होता है। मैं इस मुहूर्त जो कुछ हूं, वह मेरे अतीत जीवन के समस्त संस्कारों का प्रभाव है। प्रवृत्त दृष्टि से इसे ही चरित्र कहते हैं और प्रत्येक मानव का चरित्र इन संस्कारों की समष्टि द्वारा ही नियमित होता है। शुभ

संस्कारों के प्राबल्य से मानव का चरित्र अच्छा होता और अशुभ संस्कारों के प्रावालय से मनुष्य का चरित्र बुरा होता है। एक ऐसा मनुष्य जो निरंतर बुरे वचन सुनता रहता है, बुरे विचार सोचता रहता है और बुरे कर्म करता रहता है तो उसका मन भी धीरे-धीरे बुरे संस्कारों से पूर्ण हो जाता है और ये संस्कार उसकी अज्ञानता में ही उसके समस्त विचार और कार्यों पर अपना पूर्ण प्रभाव डाल देते हैं। वास्तव में, ये बुरे संस्कार निरंतर अपना काम करते रहते हैं। बुरे संस्कार सम्पन्न होने के कारण उस व्यक्ति के कार्य भी बुरे हो जाते हैं, और वह एक बुरा आदमी बन जाता है। इसके सिवाय अन्यथा होना लगभग असंभव है। ये बुरे संस्कार ही उसमें और अधिक दुष्कर्म करने की प्रबल प्रवृत्ति उत्पन्न कर देते हैं। वह तो इन संस्कारों के हाथ मानो एक यंत्र बनकर रह जाता है और ये उसे बलपूर्वक दुष्कर्म करने के लिए बाध्य करते हैं। इसी प्रकार यदि एक व्यक्ति अच्छे विचार रखता है और सत्कर्म करता है। तो उसके संस्कारों का प्रभाव अच्छा होता है और वे उसकी इच्छा न होते हुए भी निरंतर उसे सत्कर्म करने के लिए प्रवृत्त करते रहते हैं। जब व्यक्ति इतने सत्कार्य और सत् चिंतन कर चुकता है कि उसकी इच्छा न होते भी वे निरंतर उसमें सत्कर्म करने की एक अनिवार्य प्रवृत्ति उत्पन्न करते रहते हैं, तब फिर वह दुष्कर्म करना भी चाहे तो इन सब संस्कारों की समष्टि स्वरूप उसका मन उसे ऐसा करने से रोक देता है, इतना ही नहीं बल्कि उसके ये संस्कार उसे उस कुमार्ग पर से हटा देते हैं। तब वह अपने संस्कारों के हाथ एक कठपुतली की भांति हो जाता है। ऐसी स्थिति हो जाने पर मानव का चरित्र गठित कहलाता है।

कर्मयोग क्या है? कर्म से रहस्य का ज्ञान। संपूर्ण संसार कर्म में रत है। इन सबका प्रयोजन क्या है? इन सबका प्रयोजन स्वाधीनता अथवा मुक्ति लाभ हो सकता है। एक छोटे-से-छोटे प्राणी से लेकर एक बड़े-से-बड़े प्राणी तक सभी मानसिक स्वाधीनता, शारीरिक स्वाधीनता और आध्यात्मिक स्वाधीनता के एक समान उद्देश्य के लिए ज्ञानवश या

अज्ञानवश निरंतर कार्य किए जा रहे हैं। सभी पदार्थ बंधन से मुक्ति पाने के लिए और स्वाधीनता पाने के लिए निरंतर प्रयत्न कर रहे हैं। ग्रह, पृथ्वी, चांद और सूरज आदि सभी बंधन मुक्त होने के प्रयत्न में लगे पड़े हैं। यह कहा जाता है कि यह संपूर्ण संसार केन्द्रापसारी के केन्द्राभिमुखी शक्तियों की एक क्रीड़ा भूमि थी। सबसे पहले इस जगत् में इधर-उधर धक्के खा लेने के पश्चात् और बहुत समय तक कष्ट सहन करने के पश्चात् फिर हमें प्रकृत तत्त्व के ज्ञान की अपेक्षा कर्मयोग द्वारा ही कर्म की पद्धति, कर्म का रहस्य और कम परिश्रम द्वारा ही अधिक काम करने की विधि सहजता से ज्ञात हो जाती है। कर्मयोगी कर्म की एक विद्या बना लेता है। इस विद्या के द्वारा हम यह जान सकते हैं कि संसार में सभी कार्यों का सद्व्यवहार किस प्रकार करना चाहिए।

कर्म योग हमें यह विश्वास दिलाता है कि यह संसार तो मात्र दो दिन का है, इससे होकर सिर्फ हमें गुजरना है, किन्तु मुक्ति इसके और संभव नहीं है और उसे प्राप्त करने के लिए तो हमें इस संसार से परे जाने की जरूरत है। इस मार्ग को प्राप्त करने के लिए और संसार से होकर जाना होगा। हां, कुछ विशेष महापुरुष ऐसे भी हो सकते हैं जो इस संसार का त्याग बिना मोह के ठीक उसी तरह कर सकते हैं जैसा कि एक सांप अपनी केंचुली उतारकर करता है और फिर दूर से उसे निहारता है। यद्यपि कुछ ऐसे महापुरुष अवश्य हो सकते हैं, किन्तु हममें से अधिकांश मनुष्यों को तो इस कर्मबहुल संसार से ही धीरे-धीरे होकर गुजरना पड़ता है और कर्मयोग उसमें ज्यादा-से-ज्यादा कृतकार्य करने की विधि से उसका रहस्य और उपाय दिखा देता है।

कर्मयोग क्या कहता है? कर्मयोग यह कहता है कि तुम निरंतर कर्म तो अवश्य करते रहो, किन्तु कर्म में आसक्ति का परित्याग कर दो। खुद के किसी भी विषय के साथ संलग्न एक कर मत करो और अपने हृदय को हमेशा स्वाधीन रखो। संसार में तुम्हें जो कुछ भी सुख-दुःख इत्यादि

दिखाई देते हैं, वे सब तो सिर्फ इस संसार के अवश्यम्भावी व्यापार मात्र हैं। वास्तव में संपत्ति, दारिद्रय और सुख इत्यादि सभी क्षणभंगुर हैं और उनका हमारे प्रकृत स्वभाव से कोई संबंध नहीं होता है। वास्तव में, हमारा प्रकृत स्वरूप सुख व दु:ख इत्यादि से एकदम परे है और कल्पनागोचर और प्रत्यक्ष विषयों के बिलकुल अतीत है, किन्तु फिर भी हमें निरंतर कर्म करते रहना चाहिए।

'क्लेश आसक्ति से ही उत्पन्न होता है, कर्म से नहीं जब हम अपने कर्म से खुद को एक डालते हैं तो क्लेश की उत्पत्ति होती है, किन्तु यदि हम खुद को उससे अलग रखें तो वह क्लेश हमें स्पर्श भी नहीं कर सकता है। यदि किसी व्यक्ति का कोई सुन्दर-सा चित्र जल जाता है तो देखने वाले को किंचित भी दु:ख नहीं होता है, लेकिन यदि उसका खुद का चित्र जल जाए तो उसे अत्यधिक दु:ख होता है। ऐसा क्यों होता है। दोनों ही चित्र बहुत सुंदर थे। इस बात की भी संभावना है कि दोनों एक ही मूल चित्र की नकल रहे हों किन्तु एक स्थिति में तो आदमी को नाममात्र का भी दु:ख नहीं हुआ और दूसरी में उसे काफी दु:ख हुआ। वास्तव में, इसका मूल कारण यही है कि पहली स्थिति में' वह खुद को चित्र से बिलकुल अलग रखता है, जबकि दूसरी स्थिति में वह खुद को चित्र को एक रूप कर लेता है। वास्तव में, यह 'मैं' और 'मेरा' ही सभी तरह के दु:खों की मुख्य जड़ है। वास्तव में, अधिकार भावना स्वार्थ को जन्म देती है और स्वार्थपरत से ही दु:खों की उत्पत्ति होती है।

हमें हमारे स्वार्थों के लिए कार्य व विचार किसी-किसी वस्तु से आसक्त कर देते हैं और फिर हम जल्द ही उस वस्तु के आदी हो जाते हैं अर्थात् उसके दास बन जाते हैं। चित्त का वह प्रत्येक स्पन्दन जिसमें 'मैं' और 'मेरे' की भावना विद्यमान रहती है, वह हमें उसी क्षण मानो जंजीरों से जकड़कर अपना गुलाम बना लेती है। जितनी अधिक 'मैं' और 'मेरा' की यह भावना हमारे अंदर प्रबल होती जाती है, यह दासता भी

उतनी ही बढ़ती जाती है और हमारे कष्ट भी उतने ही ज्यादा बढ़ जाते हैं। इस प्रकार कर्मयोग हमें चित्रों के साथ या भावनाओं के साथ एक रूप हुए बिना ही इस संसार के समस्त चित्रों या भावनाओं के आनंद उठाने की शिक्षा देता है। 'मेरा' शब्द पर अधिक जोर नहीं देना चाहिए, क्योंकि जब हम किसी वस्तु को 'अपना' या 'मेरा' मान बैठते हैं उसी समय कष्ट हमें चारों ओर से घेर लेता है। अपने मन में कभी भी 'मेरा बच्चा' आदि जैसी भावनाएं नहीं पनपने देनी चाहिए। बच्चे को लेकर स्नेह किया जा सकता है, किन्तु 'मेरा' कहने से कष्ट या क्लेश की उत्पत्ति होती है। वास्तव में 'मेरा घर', 'मेरा शरीर' आदि कहने से ही कष्ठ की उत्पत्ति होती है क्योंकि यह शरीर न तो तुम्हारा है, न ही मेरा है और 'न ही' अन्य किसी का है। प्रकृति के नियमानुसार यद्यपि ये शरीर तो निरंतर आते-जाते रहते हैं, किन्तु हम तो बिलकुल मुक्त हैं और सिर्फ साक्षी मात्र हैं। जिस तरह से एक दीवार या चित्र स्वाधीन नहीं हैं। उसी प्रकार ही हमारा यह शरीर भी स्वाधीन नहीं है। फिर भी हमें 'शरीर' के प्रति ऐसी आसक्ति की भावना से ग्रसित क्यों हैं? एक चित्रकार का काम सिर्फ एक चित्र बनाने तक ही सीमित होना चाहिए, उस चित्र पर अपना अधिकार जमा लेने की स्वार्थ भावना से उसे ग्रसित नहीं होना चाहिए, क्योंकि जैसे ही यह भावना उत्पन्न होती है वैसे ही कष्ट भी शुरू हो जाते हैं।

इस तरह कर्मयोग सबसे श्रेष्ठ स्वार्थपरता के अंकुर के बढ़ने की प्रवृत्ति को खत्म करने की शिक्षा देता है। इसके दमन की क्षमता विकसित हो जाने पर मन को स्वार्थपता की लहरों के इस बहाव में जाने से रोक लेना चाहिए। इसके पश्चात आपको संसार से जुड़े रहकर यथाशक्ति कर्म करते रहना चाहिए। इसके उपरांत चाहे आप कहीं भी जाएं या किसी से भी मिलें आपको कोई भी स्पर्श नहीं कर सकता अर्थात् अपने मोहपाश में नहीं बांध सकता जिस प्रकार पानी में रहने वाले पदपत्र को पानी स्पर्श

नहीं कर सकता। उसी प्रकाश आप संसार में निर्लिप्त भाव से रह सकते हैं। इसी को कर्मयोग की नींव अनासक्ति कहते हैं और यही कर्मयोग कहलाता है। अनासक्ति के अभाव में किसी भी तरह की योगसाधना नहीं हो सकती है। यह अनाशक्ति के अभाव में किसी भी तरह की योगसाधना नहीं हो सकती है। यह अनासक्ति ही समस्त योग साधना की नींव होती है। एक ऐसा व्यक्ति जो अपना घर छोड़ चुका हो, अच्छे वस्त्र पहनना छोड़ चुका हो और अच्छा भोजन तक करना भी त्याग चुका हो और जो मरुस्थल में जाकर, निवास करने लगा हो, वह भी एक नितांत विषयासक्त व्यक्ति हो सकता है। उसकी एकमात्र संपत्ति सिर्फ उसका शरीर सर्वस्व हो जाता है और वह लगातार उसी के सुख के लिए प्रयत्नशील रहता है।

अनासक्ति बाह्य शरीर पर निर्भर नहीं करती है, अपितु वह तो मन पर निर्भर करती है। 'मैं और मेरे' की जंजीर हमेशा मन में विद्यमान रहती है। यही इस जंजीर का संबंध शरीर और इंद्रियगोचर विषयों के साथ न हो तो फिर हम चाहें जहां भी चले जाएं, हम बिलकुल अनासक्त रहते हैं। राजसिंहासन पर विराजमान एक व्यक्ति भी बिलकुल अनासक्त हो सकता है और इसके विपरीत एक व्यक्ति चीथड़ों में होता हुआ भी बुरी तरह आसक्त हो सकता है। पहले हमें इस प्रकार की अनासक्ति प्राप्त करनी चाहिए और फिर लगातार काम करते रहना चाहिए। यद्यपि यह अत्यंत कठिन होता है, किन्तु फिर भी कर्मयोग हमें अनासक्ति विधि सिखा देता है।

साधना के प्राथमिक सोपान

राजयोग को आठ अंगों में बांटा गया है। पहला यम अर्थात् अहिंसा, सत्य, अस्तेय, अपरिग्रह और ब्रह्मचर्य है। दूसरा नियम अर्थात् शौच, संतोष, तपस्या, स्वाध्याय और ईश्वर प्रणिधान अर्थात् ईश्वर को आत्म समर्पण है। तीसरा आसन अर्थात् बैठने की प्रणाली है। चौथा प्राणायाम अर्थात् प्राण का संयम है। पांचवां प्रत्याहार अर्थात् मन की विषयोन्मुखी

गति को फेरकर उसे अंतर्मुखी करना है। छठा धारण अर्थात् किसी स्थल पर मन का धारणा करना है। सातवां ध्यान है। आठवां समाधि अर्थात् अतिचेतन अवस्था है। यम व नियम मित्र निर्माण के साधन हैं। इनकी नींव रखे बगैर किसी प्रकार की योग साधना सिद्ध नहीं हो सकती है। योगी यम व नियम में दृढ़ प्रतिष्ठित हो जाने पर अपनी साधना का फल अनुभव करना प्रारंभ कर देता है। इनके अभाव में तो साधना का कोई फल ही शेष नहीं रह जाता। एक योगी हेतु यह परमावश्यक है कि वह तन-मन वचन से किसी के विरुद्ध हिंसाचरण न करे। दया सिर्फ मानव जाति में ही आवद्ध नहीं रहनी चाहिए, बल्कि वह उसके आगे भी बढ़नी चाहिए और उसे इस संपूर्ण संसार का आलिंगन करना चाहिए।

यम व नियम के उपरांत आसन आता है। बहुत उच्चावस्था की प्राप्ति से पूर्व कुछ शारीरिक और मानसिक क्रियाएं नियमानुसार दैनिक रूप से करनी पड़ती हैं। अतः इसके लिए एक ऐसे आसन का अभ्यास आवश्यक है जिससे दीर्घ काल तक एक विधि से बैठा जा सके। प्रत्येक को अपनी सुविधानुसार के आसन में बैठना चाहिए। क्योंकि यह संभव है कि एक व्यक्ति को जिस आसन में बैठना अधिक सुविधाजनक लगे दूसरे को उसी आसन में बैठना अत्यंत कठिन प्रतीत हो। धीरे-धीरे हमें यह बात स्पष्ट होती जाएगी कि योग साधना के समय हमारे शरीर के अंदर अलग-अलग प्रकार के कार्य होते रहते हैं। शरीर में एक नवीन प्रकार की संवेदना या क्रिया शुरू करने के लिए हमें स्नायुविक शक्ति प्रवाह की गति बदलकर उसे नवीन मार्ग पर लाना होता है और तब हमारा संपूर्ण शरीर मानो नवीन रूप से गठित हो जाता है। मेरुदंड के अंदर ही इस प्रक्रिया का अधिकांश हिस्सा घटित होता है। अतः आसन के संबंध में यह ध्यान रखना अत्यंत आवश्यक है कि हमें ठीक-ठाक स्थिति में बैठते हुए मेरुदंड को अपनी सहज स्थिति में रखना चाहिए और वक्ष, ग्रीवा और मस्तक को समुन्नत रखना चाहिए जिससे कि संपूर्ण शरीर का भार पसलियों पर पड़े। यह बात आप बड़ी सहजता से समझ जाएंगे कि

यदि वक्ष नीचे की ओर झुका रहता है तो किसी प्रकार भी उच्च चिंतन करना संभव नहीं होता है। राजयोग का यह भाग अधिकांशत: हठयोग से बहुत मेल खाता है। हठयोग सिर्फ स्थूल शरीर को लेकर ही व्यस्त रहता है। उसका उद्देश्य तो मात्र इस स्थूल तन को सबल बनाना है। हठयोग के विषय में यहां अधिक वर्णन की आवश्यकता नहीं है, क्योंकि उसकी क्रियाएं अत्यंत कठिन होती हैं। एक दिन में उसकी संपूर्ण शिक्षा प्राप्त करना लगभग असंभव ही है। इसके अलावा उससे कोई आध्यात्मिक प्रगति भी नहीं होती है। इन क्रियाओं के ज्यादातर अंश डेलसर्ट और अन्य आचार्यों के ग्रंथों में पाए जाते हैं। इन लोगों द्वारा भी शरीर को अलग-अलग स्थितियों में रखने की व्यवस्था की गई है। हठयोग की भांति उसका उद्देश्य भी आध्यात्मिक नहीं बल्कि शारीरिक उन्नति है। शरीर में ऐसी कोई भी पेशी नहीं है जिससे हठयोग के द्वारा अपने वश में न किया जा सके। वह शरीर के संपूर्ण अंगों को अपनी इच्छानुसार संचालित कर सकता है, यहां तक की हृदय यंत्र भी उसकी इच्छानुसार बंद किया और चलाया जा सकता है।

हठयोग का एकमात्र उद्देश्य यही है कि मनुष्य किसी प्रकार दीर्घजीवी हो। हठयोग का एकमात्र लक्ष्य सिर्फ यही होता है कि शरीर को किसी तरह से पूर्ण स्वस्थ रखा जा सकता है। हठयोगियों का दृढ़ संकल्प यही होता है कि वे किसी भी तरह अस्वस्थ न हों, उनका यही दृढ़ संकल्प उन्हें अस्वस्थ नहीं होने देता है। वे दीर्घजीवी हो सकते हैं। उसके लिए सौ वर्ष तक जीवित रहना भी एक सामान्य-सी बात होती है। आप उन्हें डेढ़ सौ वर्ष की आयु हो जाने पर युवा व सहज देख सकते हैं, यहां तक कि उनका एक भी केश सफेद न हो, ऐसा भी संभव है, किन्तु इसका फल सिर्फ यहीं तक ही सीमित नहीं है। कभी-कभी वह वटवृक्ष पांच हजार वर्ष तक भी जीवित रहता है। किन्तु वह, वह वटवृक्ष का वटवृक्ष ही बना रहता है। यदि ये लोग इसी भांति जीवित रहे हों तो इसमें विशेष बात क्या है। सिर्फ इतनी ही कि वे एक बड़े और स्वस्थ जीवकाय

है। हठयोगियों के कुछ सामान्य उपदेश अत्यंत लाभकारी हैं। सिर की पीड़ा होने पर यदि श्श्यात्याग करते ही नाक से शीतल जल पी लिया जाए तो इससे सारा दिन मस्तिष्क ठीक और शांत रहता है और कभी सर्दी भी नहीं लगती। नाक से पानी पीना कोई कठिन कार्य नहीं है, बल्कि बड़ा ही सरल है। नाक को पानी के भीतर डुबोकर गले में पानी खींचते रहना चाहिए। पानी स्वतः ही धीरे-धीरे भीतर जाने लगता है।

कुछ संप्रदायों के मतानुसार आसन सिद्ध हो जाने पर नाड़ी शुद्धि करनी पड़ती है, किन्तु कुछ लोग इसे राजयोग के अंतर्गत नहीं समझते हैं और वे इसकी उपयोगिता भी स्वीकार नहीं करते हैं। किन्तु शंकराचार्य जैसे भाष्यकार द्वारा भी इसका वर्णन किया गया है, अतः हमारे लिए भी इसके विषय में जानना आवश्यक है। इस संबंध में उनके भाष्य से श्वेताश्वरत उपनिषद् पर निम्न मत व्यक्त किया गया है वास्तव में प्राणायाम के माध्यम से जिस हृदय का मैल धुल जाता है, वही मन ब्रह्म में स्थिर हो जाता है। अतः शास्त्रों में प्राणायाम का उल्लेख किया गया है। प्राणायाम करने की शक्ति नाड़ी शुद्धि के पश्चात् प्राप्त होती है। इसके लिए सबसे पहले दाहिने नथुने को अंगूठे से दबाकर या यथाशक्ति वायु अंदर खींचनी होती है और फिर थोड़ी-सी देर भी रुके बिना बाएं नथुने को बंद करके दाहिने नथुने से वायु बाहर निकालनी होती है। इसी तरह फिर दाएं नथुने से वायु ग्रहण करके बाएं नथुने से बाहर निकालते हैं। इस प्रक्रिया को दिनभर में चार बार अर्थात् उषा, मध्याह्न, सायं और निशीथ, इन चार बार पूर्वोक्त क्रिया का तीन बार या पांच बार अभ्यास करने पर एकपक्ष या महीने में नाड़ी शुद्धि हो जाती है। इसके पश्चात ही प्राणायाम पर अधिकार प्राप्त किया जा सकता है।

लगातार अभ्यास करते रहना अत्यंत आवश्यक है। आप रोज रात को देर तक बैठकर किसी की बातें अवश्य सुन सकते हैं, किन्तु अभ्यास किए बिना एक कदम भी आगे बढ़ना संभव नहीं है। यह सभी कुछ

साधना पर निर्भर करता है। प्रत्यक्ष अनुभूति के अभाव में इन्हें पूर्णरूप से समझ पाना असंभव है। सिर्फ व्याख्या और मत सुनना ही पर्याप्त नहीं है, खुद अनुभव करना भी नितांत जरूरी है। इसके अलावा साधना में अनेक विघ्न भी होते हैं, जिसमें सबसे पहले एक व्याधिग्रस्त शरीर है। यदि शरीर ही स्वस्थ न हो तो साधना में बहुत बाधा पड़ती है। अत: साधना के लिए सबसे पहले शरीर को स्वस्थ रखना नितांत जरूरी है। हमें अपने खान-पान और जीवनयापन की रीतियों के प्रति विशेष ध्यान देना चाहिए। क्रिश्चियन साइंस मतावलंबियों के समान ही हमें शरीर के सबल होने के विषय में सोचना चाहिए इसके पश्चात् शरीर के लिए और अधिक करने की आवश्यकता नहीं है। यह बात हमें कभी भी नहीं भुलनी चाहिए कि स्वास्थ्य तो उद्देश्य के साधन का एक उपाय मात्र है। यदि सिर्फ स्वास्थ्य ही उद्देश्य होता तो हम सब पशु समान होते है। पशु प्राय: अस्वस्थ नहीं होते हैं।

दूसरा बाधा संदेह है। जो कुछ हम स्पष्ट रूप से नहीं देख पाते, उसके संबंध में हम प्राय: संदिग्ध हो जाते हैं। मानव कितना ही प्रयत्न क्यों न कर ले, वह सिर्फ बात के भरोसे नहीं रह सकता। इसी कारण से योग शास्त्रोक्त सत्यता के संबंध में संदेह उपस्थित हो जाता है। यह संदेह प्राय: बहुत अच्छे आदमियों में भी देखने को मिल जाता है। किन्तु साधना का श्रीगणेश करने के उपरांत थोड़े ही दिनों में कुछ अलौकिक व्यापार देखने को मिलते हैं और साधना के प्रति भी उत्साह वृद्धि होती है। योगशास्त्र के एक भाष्यकार ने कहा है कि "योगशास्त्र की सत्यता के संबंध में यदि एक बिलकुल सामान्य प्रणायम भी मिल जाए तो उतने से ही संपूर्ण योगशास्त्र पर विश्वास हो जाएगा।"

उदाहरण के तौर पर आप ही कुछ महीनों की साधना के बाद यह अनुभव करेंगे कि आप दूसरों के मनोभाव अब अधिक अच्छी तरह समझ सकते हैं। वे आपके पास एक चित्र के रूप में आते हैं। यदि बहुत दूर

भी कोई बातचीत हो रही हो तो आप मन एकाग्र करके यदि उसे सुनने की चेष्टा करें तो आप उसे आसानी से सुन सकते हैं। प्रारंभ में आपको ये परिवर्तन सिर्फ कुछ ही मात्रा में नजर आएंगे। किन्तु वही आपकी आशा, विश्वास और बल को बढ़ाने में सहायक सिद्ध होंगे। जैसे यदि आप नासिक के अग्रभाग में चित्र का संयम करने लगें तो सिर्फ थोड़े ही दिनों में आपको दिव्य सुगंध मिलने लगेगी और इसी से आप समझ जाएंगे कि कभी-कभी हमारा मन किसी वस्तु के प्रत्यक्ष संपर्क में न आकर भी उसका अनुभव कर लेता है। किन्तु ये बात हमेशा स्मरण में रखना चाहिए कि इन सिद्धियों का अन्य कोई स्वतंत्र मूल्य नहीं है, बल्कि वे हमारे प्रकृत उद्देश्यों के साधनों का एकमात्र लक्ष्य, एकमात्र उद्देश्य आत्मा की 'मुक्ति' है। प्रकृति को पूर्णरूप से अपने अधीन कर लेना ही हमारा एकमात्र मुख्य उद्देश्य होता है। इसके अलावा अन्य कुछ और हमारा प्रकृति उद्देश्य हो भी नहीं सकता है। इस तरह हम प्रकृति के स्वामी होंगे, प्रकृति के गुलाम नहीं सिर्फ शरीर और मन ही हमारे स्वामी कभी नहीं हो सकते। हमें यह बात हमेशा स्मरण रखनी चाहिए कि 'शरीर हमारा है हम शरीर के नहीं।'

ज्ञानयोग

'जो मिथ्या है, उसे अस्वीकार करो और अपने सक्षम विवेक के सत्य की तलाश करो।' एक ज्ञानी सदा ही उन सभी चीजों से खुद को एक बहादुर योद्धा की भांति अलग करता है, जो वास्तविक नहीं है। वह अपनी दृढ़ इच्छा व शक्ति के बल पर सारी ऐन्द्रिय जगत की क्षणिक वस्तुओं को 'नेति-नेति' बोल विश्लेषण कर प्रथक करता है, क्योंकि विश्लेष करने के बाद सारी सांसारिक इच्छाएं व संबंध उसे अस्थायी नजर आते हैं, जिसके प्रभाव के कारण वह खुद को सतर्कतापूर्वक पड़ने से रोकता है। वह यह जानता है कि कुछ समय पश्चात् उसका भौतिक शरीर नष्ट हो जाएगा, वह हमेशा उस चेतना की ज्योति को जगाए रखने

की कोशिश करता है जो उसके भौतिक शरीर से पृथक है। इस तरह उन सभी वास्तविक चीजों से मनुष्य के इनकार करने की वजह से जो अवरोध बचता है, वही आमतत्त्व और सत्य है। एक साधक त्याग की विधियों को ठीक न अपनाकर अपने एक दृढ़ निश्चय के साथ ज्ञानयोग के मार्ग पर चलते हुए कदम उठा सकता है जैसे वह भौतिक शरीर से परे एक आत्मा है। वह असंख्य असफलताओं का सामना करने में पश्चात् भी अपने उस दृढ़ विचार को जब तक दोहराता रहता है, तब तक कि उसका अज्ञानरूपी अहंकार उसके सामने से हट नहीं जाता और तुरंत यह महसूस नहीं कर पाता कि वह आत्मतत्त्व है। अंधेरी रात में एक पेड़ का ठूंठ ही पथिक के लिए भय उत्पन्न कर देता है, तब एक दोस्त आकर बताता है कि पथिक, जिस चीज को देखकर तुम भयभीत हुए हो वह भूत नहीं मात्र एक पेड़ का ठूंठ है। इस भाव को मन में रखकर जब पथिक वहां जाकर देखता है कि जिस चीज की कल्पना उसने भूत के रूप में की थी, वास्तविकता में वह एक पेड़ ही है। इस उदाहरण से एक हद तक ज्ञानयोग की विधियां ही उद्घटित होती हैं।

इस कठोर मार्ग का अनुसरण करने के लिए साधकपूर्ण रूप से निडर होना चाहिए। इसके लिए अतिमानवीय मानसिक शक्ति भी होनी चाहिए। जिस प्रकार से, हवा की छुअन मात्र से एक लचीली डाली नीचे की ओर झुक जाती है, ठीक उसी तरह से उच्च भावों और विचारों के निर्देश के आगे उसका शरीर नतमस्तक हो जाता है। किन्तु आज कितने लोग अपनी ईमानदारी से ऐसा कह सकते हैं कि वे साहसी व आत्मबली हैं। यह गुण असाधारण है और जो विवेकानंद की भांति अपने बंधुओं में विशिष्ट होते हैं, शायद उनकी तरह के व्यक्ति शताब्दी में सिर्फ एक दो ही होते हैं। एक मानव अपनी ही आर्थिक दुर्बलताओं के फलस्वरूप अपने कार्यों, अपने आदर्शों और चेष्टाओं में भिन्नता पाता है। गीता भी इसी तथ्य की पुष्टि करती है।

"जो लोग अव्यक्त को प्राप्त करना चाहते हैं, सचमुच में उनका काम बड़ा कठिन होता है। जो लोग शारीरिक चेतना से ऊपर नहीं उठे हैं, अगर वे लोग अव्यक्त ब्रह्म का साक्षात्कार करने का प्रयास करेंगे, तो उन्हें दु:ख उठाना पड़ेगा।"

शरीर-ज्ञान को अलग करना काफी कठिन काम है। कोई भी व्यक्ति हजारों बार यह दोहरा सकता है कि वह एक शरीर न होकर एक आत्मा है, किन्तु सिर से हुआ थोड़ा-सा दर्द ही काफी है जो पुन; उन सभी सोचों व विचारों को तोड़ देता है कि वह एक आत्मा है। मात्र सिरदर्द से ही मानव को शरीर का आभास हो जाता है। यही जीवन की बड़ी विडम्बना है। यह कहानी है कि अनंत ब्रह्म को प्राप्त करने के लिए अस्पताल में भर्ती एक रोगी बहुत जोर-जोर से बोलकर गीता का पाठ करने लगा, लेकिन जैसे ही एक सर्जन उसके पास एक चाकू लेकर आया तो उसे देख वह ब्रह्म को भूल गया और जोर से भय के कारण कांपने लगा। लगभग कुछ इसी तरह का अनुभव हम सभी को अपने जीवन में है।

इसलिए, ज्ञानयोग की साधना करने वाले साधकों के लिए हिन्दू शास्त्र द्वारा कुछ प्रारंभिक अनुशासनों को निर्देश दिए गए हैं। इनमें से कुछ सबसे प्रमुख अनुशासन हैं इस लोक व परलोक के सुखों से विरक्ति, सत्य व असत्य के भेद का विवेक, शारीरिक सहनशीलता, मन-नियंत्रण व इंद्रिय-निग्रह बाह्य वस्तुओं के विकर्षण, गुरु के उपदेशों की शक्ति के प्रति पूर्ण आस्था व सर्वतोभावेन मानव अस्तित्व के बंधन से मुक्त होने की अदम्य लालसा। इससे कोई भी व्यक्ति इनकार नहीं कर सकता है कि ये सभी प्रारंभिक योग्यताएं और अनुशासन एक औसत व्यक्ति से की गई सिर्फ असंभव-सी कामना है। यदि एक साधारण आदमी जो योग शुरू करने के लायक है, उसे इन सभी तथ्यों के बारे में बताया जाए तब उस आदमी को यह सुनकर अधिक निराशा ही होगी।

यही कारण है कि धर्मशास्त्रों के अनुसार सिर्फ व्यक्तियों को ही इस योग ज्ञान साधना की सफलता की इच्छा रखनी चाहिए, जो मानव इस साधना के प्रारंभिक अनुशासनों से अपने पिछले जन्म में ही सफलतापूर्वक पार पा चुके हैं। चाहे कुछ भी हो किन्तु यह सत्य है कि यदि अपने विगत संस्कारों के बावजूद ईमानदारी व नित्य कोशिशों के साथ उस अनंत शक्ति के स्रोत से सभी व्यक्तियों के भीतर निहित बल को प्राप्त करने की इच्छा करें तब एक समय ऐसा आएगा जब उसके लिए सारी शक्तियों के स्रोत के प्रकट होने के पश्चात् वह एक महान प्रकाश से सदृश होगा। यदि साधक इन प्रारंभिक अनुशासनों को सिद्ध करने के लिए रोज अपनी पूरी लगन और मेहनत के साथ यह महसूस करता है कि उसका शरीर मात्र क्षणभुंगर ही नहीं है, बल्कि एक शाश्वत आत्मा भी है तो उसके सम्मुख आने वाली प्रारंभिक अनुशासनरूपी श्रम साध्य परेशानियां स्वत: ही सिद्ध हो जाएंगी। अनुभव से यह सिद्ध हो चुका है कि व्यक्ति द्वारा सोचे गए उसके सभी बुरे या अच्छे विचार व्यक्तिगत जीवन पर काफी प्रभाव डालते हैं। अत: यदि कोई भी आदमी अपने आपको शक्तिशाली समझता है तो स्वत: ही उस व्यक्ति के शरीर में धीरे-धीरे शक्ति का विकास होता जाएगा। यदि कोई साधक खुद को कालातीत रूपी आत्मा मानने लगता है तो उसमें एक अवचेतना प्रक्रिया सम्पन्न होगी जिसके फलस्वरूप उसे अपनी शारीरिक परेशानियों से स्वत: ही छुटकारा मिल जाएगा। वह साधक जो ज्ञानयोग में विफल रहा हो और अपनी इन विफलताओं के बावजूद भी वह इस साधना का अनुगमन करता है और इस साधना की सिद्धि की कोशिश करता है कि अंत में वह साधक अवश्य ही सफलता प्राप्त करेगा। शास्त्रों में साधकों के लिए एक मुख्य निर्देश यह भी है कि साधक यदि आत्मतत्त्व का ज्ञान प्राप्त करना चाहता है, तो उसे गुरु की शरण में जाना चाहिए गुरु आत्मतत्त्व का खुद साक्षात्कार कर चुका हो। इसके पश्चात् साधक को अपना सारा ध्यान खुद सत्य का प्रत्यक्ष अनुभव करने हेतु लगाना चाहिए। इसी विचार को

इस कहानी द्वारा प्रस्तुत किया गया है। एक शेर का बच्चा था जो किसी तरह एक भेड़ों के समूह में सम्मिलित हो गया था। उनके बीच रहते-रहते उसे यह विश्वास हो गया था कि वह भी एक भेड़ है। कुछ समय पश्चात् एक शेर ने उस भेड़ों के समूह पर आक्रमण कर दिया। वह शेर यह देखने के बाद आश्चर्यचकित रह गया कि एख शेर का बच्चा उन भेड़ों के बीच में रह रहा है। जब शेर ने उसे छोटे बच्चे (शेर) से कहा कि तुम एक शेर हो तब शेर के उस छोटे बच्चे ने यह मानने से अस्वीकार कर दिया कि वह भी एक शेर है। अब वह शेर उस छोटे बच्चे को एक तालाब के किनारे ले आया और उसने शेर के छोटे बच्चे से अपनी और उसकी छाया को देखने के लिए कहा। अंततः उस छोटे बच्चे को भी यह विश्वास हो गया कि वह भी एक शेर परिवार का सदस्य है। इस तरह उसे छोटे बच्चे का शेर न होकर भेड़ होने का भ्रम मिट गया। इसी तरह, एक शिष्य गुरु की मदद से यह जान सकता है कि वास्तव में वह सिर्फ एक हड्डी, मांस और रक्त का पुतला नहीं है। वरन् एक अनन्त आत्मा है।

इसका यह मतलब नहीं है कि साधारण आदमी के लिए खुद को एक अनंत आत्मा समझना आसान है। ठीक उसी प्रकार, जो पाखण्डी व्यक्ति यह दावा करते थे कि वे एक सच्चे कर्मयोगी के समान रहते हैं, उन व्यक्तियों को श्री रामकृष्ण मात्र उपहास दृष्टि से देखते थे। जो व्यक्ति छल-कपट के बल पर खुद को ज्ञानी और अनंत ब्रह्म बताते थे, वे उनके छल-कपट को प्रगट कर देते थे, जिससे वे पाखंडी व्यक्ति उपहास के पात्र बन जाते थे। कुछ आदमी खुद को इस अंधविश्वासी धारणा में रखते हैं कि वे वास्तव में एक आत्मा हैं और जिससे उनके द्वारा बुरे-बुरे कर्म में भी उनके ऊपर कोई प्रभाव नहीं पड़ेगा। वह ऐसा विश्वास करके खुद को धोखे में रखते हैं। वे इस धारणा से अपने आपको सांत्वना देते हैं कि चूंकि यह एक स्वप्न है, माया है इसलिए उनके किसी तरह के भी अच्छे या बुरे कर्म का कोई महत्त्व नहीं है। वे अपना यही सिद्धांत रखते हैं और

अपने इस सिद्धांत के समर्थन के लिए वे बहुत ही चालाकी से गीता के इन श्लोकों का वर्णन करते हैं कि आत्मा जो अनंत है, न तो वह मरती है और न ही वह मारी जाती है। इसके आधार पर तो सभी हिंसाओं, युद्धों और दंगों को समर्थित किया जा सकता है। इस प्रकार का वर्णन एक व्यक्ति सिर्फ अपनी स्वार्थी इच्छाओं को पूरी करने के लिए ही कर सकता है। यह दैत्यों या शैतानों द्वारा किए गए एक शास्त्र उद्धरण जैसा है। त्याग अनंत आत्मा की खोज करने की सबसे बड़ी मांग है, जिसके अंतर्गत कोई भी स्वामी युद्ध का न तो समर्थन कर सकता है और न ही उसे अपने ऊपर लागू कर सकता है, क्योंकि अगर उसने ऐसा किया तो अपने स्वार्थों की पूर्ति के लिए वह दूसरे को जब भी कष्ट प्रदान करेगा, उसे तब-तब ऐसे असहनीय कष्टों का सामना करना पड़ेगा जो काफी पीड़ादायक और असहनीय होंगे।

इसका अर्थ यह है कि जो व्यक्ति दृढ़ शक्ति व विश्लेषक बुद्धि से पूर्णरूप से सम्पन्न है, वह व्यक्ति ही इस ज्ञानयोग की कठिन साधना को सिद्ध कर सकता है। जिसका वर्णन पिछले कुछ अनुच्छेदों में किया गया है, ऐसे औजारों के बिना एक साधक का सारा आध्यात्मिक जीवन नष्ट हो सकता है। एक साधक तो हमेशा ही खुले मैदान या आकाश के नीचे युद्ध करने के लिए तैयार रहना होगा। क्योंकि साधक के लिए ज्ञान-योग का पथ अपनी प्रकृति के सर्वथा अनुकूल होने के वैदिक विश्वास से ही सिद्ध नहीं हो सकता। उनको निरंतर ही व्यक्तिगत कमजोरियों व सूक्ष्मवृत्तियों का सामना करना पड़ेगा, क्योंकि मन इन्हीं बातों में रमता है, जब तक वह अपनी मानसिक ऊंचाइयों को प्राप्त नहीं करेगा और खुद को सुरक्षित नहीं बना लेगा तब तक वह इस कड़े संघर्ष से छुटकारा या किसी तरह का विराम नहीं पा सकेगा।

इस पर कभी ध्यान नहीं देना चाहिए कि ज्ञानयोग शेष तीनों योगों से किसी तरह भिन्न है या उन तीन योगों को स्वीकार नहीं करता है। ऐसे

होनहार ज्ञानी को भगवान् की प्रार्थना और गुरु की भक्ति कर खुद को और अधिक शक्तिशाली बनाने के लिए शक्ति प्राप्त करनी चाहिए, उसे अपने जीवन को भक्ति के सभी तत्त्वों से अलग नहीं करना चाहिए। शुरू में जब साधक किसी प्रकाश की कामना करता है और प्रकाश न पाकर वह अंधकार प्राप्त करता है तो ऐसी स्थिति में उसकी शक्ति और उसकी आशा या स्रोत सिर्फ उसके गुरु की कृपा या भक्ति ही बन सकती है। ठीक इसी तरह ज्ञानयोग के प्रारंभिक साधकों के लिए कर्मयोगी द्वारा किया गया कोई भी स्वार्थ रहित कार्य काफी फायदेमंद सिद्ध हो सकता है। वास्तविकता यही है कि एख औसत आदमी के लिए ज्ञानयोग के मार्ग पर सीधे चलते रहने की कोशिश अत्यंत जटिल और प्राय: असंभव-सी होती है। एक व्यक्ति की सैकड़ों इच्छाएं और असंख्य आसक्तियां उसे ज्ञान-योग के कठिन मार्ग पर बढ़ने, रोकने और धकेलने हेतु हमेशा तैयार रहती हैं और यह समझना या मानना मूर्खतापूर्ण ही होगा कि एक औसत आदमी पूर्णरूपेण अनासक्त होने के लिए अपनी सभी तरह की इच्छाओं और आसक्तियों को नष्ट कर देगा। इस पर पूर्णरूप से विश्वास नहीं किया जा सकता। सबसे पहले उसे अपने आपको ज्ञानयोग की साधना के लिए पवित्र करना होगा, जिससे लिए उसे अपना मन किसी-न-किसी तरह की मानव सेवा में लगाना होगा और खुद के भीतर अनासक्ति भाव को विकसित कर वासनाओं से ऊपर उठना होगा। पवित्रता के क्षेत्र में वह जितनी अधिक उन्नति करता है या सफलता प्राप्त करता है उतनी ही सफलता उसे ज्ञानयोग, की साधना से मिलती है। ज्ञानयोग में वर्णित की गई अनेक विधियों को अपनाकर मन का दृढ़ नियंत्रण और उच्च ध्यान स्थिति प्राप्त की जा सकती है, जो कि ज्ञानयोग की साधना के लिए नितांत जरूरी है।

5

अष्टांगयोग

महर्षि पतंजलि के अनुसार योग के आठ अंग हैं। इन आठों अंगों का क्रमशः अभ्यास, योग की पूर्ण साधना के लिए नितांत आवश्यक है।

इन अष्टांगों में से सर्वप्रथम दो (यम और नियम) मुख्य रूप से आचार से संबंधित अभ्यास हैं। इसके पश्चात् के दो अंग आसन-प्राणायाम, योगाभ्यास शरीर को भौतिक रूप से योग्य बनाने के लिए उपयुक्त हैं। इसके पश्चात् पांचवां अंग प्रत्याहार है जो मुख्य रूप से इंद्रिय विग्रह का उपाय है और इसके उपरांत की प्रक्रियाएं धारणा, ध्यान व समाधि पूर्णरूप से मानसिक और आध्यात्मिक साधनाएं हैं।

पतंजलि के द्वारा यम, नियम, आसन, प्राणायाम और प्रत्याहार को 'बहिरंग योग' कहा गया है और धारणा, ध्यान और समाधि को 'अंतरंग योग' कहा गया है।

पतंजलि के अनुसार

1. यम
2. नियम
3. आसन
4. प्राणायाम
5. प्रत्याहार
6. धारणा
7. ध्यान
8. समाधि

1. यम

यम से तात्पर्य नैतिक शिष्टाचार से है। इसके 'अंतर्गत' पतंजलि ने पांच प्रकार के यमों का वर्णन किया है, जो इस प्रकार हैं

(i) **अहिंसा** अहिंसा से तात्पर्य हिंसा न करना से है। हमारे देश भारत में अहिंसा की यह परम्परा बहुत प्राचीन काल से लगातार चली आ रही है। उपनिषदों व ऋषियों के अलावा अनेक महापुरुषों ने भी प्राणिमात्र के प्रति मन, वचन व कर्म से अहिंसा का उपदेश दिया है। इस संसार में हरेक प्राणी को जीवित रहने और जीवनयापन का समान अधिकार प्राप्त है, अतः दूसरे की सहायता करना और उनसे प्रेम करना मानवता हेतु काफी आवश्यक है।

हिंसा को रोकने के लिए भय से मुक्ति पाना अनिवार्य है, क्योंकि अज्ञानता, दुर्बलता और भय ही हिंसा के जनक हैं। यह मुक्ति जीवन के प्रति अपने दृष्टिकोण में परिवर्तन द्वारा प्राप्त की जा सकती है। अहिंसा के मार्ग पर चलने से अहिंसा के साथ-साथ डर और क्रोध से भी मुक्ति प्राप्त होती है। पवित्र जीवन व्यतीत करने वाले व्यक्तियों को किसी प्रकार का डर नहीं होता है।

(ii) **सत्य** मनु के अनुसार सत्य बोलना किन्तु अप्रिय सत्य न बोलना ही सनातन धर्म है। सत्य ही अन्य यम व नियमों का पालन निर्भर करता है, अतः यह एक अत्यंत महत्त्वपूर्ण यम है। महात्मा गांधी ने भी सत्य पर विशेष जोर देते हुए इसे अपनी कार्य प्रणाली का मुख्य आधार बनाया था।

जिस तरह अग्नि मलिनता को जलाकर सोने को निखारती है और उसे शुद्ध बनाती है, उसी प्रकार साधना की अग्नि भी मानव को पवित्र बना देती है।

(iii) **अस्तेय** इससे अभिप्राय दूसरे की संपत्ति, वस्तु या विचारों को

अपने हित में इस्तेमाल करने की प्रवृत्ति से विरत होना है।

किसी दूसरे की वस्तु को बिना उसकी आज्ञा लिए ले लेना और अलग-अलग स्वकार्यों के लिए उसका प्रयोग करना एक प्रकार से दुराचार होता है। अतः इसमें अव्यवस्था, विश्वासघात, दुरुपयोग और दुर्व्यवहार का समावेश होता है। अतः व्यक्ति को अपनी आवश्यकताएं सदा सीमित रखनी चाहिए।

(iv) **ब्रह्मचर्य** इसका तात्पर्य आत्मसंयम से है। शंकराचार्य के अनुसार पवित्र वैदिक विद्या के अध्ययन में तीन व्यक्ति ब्रह्मचारी होते हैं। महर्षि शंकराचार्य ने शरीर, वाणी व मन के संयम पर बल देते हुए ब्रह्मचारी व्यक्ति के विषय में कहा है कि ऐसा व्यक्ति जो निरंतर ब्रह्म में विचरण करता रहता है और यह भली-भांति जान जाता है कि सबका अस्तित्व वास्तव में ब्रह्म में ही निहित है अर्थात् जो सभी में देवत्व के दर्शन करता है, वही वास्तव में सच्चा ब्रह्मचारी होता है। इसका अभिप्राय यह नहीं है कि सिर्फ अविवाहित जीवन ही ब्रह्मचर्य है। व्यक्ति को अपने दैनिक जीवन में ब्रह्मचर्य के उच्च आदर्शों का पालन करना चाहिए।

शिव संहिता में वर्णित है कि एक व्यक्ति बिना इस संसार से नाता तोड़े, सामाजिक जीवनयापन करते हुए अर्थात् समाज में रहते हुए भी एकांत स्थान में अभ्यास कर सकता है, जो व्यक्ति अपने परिवार के महत्व रहते हुए एक गृहस्थ के कर्त्तव्यों का निष्ठापूर्वक पालन करता है, वह गुण-अवगुण से मुक्त होता है और जो अपनी इंद्रियों पर नियंत्रण प्राप्त कर लेता है, वह कैवल्य को प्राप्त होता है।

(v) **अपरिग्रह** जिस तरह परिग्रह का अर्थ संग्रह करना या संचय करना होता है, उसी तरह अपरिग्रह का अर्थ संचय न करना अर्थात् अनावश्यक संपत्ति का संग्रह न करना है। वस्तुओं का संग्रह करना

एक प्रकार से परमात्मा में अविश्वास करने के समान है। इसी प्रकार अपने भविष्य हेतु सामग्री संचय करना खुद में अविश्वास प्रकट करने के समान है। एक योगी को अपरिग्रह के आचरण के द्वारा उसी में ही अपने जीवन को यथासंभव साधारण बनाए रखना और संतुष्ट रहने की क्षमता का विकास करना जरूरी है।

भगवद्गीता के नौवें अध्याय में योगेश्वर श्रीकृष्ण ने अर्जुन से कहा था कि "जो एकाग्र मन से एकमात्र मेरी भक्ति करते हैं और प्रत्येक क्षण अनन्य भाव से मुझ में स्थित हैं, मैं उनके योगक्षेम की व्यवस्था कर देता हूं। मैं उनकी सारी आवश्यकताओं की पूर्ति करता हूं एवं उनकी रक्षा करता हूं।"

2. नियम

नियमों के अंतर्गत मुख्य रूप से पांच नियम आते हैं, जो इस प्रकार से हैं शौच, संतोष, तप, स्वाध्याय और ईश्वर प्रणिधान।

यमों की भांति इन नियमों का पालना करना भी नितांत आवश्यक है। पतंजलि के अनुसार नियम निम्नलिखित हैं

(i) **शौच** शौच से अभिप्राय आंतरिक और बाह्य स्वच्छता से है। आसन व प्राणायाम करने से तन स्वच्छ होता है। शरीर की स्वछता के साथ-साथ वचन, विचार और आहार की शुद्धता भी काफी अनिवार्य है। जप-तप द्वारा आंतरिक शुद्धि संभव होती है।

(ii) **संतोष** परिणाम की कामना किए बिना ही निरंतर अपने कर्मों को पूर्ण करते रहना और जिस परिस्थिति में रहना पड़े उसी परिस्थिति में रहते हुए, प्रारब्ध के अनुसार खुद जो कुछ भी प्राप्त हो जाए उसी से संतुष्ट हो जाना और अन्य किसी प्रकार की अभिलाषा न करना ही संतोष है।

(iii) **तप** तप से अभिप्राय प्रज्ज्वलित करना है। तप की अपेक्षा करके चित्त परमात्मा के पास कभी नहीं पहुंच सकता अर्थात् तप के अभाव में आत्मा व परमात्मा का मिलन लगभग असंभव ही है। तप कामिक, वाचिक और मानसिक तीन प्रकार के होते हैं। ब्रह्मचर्य व अहिंसा कामिक तप के अंतर्गत आते हैं। कभी भी किसी के भी प्रति बुरे वचनों का इस्तेमाल न करना, ईश्वर का गुणगान करना और खुद के लिए परिणाम का विचार किए बिना हमेशा दूसरों की निंदा न करना आदि वायिक तप के अंतर्गत आते हैं। आत्मसंयम करना और मानसिक स्थिति का विकास करना मानसिक तप के अंतर्गत आता है। एक योगी को यह परमावश्यक है कि वह तप के माध्यम से शरीर मन और चरित्र की शक्ति का पूर्ण रूप से विकास करें।

(iv) **स्वाध्याय** स्वाध्याय से अभिप्राय खुद का अध्ययन करना है। स्वाध्याय का अभ्यास करते हुए वास्तव में व्यक्ति खुद का अध्ययन करता है। इससे उसे जीवन के प्रति दृष्टिकोण में बदलाव करने में सहयोग मिलता है। एक स्वस्थ, प्रसन्न और शांत जीवन यापन हेतु धार्मिक ग्रंथों का अध्ययन अत्यंत आवश्यक है। यह अध्ययन साधक के ध्यान को केंद्रित करने और जीवन को कठिन से कठिन समस्याओं का सरलता और सहजता से समाधान करने में काफी सहायक सिद्ध होता है।

(v) **ईश्वर प्रणिधान** योगशास्त्र में ईश्वर में ध्यान लगाने के लिए ईश्वर प्रणिधान को सबसे अधिक उपयुक्त माना गया है। पतंजलि योगसूत्र में ईश्वर को परमगुरु मानकर अपना सब-कुछ अर्पण करने के लिए कहा गया है। भगवद्गीता में भगवान श्रीकृष्ण ने कहा है कि जो अंतरात्मा को मुझ में लगाकर भजन करता है वही योगी सभी योगियों में से मुझे सर्वाधिक प्रिय है।

3. आसन

योग साधना की तैयारी में आसनों का महत्त्वपूर्ण स्थान है। हठयोग में भी आसनों को सबसे अधिक महत्त्व दिया गया है। ऐसा कहा जाता है कि समस्त आसनों को भगवान शिव ही जानते हैं। पतंजलि ने आसन को परिभाषित करते हुए लिखा है कि स्थिर सुखम् आसन अर्थात् जिस मुद्रा में शरीर सुखपूर्वक स्थिर रह सके वही आसन है।

आसन शरीर के स्थिरता, स्वास्थ्य और अंगों में हलकापन प्रदान करता है। इसके परिणामस्वरूप मानसिक स्थिति संतुलित होती है।

शरीर की हरेक मांसपेशियां, नाड़ी और ग्रंथि के उपयोग में लाने के उद्देश्यों से ही आसनों का विकास हुआ है। आसन हमारे शरीर को सुन्दर, पुष्ट और लचीलापन प्रदान करते हैं और शरीर को रोगों से मुक्ति दिलाते हैं।

आसन मात्र शारीरिक व्यायाम ही नहीं है, अपितु ऐसी शारीरिक स्थितियां हैं, जिनसे मन को साधा जा सकता है। इसका सबसे अधिक महत्त्वपूर्ण लाभ यह है कि इनका प्रभाव प्रत्यक्ष रूप से अंतः स्रावी ग्रंथियों पर पड़ता है जिनसे उनकी क्रिया में धीरे-धीरे सुधार होता है। आसनों को मुख्य रूप से तीन भागों में बांटा गया है, जो इस प्रकार हैं

(i) **ध्यानात्मक आसन** वज्रासन, मुद्रासन, सिद्धासन, मुक्तासन, पद्मासन, स्वस्तिकासन इत्यादि आसनों का अध्ययन ध्यान के पूर्व करना अनिवार्य होता है, क्योंकि सिर्फ इन्हीं आसनों में स्थिर होकर ध्यान किया जाता है, इसलिए इन्हें ध्यानात्मक आसन कहते हैं।

(ii) **विश्रान्तिकर आसन** कुछ आसन जैसे कि शवासन और मकरासन ऐसे आसन होते हैं जो शरीर को पूर्ण विश्रान्ति प्रदान करते हैं।

(iii) **संवर्धनात्मक आसन या सांस्कृतिक आसन** सिंहासन, धनुरासन, मत्स्येन्द्रासन, मयूरासन, गोरक्षासन, पश्चिमोत्तानासन, गुप्तासन,

गरुड़ासन, भुजंगासन, ऊष्ट्रासन इत्यादि आसनों का अभ्यास शारीरिक विकास के लिए किया जाता है। अलग-अलग प्रकार के आसन इस प्रकार से प्रतीत होते हैं जिनके द्वारा शरीर के भिन्न-भिन्न अंगों को पुनर्वास और ध्यान तथा समाधि की अवस्था के लिए स्थिर व आरामदायक स्थिति प्राप्त होती है। योगासनों का नामकरण मुख्यरूप से अलग-अलग पशु-पक्षी और पेड़-पौधों के नाम पर किया गया है, इसका मुख्य कारण यह है कि योगासन करते समय आसन-विशेष की अंतिम अवस्था इनमें से पशु-पक्षी, पेड़-पौधे किसी विशेष की आकृति से समानता लगती है।

पूर्ण रूप से आसनों पर अधिकार प्राप्त कर लेने पर जय-पराजय, शरीर, मन, मन-आत्मा, लाभ-हानि, यश-अपयश आदि जैसे द्वैत अवस्थाएं समूल रूप से नष्ट हो जाती हैं और तब साधक योगमार्ग की चौथी स्थिति प्राणायाम में प्रवेश कर जाता है।

4. प्राणायाम

प्राणायाम शब्द दो भागों में विभक्त किया जा सकता है प्राण+ आयाम।

प्राण से तात्पर्य श्वास, श्वासोच्छवास, जीवन, वायु, शक्ति, चैतन्य, ऊर्जा से है।

आयाम का अभिप्राय कसवा, प्रतिरोध, लंबाई या विस्तार से है। इस प्रकार प्राणायाम का तात्पर्य व्यक्ति की श्वासों का विस्तार और उन पर नियंत्रण है। श्वासों के सभी प्रकार के कार्य सम्पादन पर यह नियंत्रण होता है।

संस्कृत में प्राण का अर्थ है सांस और आयाम का अर्थ है रोक। आधुनिक यौगिक साहित्य में प्राणायाम शब्द का अर्थ 'प्राण' अनेक बारगूढ़ मनोबल या गूढ़ बाह्‌य भी लिया गया है।

प्राणायाम को उत्तरकालीन यौगिक साहित्य में कुम्भक कहा गया है। यह बात काफी रोमांचकारी है कि मुनि पतंजलि द्वारा अपने सूत्रों में रेचक, कुम्भक और पूरक शब्दों का इस्तेमाल कहीं भी नहीं किया गया है, यद्यपि उन क्रियाओं का उल्लेख अवश्य है। योगसूत्र के आधा टीकाकार, श्रीव्यास ने, जिनका कार्यकाल प्रथम युगाष्द माना जाता है, द्वारा भी रेचक, कुम्भक और पूरक इन शब्दों का इस्तेमाल कहीं नहीं किया गया है। इससे यही बात स्पष्ट होती है कि ये संज्ञाएं उत्तरकाल में ही इस्तेमाल में आई हैं।

श्वसन गति-विच्छेद के स्वरूप के आधार पर पतंजलि द्वारा प्राणायाम के चार प्रकार बताए हैं उत्तरकालीन यौगिक साहित्य की परिभाषानुसार। 'बाह्य कुम्भक' द्वितीय प्रकार 'अभ्यन्तर कुम्भक' और प्रथम प्रकार। तृतीय एवं चतुर्थ प्रकार केबल 'कुम्भक' कहलाता है।

स्वात्माराम प्रणीत प्राणायाम के आठ प्रभेद हैं हठयोग के सबसे अधिक प्रामाणिक ग्रंथ हठप्रदीपिका के प्रणेता श्रीस्वात्याराम सूरी द्वारा कुम्भक को प्राणायाम का ही पर्याप्य माना गया है और उनके द्वारा इसके आठ प्रभेद बताए गए हैं।

आधार रूप में प्राणायाम के तीन ही अंग हैं, जो इस प्रकार हैं

(i) पूरक (श्वास को अंदर खींचना)

(ii) कुम्भक (श्वास को रोककर रखना)

(iii) रेचक (श्वास को बाहर की ओर छोड़ना)

कुम्भक प्रयोग पूरक और रेचक कही जाने वाली अभ्यंतर और बाह्य कुम्भक की अवस्थाओं में भी किया जा सकता है। प्राणायाम अनेक प्रकार के हो सकते हैं, किन्तु उनमें से सिर्फ आठ प्राणायाम सबसे महत्त्वपूर्ण हैं।

प्रारंभ में इन्हीं आठ प्रकार के प्राणायानों का उल्लेख किया जा रहा है, जो इस प्रकार है

(i) **उज्जयी** तीव्र उच्चाकरण करना।

(ii) **सूर्यभेदन** सूर्य नाड़ी (दाहिनी नाक) से श्वास खींचना।

(iii) **शीतकाली** सांस खींचते समय विशिष्ट प्रकार की ध्वनि करना।

(iv) **शीतली** जीभ को बाहर निकालकर सांस अंदर खींचकर शैत्य (शीतलता) उत्पन्न करना।

(v) **भस्त्रिका** धौंकनी की भांति सांस लेना।

(vi) **भ्रामरी** अंतः श्वसन और निःश्वसन में मधुमक्खियों की भनभनाहट का अनुकरण करना।

(vii) **मूर्च्छा** दिमाग को अक्रियाशील रखना।

(viii) **प्लाविनी** इसके द्वारा व्यक्ति प्राणायाम के समय पानी में भी तैर सकता है।

प्राणायामः कुछ उपनिषदों में प्राणायाम और कुम्भक शब्दों को पर्यायवाची माना गया है और इस रूप में दो-दो प्रकार के प्राणायाम माने गए हैं

1. प्रथम प्राणायाम संयुक्त रेचक पूरक युक्त कुम्भक प्राणायाम है। जिसे पुनः (क) सूर्यभेदन, (ख) शीतली, (ग) उज्जयी, (घ) भस्त्रिका चार प्रकारों में विभक्त किया गया है।

2. द्वितीय प्राणायाम सिर्फ (रेचक-पूरक विवर्जित कुम्भक प्राणायाम है।)

इन दोनों में से सिर्फ कुम्भक का अभ्यास अपेक्षाकृत कठिन होता

है और इसे एक उच्चस्तरीय योग माना जाता है। अतः जो व्यक्ति सफलतापूर्वक इस कुम्भक का अभ्यास कर लेता है, उसकी कुण्डलिनी जाग्रत हो जाती है।

नाड़ी-विज्ञान का प्राणायाम के संदर्भ में विशेष महत्त्व है। कई उपनिषदों में प्राणायाम के संदर्भ में नाड़ी चक्र का उल्लेख किया गया है। उनके अनुसार वह अग्निवर्धक और दीर्घयुष्कर है। दर्शनोपनिषद् में अनेक प्रकार की नाड़ी शुद्धियों का वर्णन किया गया है और नाड़ी शुद्धि को जीवन मुक्ति का प्रवर्तक माना गया है। इस संदर्भ में अलग-अलग नामों द्वारा अनेक प्रकार की नाड़ियों का वर्णन किया गया है। इनमें से इड़ा, पिंगला व सुषुम्ना नाड़ियां सबसे अधिक महत्त्वपूर्ण हैं। ऐसा माना जाता है कि इन नाड़ियों में दशविध वायु का संचार होता है।

प्राणायाम एक प्रकार का श्वसनिक व्यायाम है, किन्तु फिर भी इनका उपयोग एक विशिष्ट विधि द्वारा क्रमबद्ध शरीर के क्रियात्मक विकास और मनोवैज्ञानिक विश्रन्ति के लिए किया जाता है।

भावनामय उत्तेजना श्वास की गति को काफी प्रभावित करती है। भावनापूर्ण उत्तेजना एक संयमित श्वास प्रणाली के द्वारा नियंत्रित की जा सकती है। एक योगी हेतु अपने श्वास पर नियंत्रण करने के लिए सबसे पहले प्राणायाम सीखना जरूरी होता है, क्योंकि योग का सबसे प्रमुख और एकमात्र लक्ष्य मन को वशीभूत करना और स्थिर करना है। मन को ध्यान में लीन करने के लिए यह आवश्यक है कि योगी अपनी इंद्रियों को वशीभूत करने योग्य बने और यह उसे इस योग्य बनाता है, जिससे वह सहजता से प्रत्याहार की अवस्था में पहुंच जाता है।

5. प्रत्याहार

प्रत्याहार स्वनियंत्रण की एक ऐसी प्रक्रिया होती है, जिसमें व्यक्ति अपनी इंद्रियों को उनके विषयों से अलग रखता है। यदि इसका वर्णन

अन्य शब्दों में किया जाए तो वास्तव में बैराग्यपूर्ण जीवन यापन से है, जो योग की अग्रिम उच्च मानसिक अवस्थाओं की प्राप्ति के लिए काफी आवश्यक होती है। वास्तव में, पतंजलि के अष्टांगयोग में अंतरंग और बहिरंग अवस्थाओं में प्रत्याहार एक सेतु स्वरूप है।

प्रत्याहार इंद्रियों को वशीभूत करने की पांचवीं योगावस्था है। इस अवस्था की प्राप्ति के पश्चात साधक आत्मपरीक्षण की खोज के मार्ग पर अग्रसर हो जाता है।

हिन्दू दर्शनानुसार चैतन्य तीन अलग-अलग गुणों में प्रकट होता है। मानव के लिए संपूर्ण दुनिया के साथ उसका जीवन व चेतन एक-सी उत्पत्ति है और वही प्रकृति सांसारिक वस्तु या पदार्थ उत्पत्ति गुणों में से किसी एक गुण की विशेषता से भिन्न-भिन्न रूप से अभिनिहित है। ये गुण हैं

(i) **सत्व** यह एक अच्छा, प्रकाशमान और पवित्र गुण है, जो मानव को शुद्धता व मानसिक शांति के मार्ग पर अग्रसर करता है।

(ii) **रज** यह एक अस्थिरता या क्रियाशीलता का गुण है, जो मानव को क्रियाशील, फुर्तीला, दृढ़निश्चयी और संकल्पवान् बनाने में सहायक सिद्ध होता है।

(iii) **तम** यह एक अहंकार और अवरोध का गुण है, जो रज की प्रवृत्ति को काम करने और सत्व को प्रकट होने में बाधाएं उत्पन्न करता है और उनका विरोध करता है।

मोह, अज्ञानता, जड़ता व अंधकार आदि तम के गुण हैं। तम की प्रबलता होने पर एक व्यक्ति निश्चल और जड़ हो जाता है। सत्वगुण द्वारा दैवी प्रवृत्ति जाग्रत होती है और तमोगुण द्वारा आसुरी प्रवृत्ति उत्पन्न होती है और इन दोनों के मध्य रजोयुगुण स्थिर होता है।

योगी भी एक तरह से मनुष्य ही होता है और वह भी इन त्रिगुणों द्वारा प्रभावित होता है। वह खुद को और उसकी इंद्रियों को अनुसरण करने के लिए प्रवृत्त करने वाले अलग-अलग विषयों के सतत और नियमित अभ्यास द्वारा सीखता है।

वह निरंतर अप्रतिहत प्रयत्नों के माध्यम से तमोगुण द्वारा उत्तेजित किए गए विचारों के कूड़े अर्थात् बुरी भावनाओं को अपने हृदय से निकालकर और उन्हें समूल रूप से नष्ट करके मन में सात्त्विक चौखटे को प्राप्त करने की कोशिश करता रहता है। अब एकमात्र सत्वगुण ही शेष रह जाता है तब व्यक्ति की आत्मा अंतिम उद्देश्य की ओर अपने मार्ग पर काफी आगे तक जा चुकी होती है।

6. धारणा

धारणा का अर्थ है Concentration लेकिन अंग्रेजी का यह शब्द योग विज्ञान में निहित धारणा शब्द का पूर्णरूपेण प्रतिनिधित्व नहीं करता है। हमारा मन अत्यंत चंचल होता है। वह उच्चतम ध्यानावस्था में भी चलता रहता है अर्थात् अलग-अलग प्रकार की भावनाओं और विचारों की लहर उसमें उठती रहती है। अतः इसका तात्पर्य मन की गति का एक सीमा में नियमन मात्र करना है। किन्तु योगशास्त्रानुसार उपरोक्त प्रकार की मनोगति के नियमन को अभ्यास के माध्यम से पूर्ण मनोग्रह की अवस्था तक लाया जा सकता है और उस उच्चतम अवस्था को प्राप्त कर लेने के पश्चात् मन पूर्णरूपेण स्थिर हो जाता है। ध्येय विषय के सत्य स्वरूप एकाकार हो जाता है। आधुनिक विज्ञान का विचार इस संबंध में सर्वथा इसके विपरीत है और उसके द्वारा मन के माध्यम से ध्येय विषय के सत्य स्वरूप की अनुभूति असंभव स्वीकार की गई है।

अतः धारणा मुख्य रूप से एक मानसा योग की अभ्यास प्रक्रिया होते हुए भी औपनिषदिक परंपरानुसार इस धारणा के भिन्न-भिन्न लक्षणों

के वर्णन के कारण इसको एक सीमित परिभाषा प्रदान करना एक कठिन काम है। पतंजलि के अनुसार बाहर या शरीर के भीतर कहीं भी किसी एक देश में चित्र को ठहराना या स्थिर करना ही धारणा है। इसमें साधक ध्येय वस्तु को अपने हृदय के समक्ष स्थिर रखता है, इस तरह यह समाधि की ओर अग्रसर होने वाला सबसे पहला चरण है। इसके लिए सबसे पहले वह किसी ध्येय वस्तु जैसे शरीर के बाहर किसी इष्टदेव की मूर्ति या अपने शरीरगत किसी क्षेत्र जैसे नासिकाग्र पर अपने मन को स्थिर करता है।

वास्तव में, यह एक प्रकार का मानसिक व्यायाम होता है जिससे साधक को आगे ध्यान और समाधि के अभ्यास हेतु समर्थता प्राप्त होती है। बहिरंग योगाभ्यास के साथ-साथ प्रत्याहार का सफलतापूर्वक अभ्यास करने वाला साधक ही धारणा में भी पूर्ण सफलता प्राप्त करता है।

एकाग्रता या ध्यान के अभाव में कोई भी व्यक्ति किसी वस्तु पर अधिकार या प्रभुत्व प्राप्त नहीं कर सकता है। इस संसार का निर्माण करने वाले और उसे नियंत्रित करने वाले परमात्मा का ध्यान किए बिना व्यक्ति अपने भीतर की आत्मा को प्रकाशित नहीं कर सकता है या विश्व मानव नहीं बन सकता है। इस ध्यान की प्राप्ति के लिए वह एक तत्त्व जो हम सभी में व्याप्त है, उसका एक तत्त्वाभ्यास वर्णित किया गया है, प्राणिमात्र की अंतरम आत्मा जो अपने एक रूप को भिन्न-भिन्न रूपों में रूपान्तरित करती है। इसीलिए साधक एकाग्रता में (ओउम 'ऊं') पर ध्यान केन्द्रित करता है, जो परमात्मा का प्रतीक है।

7. ध्यान

ध्यान धारणा के आगे की प्रक्रिया है। यह समाधि के पहले की अवस्था होती है। इसमें जब व्यक्ति अपने मन को ध्येय विषय पर स्थिर

करने में सफलता प्राप्त कर लेता है तो उसे ही ध्यान की संज्ञा दी जाती है।

ध्यान मन के पूर्णरूप से स्थिरीकरण की प्रक्रिया है। पतंजलि के अनुसार वहां चित्त लगाया जाए उसी में वृत्ति का निरंतर चलना ही ध्यान है। ध्यानावस्था में एकाग्रता की धारणा निर्विघ्न होती है।

योगत्त्वोपनिषद् के अनुसार ईष्ट पर ध्यान करना सगुण ध्यान है और उससे मात्र सिद्धियों की प्राप्ति होती है। उनके अनुसार सिर्फ निर्गुण ध्यान को ही समाधि प्राप्त करने वाला माना गया है।

योग कुण्डलिनी उपनिषद् के अनुसार संसार को नकारने की प्रक्रिया ही ध्यान है।

8. समाधि

समाधि पतंजलि के अष्टांगयोग का आठवां और अंतिम लक्ष्य है। ध्यानाभ्यास करते-करते जब स्वरूप शून्यता का प्रादुर्भाव हो जाता है तो समाधि सिद्ध हो जाती है। स्वरूप शून्यता आने पर उच्चतर चेतना कम होने लग जाती है और ध्येय के पार स्थिर अंदरुनी सत्य का आभास होने लगता है। इस स्थिति में ध्यान और ध्येय एकाकार हो जाते हैं, अत: ध्यानाभ्यास की उच्चतर अवस्था ही समाधि कहलाती है।

एक साधना की खोज का अंत समाधि ही है। समाधि में योगी अपने ध्यान के अत्युच्च शिखर पर पहुंच जाता है, वहां उसका शरीर और इंद्रियां इस तरह स्थिर हो जाती हैं कि मानो वह सो रहा है और उसके मन व विवेक बुद्धि की क्रियाएं इस प्रकार सचेत और जागृत होती हैं कि मानो वह जाग रहा है, किन्तु फिर भी वह चेतना के परे होता है। समाधि की अवस्था में व्यक्ति पूर्ण रूप से सचेत तथा सक्रिय होता है।

6

सूर्य नमस्कार

यह आसन प्रारंभ में किसी योग गुरु की देख-रेख में सीखने चाहिए। इसके लिए सबसे श्रेष्ठ है कि अपने आसपास के क्षेत्र में लगने वाले किसी योग शिविर की सहायता ली जाए। धीरे-धीरे खुद अभ्यास करना चाहिए। एक बार आसन सीखने के पश्चात् शरीर खुद ही आसन की सुखद स्थिति की कामना करने लगता है। आप इसे अपनी जीवनशैली का अंग बना लें। आसनों में सूर्य नमस्कार का अभ्यास ऐसा अभ्यास है जो शरीर को गतिशील बनाने में सहायक सिद्ध होता है। अत: आसनों का अभ्यास करते समय सूर्य नमस्कार से प्रारंभ करना चाहिए इससे शरीर अनुकूल रहता है।

अनेक महापुरुष सूर्य नमस्कार का अर्थ देव स्तुति, उपासना इत्यादि से भी करते हैं। यह आसन चित्तवृत्तियों को शांत करके मन को एकाग्रचित्त करता है। सूर्य नमस्कार से प्रत्येक अंग का व्यायाम हो जाता है। कोई व्यक्ति कुछ भी न कर सके, सिर्फ सूर्य नमस्कार ही कर ले तो शारीरिक और आध्यात्मिक लाभ प्राप्त किया जा सकता है। इसलिए सूर्य नमस्कार को संपूर्ण व्यायाम कहा गया है।

विधि

प्रथम मुद्रा सूर्य नमस्कार बारह या दस मुद्राओं में किया जाता है। पूर्व दिशा की ओर मुंह करके खड़े हो जाएं। अपने दोनों हाथों को आपस में जोड़कर सूर्य को प्रणाम करें, फिर हाथों को प्रार्थना की मुद्रा में ले जाएं। दोनों हाथों और सिर से पैर तक के पूरे भाग को कड़ा कर लें।

लाभ

(i) इस मुद्रा से व्यायाम की तैयारी में एकाग्र और शांत मुद्रा लगता है।

द्वितीय मुद्रा-स्थिति अब दोनों हाथों को अच्छी प्रकार कड़ा करें और श्वास धीरे-धीरे भरें। गर्दन और हाथों को क्षमतानुसार पीछे झुकाएं। इस स्थिति में कमर से ऊपर वाले हिस्से में एक आर्क बन जाएगी परन्तु सिर दोनों हाथों की मध्य में तनाव मुक्त रहेगा और आंखें खुली रहेंगी।

लाभ **(i)** इस मुद्रा से आमाशय की अतिरिक्त चर्बी हटती है और पाचन क्रिया में सुधार होता है।

(ii) इसमें भुजाओं और कंधों की मांसपेशियों का उचित व्यायाम होता है।

तृतीय मुद्रा-स्थिति तत्पश्चात नाक से श्वास को बाहर छोड़ते हुए अपने दोनों हाथों को धीरे-धीरे नीचे लाएं और दोनों पैरों के साथ मैं जमीन पर स्थापित करें जैसे पादहस्तारुन में करते हैं। यह क्रिया करते समय घुटने सीधे रखें और सिर को घुटनों से स्पर्श करने की कोशिश करें।

लाभ

(i) यह मुद्रा कब्ज को दूर करने में सहायक है।

(ii) यह रीढ़ को लचीला बनाती है।

(iii) यह रीढ़ के स्नायुओं के दबाव को सामान्य बनाती है।

(iv) यह मुद्रा रक्त संचार में तेजी लाती है।

(v) यह पेट और आमाशय के दोषों को रोकती है।

चतुर्थ मुद्रा स्थिति तत्पश्चात् अपने बाएं पैर को पीछे की ओर ले जाएं और छाती को तान दें और सिर को ऊपर और पीछे की ओर उठाकर रखें। इस स्थिति को करते समय श्वास को अंदर लें। दोनों हाथ और दायां पैर अपनी पूर्व जगह पर स्थिर रहेंगे।

लाभ

(i) यह मुद्रा पैरों की मांसपेशियों को शक्तिशाली बनाती है।

(ii) यह मुद्रा आमाशय के अंगों की मालिश कर उसकी कार्य प्रणाली को सुधारती है।

पंचम मुद्रा-स्थिति तत्पश्चात् अपने दाएं पैर को पीछे ले जाएं और पूरे शरीर के वजन को दोनों हाथों और पंजों पर उठाकर गर्दन और सिर पीछे खींचते हुए डंड लगाएं। इस क्रिया में श्वास को नाक से बाहर निकालें।

लाभ

(i) इस मुद्रा से रक्त को संचारित करने में सहायता मिलती है।

(ii) यह मुख्य रूप से भुजाओं और पैरों के स्नायुओं और मांसपेशियों को शक्ति प्रदान करती है।

(iii) यह रीढ़ के स्नायुओं के दबाव को सामान्य बनाती है।

षष्ठम् मुद्रा-स्थिति तत्पश्चात् श्वास को अंदर लेते हुए माथा, छाती, हाथ, घुटने और पंजे ये शरीर के पांच अंग जमीन को छुएं। अपनी क्षमतानुसार श्वास को रोके रखें और इस स्थिति को बनाए रखें।

लाभ

(i) यह मुद्रा सीने को विकसित करती है।

(ii) पैरों व भुजाओं की मांसपेशियों को शक्ति प्रदान करती है।

सप्तम् मुद्रा-स्थिति इस स्थिति में पुनः श्वास को नाक के द्वारा बाहर निकालते हुए डंड लगाना है अर्थात् स्थिति मुद्रा को दोहराना है। यह स्थिति अपनी क्षमतानुसार बनाए रखनी है।

लाभ

(i) इस मुद्रा से आभाशय पर दबाव पड़ता है।

(ii) इससे उदर विकारों से मुक्ति मिलती है।

(iii) यह रीढ़ के प्रमुख स्नायुओं को नई शक्ति प्रदान करती है।

(iv) इससे शरीर सौष्ठव बनता है।

अष्टम् मुद्रा-स्थिति तत्पश्चात् श्वास के अंदर भरते हुए अपनी कमर और कूल्हों को जहाँ तक हो उसके ऊपर उठाएं और एड़ियों को जमीन पर लगा दें। इस स्थिति में घुटने नहीं मुड़ने चाहिए। गर्दन को दोनों हाथों के मध्य रखें।

लाभ

(i) यह रक्त को संचारित करने में मददगार है।

(ii) यह स्नायुओं और मांसपेशियों में शक्ति प्रदान करती है।

नवम् मुद्रा-स्थिति तत्पश्चात् कमर को नीचे लाते हुए श्वास को छोड़ें। अपनी चतुर्थ स्थिति को दोहराएं।

लाभ

(i) यह पैरों की मांसपेशियों को ताकतवर बनाती है।
(ii) यह आमाशय के अंगों की मालिश कर उनकी कार्य प्रणाली को सुधारती है।

दशम् मुद्रा-स्थिति तत्पश्चात् ऊपर खड़े हुए श्वास भरें। श्वास को छोड़ते हुए तृतीय मुद्रा स्थिति को पुनः दोहराएं।

लाभ

(i) इससे रक्त संचार में तेजी आती है।
(ii) यह रीढ़ को लचीला बनाती है।
(iii) इस मुद्रा से पेट और आमाशय के दोष दूर हो जाते हैं।

एकादश मुद्रा-स्थिति तत्पश्चात् ऊपर उठते हुए श्वास को भरते हुए द्वितीय स्थिति मुद्रा को दोहराएं।

लाभ

(i) इसमें उचित ढंग से भुजाओं और कंधों की मांसपेशियों का व्यायाम होता है।

(ii) यह पेट की चर्बी को हटाती है और पाचन को सुधारती है।

द्वादश मुद्रा-स्थिति इसके पश्चात् श्वास को नाक के द्वारा बाहर छोड़ते हुए सूर्य नमस्कार की अंतिम स्थिति अर्थात् द्वादश स्थिति बनाएं जो कि प्रथम मुद्रा स्थिति के समान है।

लाभ

(i) यह व्यायाम की तैयारी के लिए एकाग्र और शांत अवस्था लाती है।

सावधानी- गर्भवती महिलाओं को सूर्य नमस्कार गर्भधारण करने के तीन मास के बाद नहीं करना चाहिए।

7

षट्कर्म

षट्कर्म दो शब्दों के मेल से बना है षट्+कर्म अर्थात् छः कर्मों का समूह। शरीर के आंतरिक अंगों की शुद्धि के लिए योग में अलग-अलग शुद्धि क्रियाओं का प्रयोग किया जाता है, उनमें से छः क्रियाएं विशेष महत्त्व रखती हैं। इन छः क्रियाओं के समूह को षट्कर्म कहा जाता है। ये छः क्रियाएं निम्न हैं

1. कुंजील (गजकरणी/वमनधोती)
2. नेति
3. धौती
4. नौत्ति क्रिया
5. त्रेटक
6. शंखप्रक्षालन या बारीसार

इसके अलावा कुछ अन्य क्रियाएं भी हैं; जैसे कपाल भांति, वस्ति, बाधी इत्यादि। परन्तु यहाँ पर हम सिर्फ छः क्रियाओं का वर्णन कर रहे हैं

1. कुंजन क्रिया

कुंजन क्रिया को गजकरण के नाम से भी जानते हैं। गज का अर्थ होता है हाथी और हाथी अपनी सूंड से पानी भरकर अपने शरीर की सफाई करता है। उसी प्रकार योग में इस क्रिया के द्वारा मनुष्य ज्यादा-से-ज्यादा पानी पीकर अपने पेट की सफाई कर सकता है। इसलिए इस क्रिया को कुंजन क्रिया कहते हैं।

साधन साफ कपड़े द्वारा छाना हुआ गर्म पानी जिसे आसानी से ग्रहण किया जा सके और एक गिलास और एक बालटी।

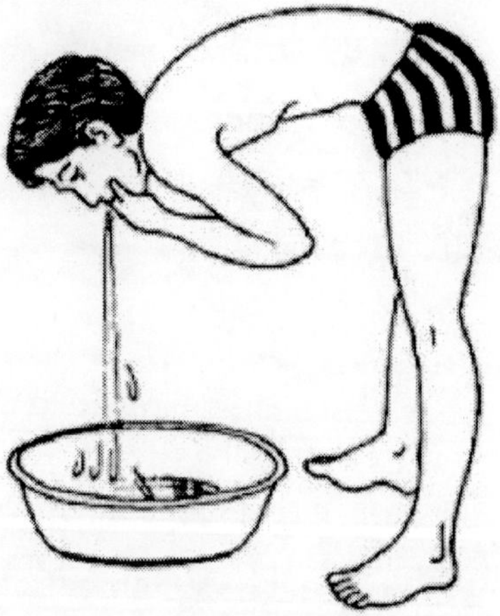

विधि सबसे पहले कागासन में बैठकर गिलास से पानी पीना आरंभ करें। जब पेट पूरी तरह भर जाए या उलटी की इच्छा होने लगे तब खड़े होकर दोनों पैरों को आपस में मिला लें। नाभि पर 90० का कोण बनाते हुए आगे की तरफ झुक जाएं। अपने बाएं हाथ को पेट पर रखें। दाएं हाथ की तीन उंगलियों को मिलाएं और मुंह के अंदर उपजिह्वा तक ले जाएं। धीरे-धीरे इन तीनों उंगलियों को ध्यान से उपजिह्वा पर घुमाएं। जैसे ही पानी बाहर आने लगे तभी उंगलियों को एकदम से बाहर निकाल लें और पानी को अच्छी तरह से बाहर निकलने दें। फिर बार-बार इन्ही तीन उंगलियों से उपजिह्वा को स्पर्श करें जब तक कि उल्टी आने पर भी पेट में से पानी बाहर न निकले। अंत में खट्टा पानी निकलेगा। फिर एक गिलास गर्म मानी पीकर उसे बाहर निकाले दें।

सावधानियां

(i) कुंजल क्रिया शौच आदि से निवृत्त होकर करनी चाहिए।

(ii) इस क्रिया को करते समय सामने कोई टब या बालटी रख लेनी चाहिए।

(iii) इस क्रिया को करते समय पानी न तो ज्यादा गर्म हो न ही अधिक ठंडा होना चाहिए।

(iv) यह क्रिया प्रारंभ में किसी योग विशेषज्ञ की उपस्थिति में करनी चाहिए।

लाभ कुंजल क्रिया के नियमित अभ्यास से मुंह पर होने वाले फोड़े-फुंसियां, दांतों के रोग, पेट के रोग, जिह्वा और नेत्र रोग, रक्त विकार, कब्ज, वक्ष स्थल रोग, कफ प्रकोप, पित्तप्रकोप, दमा, खांसी आदि दूर हो जाते हैं।

2. नेति क्रिया

यह क्रिया नाक से संबंधित है। इसलिए इसे नेति क्रिया कहते हैं। नेति क्रिया को भी कई भागों में विभक्त किया गया है। जैसे जलनेति, सूत्रनेति, रबड़नेति, धृतनेति, दुग्धनेति इत्यादि।

(अ) जलनेति

साधन एक टोंटीदार लोटा जिससे अंग्रेजी में नेपिपॉट कहते हैं और पानी उबलने के पश्चात् कोसा (गुनगुना) होना चाहिए। एक छोटा टब, एक तौलिया और नमक होना चाहिए।

विधि सबसे पहले नेति पॉट को अच्छी तरह से साफ कर लें। उसके पश्चात् गुनगुना पानी लेकर उसमें थोड़ा नमक डाल दें। नमक की

मात्रा सिर्फ इतनी होनी चाहिए जैसे आंख के आंसू का चरपरायन होता है। नेति पॉट में नमक वाला गुना पानी इतनी मात्रा में लें जो कि लोटा थोड़ा खाली रह जाए। अब कागासन में बैठ जाएं और जिस नासिका द्वार से श्वास अच्छी तरह से चल रहा हो उस नासिका द्वार में गरम नमक मिले जल वाले लोटे के अग्र भाग को डालें। अब दूसरी ओर अपने सिर को थोड़ा-सा झुकाएं। ऐसा करते ही नाक के दूसरे छिद्र से पानी गिरना शुरू हो जाएगा। इस समय अपने मुंह को खोलकर रखना है और श्वास को मुंह से लेते और छोड़ते रहें। इस तरह से नाक के दोनों छिद्रों से बारी-बारी एक लोटा गुनगुना नमकीन पानी निकालें। अब खड़े हो जाएं। नाभि पर 90° का कोण बनाते हुए आगे झुकें। ठुड्डी को कण्ठकूप से लगाएं। सिर को दाएं-बाएं और ऊपर-नीचे घुमाएं, ऐसा करते समय भस्तिका प्राणायाम करें ताकि नाक के छिद्रों में बचा हुआ पानी आसानी से बाहर निकल जाए, झुकते हुए दोनों हाथ कमर पर रहने चाहिए।

सावधानियां

(i) पानी अधिक गुनगुना नहीं होना चाहिए।

(ii) जलनेति के लोटे को भली-भांति साफ कर लेना चाहिए।

(iii) यह क्रिया योग विशेषज्ञ की देखरेख में सीखना चाहिए।

(iv) जलनेति करने के पश्चात् भस्त्रिका प्राणायाम जरूर करना चाहिए।

लाभ

(i) इससे आंखों की ज्योति बढ़ती है।

(ii) इससे नाक की सफाई होती है।

(iii) इसके करने से बुद्धि तीव्र होती है और विस्मृति का दोष दूर होता है।

(iv) सिर दर्द और अनिद्रा में काफी लाभ होता है।

(v) मस्तिष्क और नाक संबंधी सभी विकार दूर होते हैं।

(ब) सूत्रनेति

साधन सूत्रनेति, गुनगुना पानी, एक टब और एक छोटा तौलिया।

विधि क सूत्रनेति को नमक वाले गुनगुने पानी में अच्छी तरह भिगो दें। मोम लगे हुए भाग को आगे से अर्ध चक्राकार बनाएं। कागासन में बैठकर मेरुदंड को सीधा रखते हुए अपने दोनों हाथों से धीरे-धीरे नाक के छिद्र में डालें। लंबा श्वास लें और धीरे-धीरे सूत्रनेति को नासिका द्वार में धकेलते रहें और कंठ में नेति आ जाने पर अंगूठे के साथ वाली तर्जनी और

मध्यमा दोनों उंगलियों को कंठ के अंदर ले जाएं। नीति के मोम वाले हिस्सा को आगे से पकड़ें। इसे धीरे-धीरे मुंह से बाहर निकालें। नेति के दोनों सिरों को दोनों हाथों से अलग-अलग पकड़ें। अब सूत्रनेति को चार-पांच बार आगे-पीछे खींचें और मुखद्वार से बाहर निकालें। इस प्रकार दूसरे नासिका द्वार से भी यही क्रिया पुनः दोहराएं।

सावधानियां

(i) यह क्रिया प्रारंभ में किसी योग अध्यापक की देखरेख में करनी चाहिए।

(ii) सूत्रनेति की गुणवत्ता काफी उत्तम होनी चाहिए। यह कच्चे सूत का बटा हुआ और मुलायम होना चाहिए।

(iii) इस क्रिया को पूरा करने के थोड़ी देर पश्चात् गाय के शुद्ध घी की पांच-पांच बूंद नासिका के दोनों छिद्रों में डालें। घी ज्यादा गुनगुना नहीं होना चाहिए।

लाभ

(i) इसके करने से स्मरण शक्ति तीव्र होती है।

(ii) इसके करने से पुराने से पुराना सिर दर्द दूर हो जाता है।

(iii) सिर के बालों का गिरना भी बंद हो जाता है।

(iv) इसके अभ्यास से नींद कम आना या न आना आदि रोग दूर होता है।

(v) यह क्रिया हर आयु के व्यक्ति आसानी से कर सकते हैं और स्वस्थ्य रह सकते हैं।

(vi) इसके नियमित अभ्यास से नेत्र ज्योति बढ़ती है।

(vii) इसके अभ्यास से कफ वाली नाड़ियों का सारा कफ और नासिका छिद्रों में इकट्ठा हुआ मल बाहल निकल जाता है।

(स) रबड़नेति

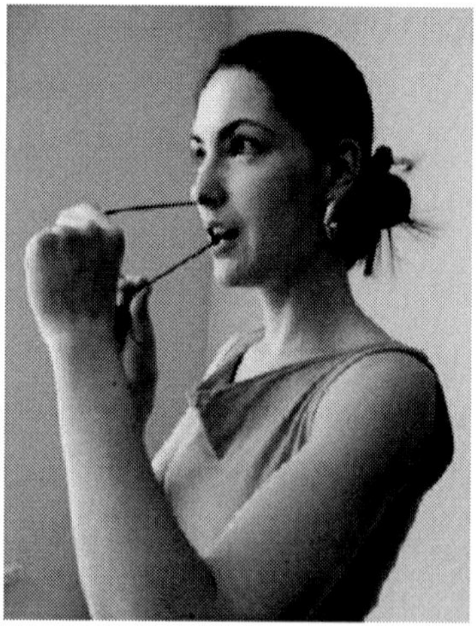

साधन रबड़नेति या रबड़ कैथेडर, गुनगुना पानी, एक तट और एक छोटा तौलिया।

विधि रबड़नेति क्रिया की विधि और सूत्रनेति की विधि एक समान है। इसमें सूत्रनेति के स्थान पर रबड़नेति अर्थात् कैथेडर का इस्तेमाल किया जाता है। प्रारंभ में सीखने के उद्देश्य से यह क्रिया बहुत फायदेमंद है, क्योंकि एकदम से सूत्रनेति सीखना कठिन काम है।

सावधानियां

(i) प्रयोग में लाने से पहले रबड़ कैथेडर को गुनगुने पानी में धो लेना चाहिए।

(ii) हमें रबड़नेति सीखते समय रबड़ कैथेडर का चुनाव आयु के अनुसार करना चाहिए।

लाभ

रबड़नेति और सूत्रनेति के लाभ एक समान है, परन्तु इसमें कोई संदेह नहीं कि सूत्रनेति, रबड़नेति से अधिक सफाई करती है। यह अधिक लाभकारी है।

(द) धृतनेति

साधन नेतिपॉट या टोंटीदार लोटा, गाय का शुद्ध, घी, गुनगुने

पानी, एक छोटा तौलिया। पानी और घी को गरम करने का उपकरण इत्यादि।

विधि कागासन की मुद्रा में बैठ जाएं। बैठने के पश्चात् नेतिपॉट में पानी के स्थान पर थोड़ा गाय का गर्म शुद्ध घी डालें। मुंह को सीधा रखें। नाक के उसी नासिकाद्वार में जिसका स्वर चल रहा हो, नेतिपॉट का टोंटीनुमा हिस्सा अच्छी तरह से डालें और सिर को थोड़ा ऊपर की तरफ उठाएं। ऐसा करने से घी मुंह में जाने लगेगा। उसे धीरे-धीरे पीते जाएं। इसमें गर्दन को जलनेति के ठीक उलटा झुकाएं। क्षमतानुसार जितना घी आप पचा सकें, बारी-बारी नाक के दोनों नासिका द्वारों से उतना घी पी लें।

सावधानियां

यह क्रिया किसी योग विशेषज्ञ के देखरेख में करना चाहिए।

लाभ

इस नेति के लाभ विशेष प्रकार के होते हैं और विशेष रोगी को यह क्रिया करने की सलाह दी जाती है।

(य) दुग्धनेति

साधन नेतिपॉट या टोंटीदार लोटा, गाय का शुद्ध, घी, गुनगुने पानी और छोटा तौलिया।

विधि इस क्रिया की विधि और धृतनेति की विधि एक समान है। इसमें घी की जगह पर दुग्ध का इस्तेमाल किया जाता है।

इस क्रिया की सावधानियां और लाभ धृतनेति के जैसे ही है।

3. धौतिक्रिया

यह क्रिया मुख्य रूप से आंतों की सफाई के लिए की जाती है। धौति क्रिया तीन प्रकार की होती हैं (क) जल धौति, (ब) वस्त्र धौति, (स) दण्ड धौति।

(अ) जल धौति

जल धौति को बमन धौति या कुंजल क्रिया या गजकरणी भी कहते हैं। कुंजल क्रिया पहले ही बताए जा चुके हैं।

(ब) वस्त्र धौति

साधन- गुनगुने पानी, एक टब, एक छोटा तौलिया, एक जग, एक नेतिपॉट लोटा और चार अंगूल चौड़ी और पन्द्रह बित्ते लम्बी यानी 7 मीटर सुती वस्त्र की धौति।

विधि- गुनगुने पानी में वस्त्र धौति को अच्छी प्रकार से साफ कर लें। कागासन में बैठ जाएं। अब धीरे-धीरे गीली वस्त्र धौति का एक सिरा मुंह में डालकर निगलना शुरू करें। यदि वस्त्र धौति गले में चिपकने लगे तो थोड़ा-सा पानी पी लें।

जब करीब एक फुट धौति रह जाए तब धीरे-धीरे धौति को बिना झटकों से बाहर खिंचना शुरू करें। परन्तु ध्यान रहे यह सारी प्रक्रिया दस मिनट में ही पूरी हो जानी चाहिए। अन्यथा पाचन तंत्र सक्रिय हो जाता है। शुरू में दस मिनट में जितनी धौति निगल सकते हैं और वापस निकाल सकते हैं उतना ही प्रयास करें। धीरे-धीरे इस अभ्यास को आगे बढ़ाएं।

सावधानियां

(i) धौति को इस्तेमाल में लाने के पश्चात् साबुन से धो लेना चाहिए।

(ii) वस्त्र धौति को दस मिनट से अधिक पेट में नहीं रखना चाहिए।

(iii) वस्त्र धौति को गुनगुने पानी में अच्छी तरह साफ कर लेना चाहिए।

(iv) यह क्रिया किसी योग विशेषज्ञ की देख-रेख में करनी चाहिए।

लाभ

(i) यह क्रिया कब्ज की बीमारी से छुटकारा पाने में फायदेमंद है।

(ii) वस्त्र धौति करने से पेट की अच्छी तरह से सफाई हो जाती है।

(iii) इस क्रिया के करने से पेट में एसीडिटी नहीं बनती है।

(iv) इसके नियमित अभ्यास से पेट में गैस नहीं बनती है।

(स) दण्ड धौति

साधन गुनगुने पानी, एक जग, एक टब, एक छोटा तौलिया, एक दंड धौति या रबड़ की एक ट्यूब जो लगभग एक मीटर लंबी हो और 1 सेमी. जिसका व्यास हो, एक गिलास।

विधि कुंजल क्रिया की तरह ही कागासन में बैठकर गुनगुना पानी पीना शुरू करें। पानी तब तक पीते रहें जब तक कि उलटी की अनुभूति होने लगे। इसके पश्चात् दंड धौति का एक सिरा मुंह में रखते हुए धौति को धीरे-धीरे पेट तक पहुंचाना है। जैसे ही दंड धौति पेट तक पहुंच जाती है तो तुरंत खड़े हो जाएं और धीरे-धीरे आगे झुक जाएं। अब सात्रफन सिद्धांत के नियमानुसार पानी अपने आप ही दंड धौति के रास्ते बाहर निकलना शुरू हो जाएगा। यदि पेट का सारा पानी लगातार बाहर नहीं निकलता है तो दण्ड धौति को थोड़ा अन्दर-बाहर करें और पेट को भी अंदर-बाहर करें। फिर दण्ड धौति को बड़ी सहजता से बाहर निकाल दें।

सावधानियां

(i) यह क्रिया प्रातः काल पाँव फटने से पहले और शौचादि से निवृत्त होकर खाली पेट करनी चाहिए।

(ii) दण्ड धौति के दोनों किनारे तेजधार वाले नहीं होने चाहिए और धौति नरम रबड़ की बनी होनी चाहिए।

(iii) दण्ड धौति का इस्तेमाल करने से पहले इसे गर्म पानी से अच्छी तरह से धो लेना चाहिए।

लाभ

इस क्रिया के लाभ और कुंजल क्रिया के लाभ एक समान है, लेकिन जो व्यक्ति कुंजल करने में कठिनाई अनुभव करते हैं वे दंड धौति आसानी से कर सकते हैं।

4. नौलि क्रिया

यह क्रिया नल को ताकतवर बनाने की क्रिया है। इस क्रिया को चार भागों में विभक्त किया गया है। (अ) मध्यम नौलि, (ब) दक्षिण नौलि, (स) वाम नौलि और (द) नौलि चालन। नौलि क्रिया को करने से पूर्व उड्डियान बंध लगाना आवश्यक है, इसलिए पहले इसके बारे में जानें।

उड्डियान बंध स्थिति दोनों पांवों के बीच में एक फुट की दूरी रखें। अपने दोनों हाथों को घुटनों पर रखें। थोड़ा झुककर खड़े हों। अब श्वास को बाहर निकालें और पेट के अंदर खींचकर रीबस से चिपकाएं।

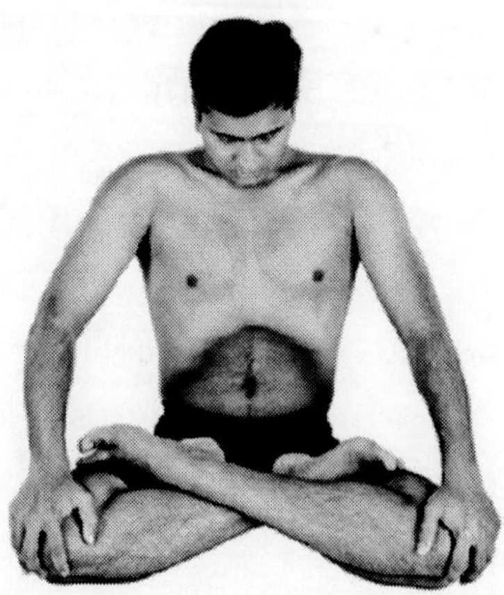

विधि नल मांसपेशियों को जोरदार तरीके से संकुचित करें,

पूरे श्वास को बाहर निकाल दें। छाती को भी संकुचित करें। दोनों हाथों से दोनों जंघाओं को दबाते हुए कंधे और गर्दन की मांसपेशियों में जकड़ना पैदा करें। अब पसलियों को ऊपर की ओर उठाएं। जोर से नकली श्वास लें और ध्यान रखें कि फेफड़ों में जरा भी श्वास नहीं भरा हो। नल मांसपेशियों को ढीला छोड़ दें। इस तरह से खुद ही डायाफ्राम ऊपर की ओर उठेगा और नल गड्ढ़ानुमा बन जाएगा। यह उड्डियान बंध क्रिया कहलाता है।

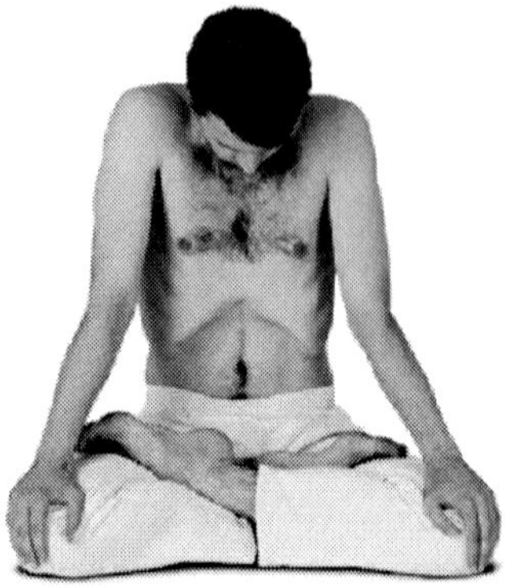

(अ) मध्यम नौलि उड्डियान अवस्था को बनाए रखते हुए नल मांसपेशी के मध्यम में वस्तिप्रदेश हड्डी के ठीक ऊपर धक्का दें। यह धक्का इन नल पांसपेशियों में खिंचाव पैदा करेगा और नल मांसपेशी का मध्य हिस्सा बाहर की ओर दिखाई देने लगेगा जबकि दोनों किनारों की मांसपेशियां आराम की स्थिति में रहेंगी। इस क्रिया को मध्यम नौलि कहते हैं।

(ब) दक्षिण नौलि इसका अर्थ है दाईं नल मांसपेशी को बाहर की ओर दिखाना अर्थात इस क्रिया में अभ्यासकर्त्ता को सिर्फ अपनी दाईं (Rectus) को ही संकुचित करना है। अन्य मांसपेशियों की ढीला छोड़ दें जिससे बाईं (Rectus) भी सम्मिलित है। शेष सारी प्रक्रिया मध्यम नौलि की तरह ही रहेगी।

(स) वाम नौलि यह क्रिया भी ठीक दक्षिण नौलि की तरह होती है, लेकिन इस क्रिया में दाईं नल मांसपेशी के स्थान पर वाम अर्थात् बाईं नल मांसपेशी को दिखाना होता है।

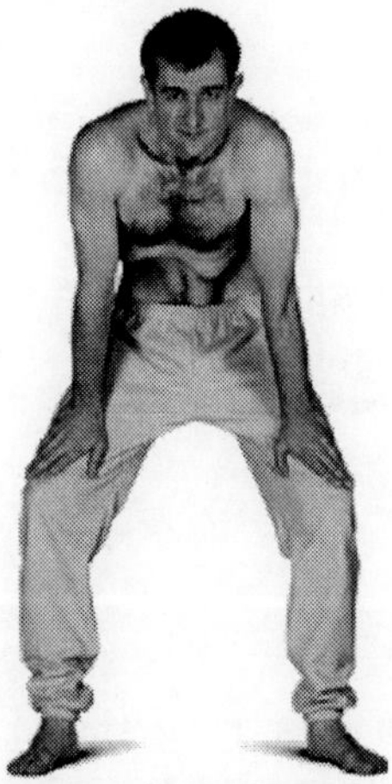

(द) नौलि चालन जब कोई मनुष्य इन तीनों प्रकार की नौलि क्रियाओं में दक्षता प्राप्त कर लेता है, तब उसे नौलि चालन का अभ्यास जरूर करना चाहिए। नौलि चालन का अर्थ होता है मांसपेशियों को एक बार घड़ी की सीधी दिशा में और एक घड़ी की विपरित दिशा में घुमाना।

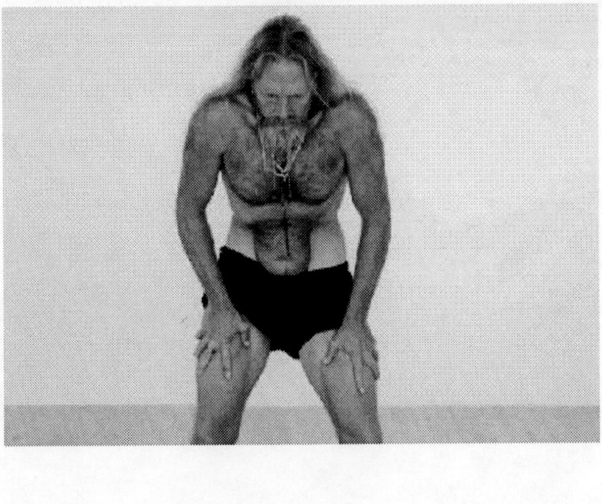

नौलि क्रिया सीखते समय पहली बार नल न निकालने पर अभ्यासकर्त्ता को निराशा नहीं होना चाहिए। 15 से 20 मिनट लगातार दो सप्ताह तक दैनिक अभ्यास करने से यह नल निकलना शुरू हो जाएगा।

सावधानियां

(i) नौलि क्रिया योग विशेषज्ञ की देख-रेख में सीखनी चाहिए।

(ii) नौलि क्रिया हमेशा खाली पेट करनी चाहिए।

(iii) नौलि क्रिया सीखने से पूर्व उड्डियान बंध जरूर सीखना चाहिए।

5. त्राटक

त्राटक को शुद्धिकरण प्रक्रिया या षट्कर्म कार अभिन्न अंग कहा गया है, क्योंकि इससे आँखों की सफाई होती है। यद्यपि त्राटक ध्यान की विधियों में भी सम्मिलित किया जाता है।

साधन त्राटक करने के लिए अलग-अलग लोग लक्ष्य के रूप में अलग-अलग प्रकार के उपकरण इस्तेमाल में लेते हैं। जैसे कुछ व्यक्ति जलनी हुई मोमबत्ती का इस्तेमाल करते हैं, तो कुछ लोग दीवार पर या चार्ट पर किसी बिन्दु को स्थापित करते हैं या बनाते हैं। इसके अलावा कुछ लोग बिजली के उपकरणों का इस्तेमाल भी करते हैं। हमें अपनी सुविधानुसार और प्रदूषण रहित उपकरण का इस्तेमाल करना चाहिए।

विधि किसी भी ध्यानात्मक आसन पर बैठ जाएं। जैसे वज्रासन, पद्मासन या सुखासन में। कमर को बिलकुल सीधा रखें। एक मीटर की दूरी पर अपनी आंखों की ऊंचाई के समानांतर एक लक्ष्य स्थापित करें। उदाहरण के तौर पर लक्ष्य के रूप में एक गोल घेरा बनाकर उसमें हरा

रंग भरें। यह लक्ष्य 'ऊं' की आकृति का भी हो सकता है। अब बिना पलकों को झपकाएं टकटकी लगाकर इस गोले घेरे में देखते रहें। धीरे-धीरे इसका अभ्यास बढ़ाएं और आंखों से पानी गिरने लगेगा। हमें इस क्रिया से खिन्न नहीं होना है। लगातार अभ्यास करने से लक्ष्य को छोटा किया जा सकता है। धीरे-धीरे इस अभ्यास को बढ़ाएं। प्रारंभ में दस सेकेंड का अभ्यास करें और फिर हर सप्ताह अभ्यास में दस सेकेंड की वृद्धि करें।

सावधानियां

(i) हमें खुले मैदान या हवादार कमरे में इसका अभ्यास करना चाहिए।

(ii) शरीर को बहुत ज्यादा अकड़ाकर नहीं रखना चाहिए।

(iii) आँखों को शिथिल रखना चाहिए अन्यथा आंखों की मांसपेशियों पर अधिक खींचाव सिर में दर्द उत्पन्न कर सकता है।

लाभ

(i) इसके अभ्यास से आंखों के रोग खत्म हो जाते हैं।

(ii) इससे ध्यान लगाने की क्षमता बढ़ जाती है।

(iii) यह क्रिया आंसुओं की ग्रंथियों को उत्तेजित करती है।

(iv) यह इच्छा शक्ति को बढ़ाती है।

6. शैखप्रक्षालन (वारीसार)

यह क्रिया आंतों की पूर्ण सफाई के लिए आवश्यक है। जिस तरह शंख में पानी ऊपर से डालने पर नीचे से निकलता है और शंख के भीतर वाले हिस्सा की सफाई हो जाती है ठीक उसी तरह इस क्रिया में मुंह के

द्वारा पानी पीना होता है और गुदा के रास्ते पानी बाहर निकलता है। इसलिए इस क्रिया को शेख प्रक्षालन के नाम से जाना जाता है।

साधन गुनगुना नमकीन पानी, एक जग, एक गिलास, एक तौलिया और एक चटाई एवं शौच के लिए गुसलखाना।

विधि

सबसे पहले कागासन में बैठकर धीरे-धीरे लगभग आधा लीटर नमकीन गुनगुना पानी पी लें। इसके पश्चात् निम्न व्यायामों का तेजी से अभ्यास करें

(i) हाथों को ऊपर सीधे खींचते हुए एड़ियों को ऊपर उठाकर पंजों के बल चलते हुए लगभग 20 मीटर तक चलें।

(ii) कमर को तीन-तीन बार दोनों तरफ घुमाएं।

(iii) तीन बार भुजंगासन करें।

(iv) सूर्य नमस्कार की सातवीं अवस्था में शरीर को तीन-तीन बार Alternately दाएं और बाएं घुमाएं।

(v) तीन बार अर्धमत्सयेन्द्रासन का अभ्यास करें।

(vi) एक बार पवनमुक्तासन करें।

(vii) इसके पश्चात् शीघ्र ही उदराकर्षासिन करें जो निम्न प्रकार से हैं-

(अ) दोनों पैरों को खोलते हुए एड़ियों पर बैठ जाएं। जैसे शौच निवृत्त के समय बैठते हैं।

(ब) दाहिनी पगथली के साथ दाई टाँग को कब्जे के रूप में इस तरह घुमाएं जिससे कि बाएं पैर के बाईं ओर दायां घुटना जमीन को स्पर्श करे। इसमें पूरे शरीर को Turist करें, विशेषकर पेट की मांसपेशियों को।

(स) पुनः आरंभिक स्थिति में आ जाएं।

(द) फिर इस प्रक्रिया को बनाएं पैर से करें और दोबारा पूर्वत स्थिति में आ जाएं इस 'ब' और बाली प्रक्रिया को तीन-तीन बार दोहराएं यदि शौच निवृत्त की इच्छा होती है तो तुरंत शौच के लिए जाएँ और शौच निवृत्त करें।

(य) अब आधा लीटर पानी दोबारा पीएं और पुनः इस व्यायाम प्रक्रिया को करें जब तक शौच की इच्छा नहीं होती। कभी-कभी इस व्यायाम प्रक्रिया का चार बार अभ्यास करने पर भी शौच निवृत्त होने का दबाव नहीं बनता, उस स्थिति में सबसे पहले चक्रासन और फिर मयूरासन करें। इनका दो बार अभ्यास करें। ऐसा करने से मल-त्याग करने में आसानी होगी।

(र) मल-त्याग करने के पश्चात् पुनः पहले जितना पानी पी लें और उसी तरह व्यायाम प्रक्रिया को दोहराएं।

(ल) अब फिर से मल त्याग करें। इस बार मल पहले से कुछ पतला व पीले रंग के पानी के साथ बाहर आएगा।

(ब) जब सारी प्रक्रिया तब तक दोहराते रहें जब तक कि मल-द्वार से साफ पानी बाहर न निकले।

(श) उसके पश्चात् करीब एक घंटे तक श्वासन में आराम करें। कई बार शवासन के दौरान भी थोड़ा बहुत पानी पेट से मल द्वार के रास्ते बाहर आ सकता है। इसमें चिंता की कोई बात नहीं है।

(ब) अब बिना मसाले वाली खिचड़ी का भोजन करें। इस खिचड़ी में चार से छः चम्मच शुद्ध देसी घी मिला लें। अगले 12 घंटे तक कोई भी मसालेदार और देर से पचने वाले भोजन का सेवन न करें।

(स) अगले दिन पूरा आराम करें, क्योंकि इन सारी क्रिया से शरीर पूरा थक जाता है। यह क्रिया अच्छी तरह सीखने के पश्चात् एक वर्ष में एक या दो बार ही करनी चाहिए।

सावधानियां

(i) इस क्रिया के करने से पहले दिन भी बहुत हलका और रेशेदार भोजन करना चाहिए।

(ii) इस क्रिया के आरंभ के लिए व्यायाम करने का स्थान और गुसलखाना पास-पास होना चाहिए।

(iii) इस क्रिया के पश्चात कम-से-कम 24 घंटे तक मसालेदार भोजन नहीं करना चाहिए।

लाभ

(i) इस क्रिया के अभ्यास से मधुमेह के रोगी को काफी लाभ मिलता है।

(ii) इस क्रिया से शरीर की सभी आंतड़ियों की पूर्ण सफाई हो जाती है।

(iii) सिरदर्द से छुटकारा मिलता है और पेट संबंधी बीमारियों से छूटकारा मिलता है और स्त्रियों का मासिक धर्म भी सही होता है।

(iv) इसके उचित अभ्यास से बड़ी आंत की पुरानी-से-पुरानी बीमारी ठीक हो जाती है।

(v) इसके अभ्यास से आंतों की ग्रंथियां उत्तेजित हो जाती हैं।

8

लेटकर करने वाले आसन

लेटकर करने वाले आसन निम्नलिखित हैं, जो नीचे दिए जा रहे हैं

1. हलासन

इस आसन को करते हुए शरीर की अवस्था 'हल' के जैसी प्रतीत होती है। इसलिए इसे हलासन कहते हैं।

विधि सबसे पहले जमीन पर बैठ जाएं और दोनों पैरों को आगे की ओर लंबा करें। इसके बाद पीठ के बल लेट जाएं। दोनों पैरों को एक-दूसरे से चिपका कर रखें। अपने हाथों को शरीर से अलग जमीन

पर रखें। अब पैरों को धीरे-धीरे ऊपर की ओर उठाएं और सर्वांगासन की अवस्था में आएं। दोनों पैरों को सिर के ऊपर से पीछे की ओर लाएं और पैरों को पूरा तानकर रखें। तलुओं का ऊपरी हिस्सा पीछे जमीन से लगा हुआ होना चाहिए और दोनों पैर बिलकुल सीधे तने हुए होने चाहिए। हाथों को यथास्थिति रहने दें। हाथों को सीधे और तने हुए जमीन पर ही रहने दें। अब यह स्थिति ही हलासन पूर्ण स्थिति है। इस अवस्था में 6 से 8 सेकेंड तक रहें।

आसन का समय इस आसन को शुरू में 4 से 6 सेकेंड के लिए करना चाहिए और अभ्यास करते हुए इस आसन को 2 मिनट तक करना चाहिए।

सावधानियां

(i) यह आसन एकदम से नहीं करना चाहिए।
(ii) पैरों को उठाते समय घटने नहीं मुड़ने चाहिए।
(iii) पैरों को पीछे ले जाते समय शरीर पर नियंत्रण रखना चाहिए।

लाभ

(i) इस आसन में मेरुदंड लचीला बनता है।
(ii) यह आसन मधुमेह को जड़ से खत्म करता है।
(iii) यह थायरापड ग्रंथि को प्रभावित करता है।
(iv) यह आसन शरीर में वसा को कम करने के लिए लाभदायक है।
(v) यह चेहरे को सुंदर बनाता है।
(vi) इस आसन से पैंक्रियाज को नया जीवन प्राप्त होता है।
(vii) इस आसन से पेट में गैस, कब्ज, अजीर्ण, तिल्ली यकृत की वृद्धि आदि रोग दूर होते हैं।

2. मत्स्यासन

इसका शाब्दिक अर्थ है 'मछल' इस आसन को करते समय व्यक्ति के शरीर का आकार एक मछली के समान हो जाता है। इसलिए यह आसन मत्स्यासन कहलाता है।

विधि सबसे पहले दोनों पैरों को लंबा फैलाकर बैठ जाएं और पद्मासन लगाएं। फिर कोहनी के सहारे पीठ के बल लेट जाएं। सिर को जितना हो उसके पीछे ले जाकर जमीन से लगाएं और ऊपर की ओर देखें। गर्दन जमीन से लगी होनी चाहिए। इस अवस्था के अंतर्गत सिर, गर्दन और कंधों के बीच कर्व बनता है। अब बाएं हाथ से दाहिने पैर का और दाएं हाथ से बाएं पैर का अंगूठा पकड़ें। पीठ को कमानीदार बनाएं और कंधों और कूल्हों को जमीन से लगाकर रखें और इस अवस्था में छाती ऊपर की तरफ तनी रहनी चाहिए। आसन छोड़ने के लिए ग्रीवा, कमर भूमि पर टिकाते हुए पैरों को भी सीधा करके शवासन की स्थिति में आ जाएं।

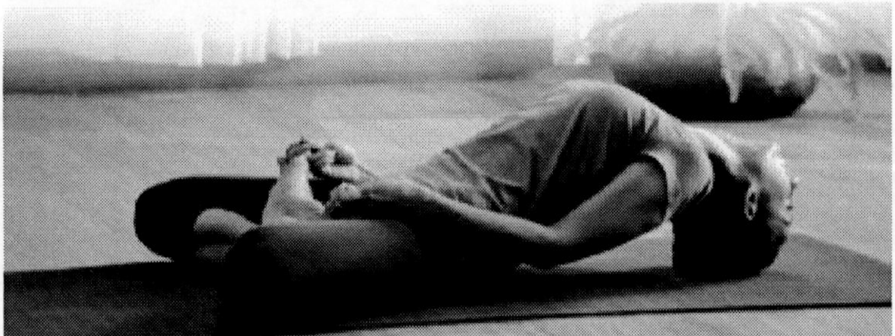

आसन का समय- यह आसन 10 से 15 सेकेंड के लिए करें। धीरे-धीरे इसे बढ़ाकर 2 मिनट तक करें।

सावधानियां

(i) यह आसन सर्वांगासन के पश्चात करना चाहिए।

(ii) उच्च रक्तचाप वाले व्यक्ति इसे न करें।

(iii) इस आसन को करते समय आप दोनों हाथों को सिर के नीचे भी रख सकते हैं।

(iv) गर्दन को झटका लगने से बचाना चाहिए।

(v) गर्दन पीछे ले जाते समय रीढ़ की हड्डी को कमान की तरह रखें।

लाभ

(i) यह आसन कब्ज की शिकायत में काफी लाभदायक है।

(ii) इस आसन से नाभि टलना दूर होता है।

(iii) इस आसन से अथायरायड ग्रंथि क्रियाशील होती है।

(iv) इससे श्वसन मार्ग भी खुल जाता है।

(v) यह आसन रीढ़ की हड्डी में लचीलापन लाता है और पीठ की मांसपेशियों को मजबूत बनाता है।

3. सर्वांगासन

यह आसन शरीर के सभी अंगों को फायदा पहुंचाता है। इसलिए इस आसन को सर्वांगासन कहा जाता है।

विधि- सबसे पहले दोनों पैरों को लंबा कर जमीन पर बैठ जाएं और फिर पीठ के बल सीधे लेट जाएं। दोनों हाथों और पैरों को शरीर से चिपकार और तानकर रखें। दोनों हाथों के पंजों को कमर के नीचे ले जाएं। धीरे-धीरे दोनों पैरों को ऊपर की दिशा में उठाएं व सीधा करें। इस स्थिति में कोहनियों को जमीन से लगाकर अपनी हथेलियों से कमर को सहारा दें। इस स्थिति में शरीर ऊपर होना चाहिए और शरीर का सारा भार

कोहनियों, कंधों, गर्दन और सिर पर होना चाहिए। पैरों की उंगली और अंगूठे ऊपर की ओर तने हुए रखें और दोनों हाथों की सहायता से शरीर को ऊपर की ओर स्थिर रखें। धीरे-धीरे कमर को जमीन पर टिकाते हुए 90° के कोण पर पैरों को ले जाएं। कुछ विश्राम करके 60° फिर 30° के कोण बनाते हुए पैरों को जमीन पर टिका दें और शवासन में कुछ समय विश्राम करें।

आसन का समय आरंभ में यह आसन 15 से लेकर 30 सेकेंड तक के बीच में करना चाहिए और इस आसन के समय को धीरे-धीरे बढ़ाकर आप आधे से एक मिनट तक करें। इसका अभ्यास सुबह और शाम में किया जा सकता है।

सावधानियां

(i) इस आसन को एक झटके से खत्म नहीं करना चाहिए।

(ii) जिसका कान या नाक बहते हैं, वे व्यक्ति इस आसन को न करें।

(iii) इस आसन को करने से पहले दरी को बिछाएं और अपने सिर और कोहनियां चटाई या दरी पर ही रखें।

लाभ

(i) यह आसन पाचन क्रिया को तीव्र करता है।

(ii) यह आसन हृदय रोगों में काफी लाभकारी है।

(iii) इस आसन से चेहरे की झुरियां दूर होती हैं और बुढ़ापा दूर होता है।

(iv) यह गुप्त रोगों को दूर करता है।

(v) कब्ज और पेट संबंधी रोगों में काफी फायदेमंद हैं।

(vi) थायरायड ग्रंथि की कार्य की शक्ति अधिक होती है।

(vii) इस आसन से खांसी, सिरदर्द और हृदय की धड़कन में काफी लाभ होता है।

4. शलभासन

संस्कृत भाषा में शलभ शब्द का अर्थ है 'टिड्डी' इस आसन के दौरान व्यक्ति की शारीरिक स्थिति शलभ को समान प्रतीत होती है। इसलिए यह आसन शलभासन कहलाता है।

विधि- सबसे पहले जमीन पर बैठ जाएं। इसके बाद धीरे-धीरे पेट के बल लेट जाएं और नाक से मंद-मंद श्वसन करें। अब सिर को थोड़ा ऊंचा उठाएं और ठुड्डी को जमीन से सटाकर रखें। दोनों हाथों को सीधा जमीन पर जांघों से सटाकर रखें। हाथों को सीधा और तना हुआ रखें। दोनों पैरों को एक-दूसरे से सटाकर रखें और पैर की उंगलियों को पीछे की ओर खींचकर रखें। सांस रोकें और दोनों पैरों को एक साथ 35° के कोण में जमीन से ऊपर उठाएं। आसन की स्थिति को 6-8 सेकेंड तक

बनाकर रखें। श्वास टूटने लगे तो धीरे-धीरे आसन को छोड़ें। कुछ समय तक श्वास प्रश्वास सामान्य होने पर पुनः श्वास भरकर दूसरा चक्र करें। इस प्रकार 3 से 7 चक्र तक अभ्यास करें।

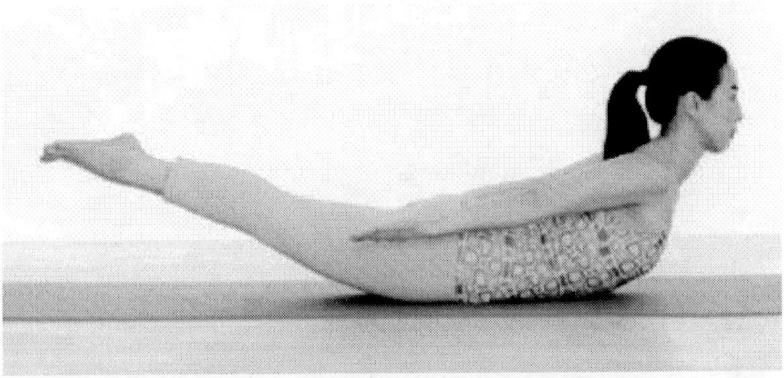

आसन की समय पहली बार इस आसन को सिर्फ 4-6 सेकेंड तक कीजिए। अभ्यास करते-करते धीरे-धीरे आसन के समय में वृद्धि कीजिए। इसका अभ्यास प्रतिदिन 3 से 4 बार कर सकते हैं।

सावधानियां

(i) आरंभ में पूर्ण शलभासन न करके अर्ध शलभासन ही करें।

(ii) इस आसन को उच्च रक्तचाप, दिल की बीमारी या दमे की बीमारी वाले व्यक्ति न करें।

लाभ

(i) यह फेफड़े के लिए काफी लाभदायक है।

(ii) आतों की कार्य क्षमता बढ़ाने हेतु यह आसन काफी उत्तम है।

(iii) कमर दर्द हेतु यह आसन लाभदायक है।

(iv) पाचन शक्ति में भी वृद्धि करता है।

(v) गुर्दे में अधिक मात्रा में रक्त संचार हेतु काफी लाभप्रद है।

5. चक्रासन

चक्र का तात्पर्य मुख्य रूप से पहिये से है। इस आसन में व्यक्ति का शरीर चक्राकार अवस्था में स्थिर रहता है। अत: यह आसन चक्रासन कहलाता है।

विधि- सबसे पहले अपने दोनों पैर लंबे फैलाकर जमीन पर बैठ जाएं और पीठ के बल लेट जाएं। इस अवस्था में शारीरिक स्थिति को श्वासन जैसे ही रखें। दोनों पैरों को घुटने से मोड़ें व कूल्हों के नजदीक जमीन पर लाएं। अब कोहनियों से दोनों हाथों को मोड़कर कंधों के पास कानों के नजदीक रखें। धीरे-धीरे लम्बा श्वास लें। श्वास लेकर उसे रोकें और शरीर को हाथ और पैरों के पंजों के सहारे ऊपर उठाएं। गर्दन को पीछे की तरफ खींचकर हाथों के पंजों को देखें। अपने हाथों और पैरों के पंजे पूर्ण रूप से जमीन से सटे हुए हों। इसी अवस्था में शरीर को स्थिर रखें। इस अवस्था में शरीर चक्र की तरह दिखाई देता है।

आसन का समय यह आसन प्रतिदिन 4 से 6 सेकेंड करना चाहिए। धीरे-धीरे समय बढ़ाकर 1 मिनट तक करना चाहिए। इस आसन का अधिकतम समय एक मिनट तक का ही है।

सावधानियां

(i) इस आसन को करने से पहले किसी प्रकार का अन्न का सेवन नहीं करें।

(ii) शरीर पर पूर्ण नियंत्रण रखें।

(iii) जिन्हें उच्च रक्तचाप, गर्दन दर्द हो वे इस आसन को नहीं करें।

लाभ

(i) इस आसन को करने से शरीर में स्फूर्ति आती है।

(ii) इससे कटि पीड़ा दूर होती है।

(iii) इसके अभ्यास से भुजदंड और पिंडली सुदृढ़ बनती है।

(iv) यह आसन पेट, पैर, रीढ़ की हड्डी और वस्ति प्रदेश और गर्भाशय, छाती आदि को लचीला बनाता है।

(v) यह आसन पेट की वसा को कम करने में सहायक है।

(vi) इस आसन को करने से पीठ की मांसपेशियां मजबूत बनती हैं।

6. पवनमुक्तासन

पवन का अर्थ है वायु और मुक्त का अर्थ है बाहर निकालने या 'छोड़ने' से है। इस आसन में दूषित वायु को आंतों में से बाहर निकाला जाता है इसलिए इस आसन को पवनमुक्तासन कहते हैं।

विधि– सबसे पहले जमीन पर दोनों पैर लंबे करके बैठने जाएं उसके पश्चात् पीठ के बल लेट जाएं। दोनों पैरों को सीधा रखें। बायां पैर घुटने से मोड़कर छाती के पास लाएं और फिर दाहिने पैर, को इसी तरह छाती के पास लाएं। फिर दोनों हाथों की उंगलियों को आपस में फंसाकर दोनों हाथों से घुटनों को पकड़ें और फिर घुटने को नीचे की ओर दबाकर छाती से लगाएं। इसके साथ अपनी गर्दन को भी ऊपर उठाएं और अपनी ठुड्डी को घुटनों से लगाने की कोशिश करें। अपने शरीर को इस अवस्था में 4 से 6 सेकेंड तक रखें।

आसन का समय इस आसन को प्रत्येक घुटनों में बारी-बारी से प्रतिदिन 8 से 10 बार करना चाहिए।

सावधानियां

(i) इस आसन को खड़े होकर भी एक पैर से कर सकते हैं।

(ii) पैर मोड़ते हुए पूरक, दबाते हुए कुम्भक और सीधे करते हुए रेचक का अभ्यास करना उचित है।

(iii) रुग्ण या दुर्बल व्यक्ति ग्रीवा को ऊपर न उठाकर जमीन पर सिर रखकर भी अभ्यास कर सकते हैं।

लाभ

(i) यह आसन गर्दन की मांसपेशियों को मजबूत बनाता है।

(ii) इससे हृदय विकार और फेफड़ों के रोगों में लाभ होता है।

(iii) इस आसन से आंतों की अतिरिक्त वायु बाहर निकलती है।

(iv) यह आसन पेट में बढ़ी हुई वसा (चर्बी) को कम करता है।

(v) इस आसन से कब्ज, अफारा, अमल पित्त इत्यादि की निवृत्ति होती है।

7. नौकासन

नौका का अर्थ है 'नाव'। इस आसन की पूर्ण अवस्था पर व्यक्ति का शरीर नाव की तरह प्रतीत होता है इसलिए इस आसन को नौकासन कहते हैं।

विधि- सबसे पहले जमीन पर पीठ के बल लेट जाएं। अब सांस को रोकें और एक साथ अपनी गर्दन, धड़, हाथ और पैर को जमीन से ऊपर उठाएं। दोनों हाथों और पैरों को सीधा तना हुआ रखें। पैर के पंजे आगे की ओर तने होने चाहिए और दोनों हाथ पैर की दिशा में रखें। गर्दन को आगे की ओर करके सांस को रोकें। अब शरीर को इसी स्थिति में स्थिर रखें। यदि पैर की मांसपेशियों को कंपकंपी होने लगे तभी सांस को धीरे-धीरे से छोड़ते हुए पहले जैसी स्थिति में आ जाएं।

आसन का समय आरंभ में इस आसन की अवस्था को सिर्फ 2 से 4 सेकेंड तक के लिए बनाए रखें। नियमित रूप से अभ्यास करने के साथ-साथ इसका समय 4 से 6 सेकेंड तक बढ़ा दें। इसका अभ्यास रोज 2 से 3 बार करें।

सावधानियां

(i) इस आसन का अभ्यास करते समय गर्दन व पैरों को झटका न दें।

(ii) हाथों व पैरों पर नियंत्रण करके अपने शरीर के भार को उठाएं।

लाभ

(i) यह आसन पेट की कृमि को बाहर करने में लाभदायक है।

(ii) यह आंतों की गति को तीव्र करके पाचन क्रिया में सहायता करता है।

(iii) यह आसन मधुमेह के लिए लाभदायक है।

(iv) इसके अभ्यास से पेट व कमर की मांसपेशियां मजबूत होती हैं।

(v) इस आसन को करने से कब्ज, वायु और पेट की अन्य बीमारियों में लाभ होता है।

8. भुजंगासन

इस आसन में आकृति सांप के जैसे फन उठाए होती है। इसलिए इसे भुजंगासन या सर्पासन कहते हैं।

विधि सबसे पहले पेट के बल लेट जाएं। सिर का अगला हिस्सा

जमीन पर टिका दें। पैरों के पंजे लम्बे होकर जमीन में टिका दें। एड़ियां व घुटने भी मिले हुए रहें। दोनों हाथों की कोहनियां मुड़ी हुई ऊपर की ओर और उंगलियां कंधों के नीचे रखकर दोनों भुजाएं कमर से लगी हुई रहनी चाहिए। धीरे-धीरे ठुड्डी को ऊपर उठाएं और ग्रीवा को जितना हो सके पीछे की ओर मोड़ें। इसी तरह छाती व पेट को ऐसे उठाएं कि मेरुदंड की प्रत्येक कशेरू क्रमशः मुड़ती जाएं। पेट नाभि तक ऊपर उठाएं और नाभि से निचला हिस्सा जमीन पर टिका दें। अभ्यस्त हो जाने पर हाथों को ऊपर उठाएं या नाममात्र का सहारा दें। 10 से 15 सेकेंड के बाद जैसे आए थे वैसे ही पेट, छाती, ग्रीवा सीधी करते हुए ठुड्डी को जमीन पर टिकाकर मकरासन में विश्राम करें।

आसन का समय प्रारंभ में जैसे श्वास चलता है चलने दें। अभ्यास होने पर श्वास को रोककर करना अच्छा है। यह अभ्यास 3-4 बार किया जा सकता है।

सावधानियां

(i) हाथों की उंगलियां मिली रहेंगी।

(ii) हाथों पर भार कम रखें।

(iii) नाभि से नीचे का हिस्सा किसी भी हालत में न उठाएं।
(iv) शरीर को झटका देकर ऊपर न उठाएं।

लाभ

(i) यह हारमोन शक्ति और स्फूर्ति को बढ़ाता है।
(ii) धातु रोग, अल्पार्तव, अल्यार्तव आदि दूर होता है।
(iii) आसन के अंत में रक्त प्रवाह अधिक मात्र में पहुंच कर गुर्दों का स्वास्थ्य सुधारता है।
(iv) कंधे और पेट की मांसपेशियों को सुदृढ़ बनाने में यह आसन काफी लाभप्रद है।
(v) यह आसन पीठ और मेरुदंड के सभी विकारों को मुक्ति प्रदान करता है।

9. धनुरासन

धनुर का अर्थ है 'धनुष'। इस आसन के दौरान हाथ और पैर तनी हुई अवस्था में होने चाहिए। जो कमान के समान प्रतीत हो। इस आसन में व्यक्ति की आकृति धनुष के समान हो जाने के कारण इसे धनुरासन कहते हैं।

विधि सबसे पहले जमीन पर पेट के बल लेट जाएं। दोनों हाथों को धरती पर जांघों के पास रखें। गर्दन सीधी करें और ठुड्डी जमीन पर रखें। सामने की ओर देखें। अब दोनों पैरों को घुटनों से मोड़कर कूल्हों के पास लाएं और दाएं हाथ द्वारा दाएं पैर के पंजे को पकड़ें और इसी तरह बाएं हाथ से बाएं पैर का पंजा पकड़ें। नाभि को जमीन से सटाकर रखें और घुटने और छाती को जमीन से ऊपर उठाएं। दोनों हाथों को अंदर की ओर और दोनों पैरों को बाहर की तरफ खींचें। गर्दन ऊपर उठाएं और दृष्टि ऊपर की ओर रखें। इस स्थिति में श्वास को रोककर रखें। पैरों के घुटनों को आपस में सटाएं। स्थिति को 4-6 से सेकेंड तक बनाए रखें। इसके पश्चात् धीरे-धीरे श्वास छोड़ते हुए पहले की स्थिति में आ जाएं।

आसन का समय आरंभ में धनुरासन में शारीरिक स्थिति सिर्फ 6-8 सेकेंड तक बनाएं। इसके बाद अभ्यास करते हुए धीरे-धीरे इसका समय बढ़ाएं। यह आसन-प्रतिदिन 3-4 बार करना चाहिए।

सावधानियां

(i) इस आसन का अभ्यास करते समय इस बात का ध्यान रखें कि आपकी गर्दन नीचे की ओर नहीं झुकनी चाहिए।

(ii) गभर्वती महिलाओं को इस आसन का अभ्यास नहीं करना चाहिए।

(iii) इस आसन के पहले अन्न का सेवन नहीं करना चाहिए।

(iv) जिन्हें मेरुदंड में तकलीफ हो वे व्यक्ति इस आसन को न करें।

लाभ

(i) यह आसन गर्दों को स्वस्थ बनाने में काफी लाभप्रद है।

(ii) यह आसन पेट संबंधी विकारों में भी लाभदायक है।

(iii) यह आसन पेट का मोटापा कम करता है।

(iv) यह बड़ी आंत को सक्रिय कर कब्ज दूर करता है।

(v) इससे आंतों का विकार, नाभि का टलना, गैस बनना आदि रोग दूर होते हैं।

(vi) यह आसन गले, फेफड़ों और पसलियों को विशेष व्यायाम प्रदान करता है।

10. उत्तानपादासन

विधि सबसे पहले जमीन पर चित्त होकर लेट जाएँ। पाँव को एक साथ और हथेलियों को कूल्हों के सामने रखें। शरीर का नाभि के ऊपर और नीचे 30° पर उठाएं। हथेलियां शरीर के सम्पर्क में नहीं होनी चाहिए। पांव की उंगलियों को बाहर की ओर फैंलाकर रखें। आंखें और पांव की उंगलियां एक-दूसरे की सीध में होनी चाहिए। श्वसन को सामान्य रूप में रखें। कुछ समय तक इस स्थिति में रहने के बाद श्वास छोड़ते हुए धीरे-धीरे पैर जमीन पर वापस लाएं।

आसन का समय इस क्रिया को 3 बार पूर्वोक्त विधि से करें।

सावधानियां

(i) आसन करते समय घुटने सीधे रखें, उन्हें मोड़ें नहीं।
(ii) पैरों की धीरे-धीरे ऊपर उठाए रखें।
(iii) आरंभ में हाथों पर दबाव डाला जा सकता है।
(iv) कमर के दर्द वाले व्यक्ति इसे न करें।

लाभ

(i) इसके अभ्यास से पेट का मोटापा कम होता है।
(ii) निरंतर अभ्यास से बड़ी आंत सक्रिय होकर कब्ज मिटाती है।
(iii) इससे आंतों के विकार, नाभि का टलना, गैस बनना आदि रोग दूर होते हैं।

11. पूर्ण शलमासन

विधि सबसे पहले पेट के बल लेट जाएं। श्वास भरकर हाथों पर दबाव देते हुए पैरों को ऊपर की ओर उठाएं। कंधे, ठोड़ी व हाथ जमीन पर टिकाकर रखें और पूरा शरीर ऊपर सीधा उठाकर रखें। ऐसी आकृति टिड्डी के समान होगी।

आसन का समय पहली वार इस आसन को 4 से 6 सेकेंड करें। इस आसन को प्रतिदिन 3 से 4 बार कर सकते हैं।

सावधानियां

(i) इसे दमे के रोगी न करें।

(ii) उच्च रक्तचाप वाले व्यक्ति इसे बिना योग अध्यापक की देख-रेख में न करें।

(iii) शरीर को अभ्यास करते समय एकदम नीचे न गिराएं।

लाभ

(i) इसके करने से छाती रोग में काफी लाभ मिलता है।

(ii) कमर लचकीली होती है और पेट रोग में लाभ मिलता है।

(iii) जिनके पैरों में ज्यादा समय खड़े रहने पर सूजन आती है, उनके लिए काफी उपयोगी आसन है।

(iv) सिर और मुख पर रक्त संचार की पर्याप्त मात्रा पहुंचने से मुखाकृति सुंदर और मस्तिष्क की रक्त वाहनियां सक्रिय होती हैं।

9

बैठकर करने वाले आसन

1. वक्रासन

संस्कृत में वक्र का अर्थ होता है 'टेढ़ा' या 'जोड़ना'। इस आसन में शरीर को एक तरह मोड़ा जाता है, इसलिए इसे वक्रासन कहते हैं।

विधि सबसे पहले अपने दोनों पैरों को जमीन पर फैलाएं। उसके पश्चात् अपने बाएं पैर को मोड़कर उसको अपने दाहिनें पैर के घुटने के समानान्तर रखें। बाएं हाथ की हथेली को अपनी कमर के पीछे से जमीन पर रखें। फिर अपने दाहिने हाथ के पंजों को अपने बाएं पैर के पंजों के समानांतर जमीन पर रखें। इस अवस्था में कमर बिलकुल एक सीध में होनी चाहिए और जितना पीछे की ओर देख सकते हैं उतना अवश्य देखें। इस क्रिया को दोनों तरफ से दोहराएं।

आसन का समय यह आसन प्रतिदिन 4 से 6 सेकेंड करना चाहिए। धीरे-धीरे इस आसन को एक मिनट तक कर सकते हैं।

सावधानियां

(i) आसन करते समय शरीर को झटका मारकर न मोड़ेंगे।

(ii) यह आसन दोनों ओर से समान रूप से करें।

(iii) जिनके हाथ दूसरी ओर लाने में कष्ट होता है वे व्यक्ति सिर्फ हाथ को घुटने तक लाएं।

लाभ

(i) यह आसन कमर के स्नायुओं को कार्यान्वित करता है।

(ii) यह मुख्य रूप से अफरा, कब्ज, यकृत की कमजोरी को दूर करता है।

(iii) यह मेरुदंड की कठोरता को कम करता है।

(iv) यह आसन सभी के लिए काफी उपयोगी है।

(v) यह आसन पेंक्रियाज, ऐड्रीनल, स्त्रियों में डिंबग्रंथि और पुरुषों में अंडग्रंथि पर बहुत प्रभावकारी है।

2. पश्चिमोतान आसन

इस आसन में हाथ, पैर और धड़ के पिछले हिस्से को फैलाए जाने के कारण यह आसन पश्चिमोतनासन कहलाता है। इसके अंतर्गत पश्चिम शब्द का शाब्दिक अर्थ पश्चिम दिशा है और तान से अभिप्राय खींचना, फैलाना या तानना होता है, इसलिए इसे पश्चिमोतानासन कहते हैं।

विधि- सबसे पहले जमीन पर दोनों पैरों को सीधे लंबे करके बैठ जाएं। अपने दोनों हाथों की हथेलियों को जमीन पर कूल्हों के पास रखें।

यह ध्यान रखें कि आपको दोनों टांगों की एड़ियां और घुटने आपस में जुड़ें। अब दोनों हाथों के कंधे को ऊपर की ओर धीरे-धीरे सीधा कीजिए। धीरे-धीरे नि:श्वास छोड़ते हुए आगे की ओर झुकें और दोनों पैरों के अंगूठे पकड़ें और सिर को घुटने से स्पर्श कराने की कोशिश करें। कोहनियों को घुटनों के पास जमीन से स्पर्श कराएं। यह अवस्था पश्चिमोतानासन की पूर्ण स्थिति कहलाती है।

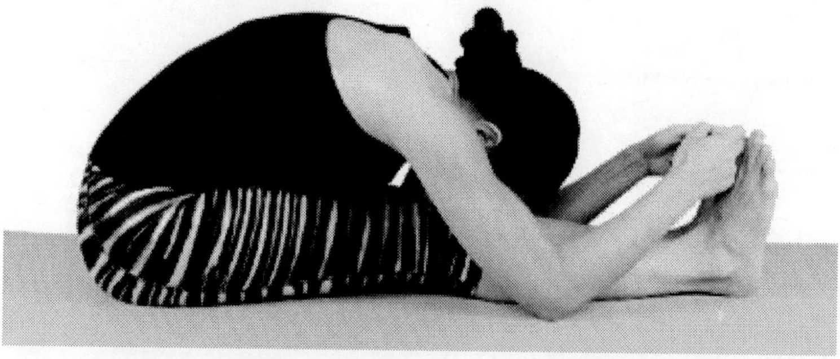

आसन का समय शुरू में यह आसन कुछ दिनों तक मात्र 5 सेकेंड तक ही करना चाहिए। जब आसन लगाने में कठिनाइयां कम होने लगें अर्थात् आसन सुविधाजनक लगने लगे, तब यह अवधि 30 सेकेंड से 3 मिनट तक भी की जा सकती है।

सावधानियां

(i) इस आसन को अल्सर के रोगी न करें।

(ii) अंगूठे पकड़ने में शीघ्रता न करें और अभ्यास को धीरे-धीरे बढ़ाएं।

(iii) प्रारंभ में इसे सिर्फ उतना ही करें जितना कि आप आसानी से कर सकें।

(iv) महिलाओं को गर्भावस्था के दौरान इस आसन का अभ्यास नहीं करना चाहिए।

लाभ

(i) यह आसन मानव की जीवन शक्ति का विकास करता है।

(ii) उदर के अवयवों को स्वस्थ रखने में यह आसन सहायता करता है।

(iii) व्यक्ति की नपुंसकता के उपचार हेतु भी वह आसन लाभदायक है।

(iv) इस आसन से साइटिका रोगा नहीं होता है।

(v) यह आसन कब्ज, अजीर्ण और कमजोरी को दूर करता है।

3. सुप्तवज्रासन

सुप्त शब्द का अर्थ होता है 'सोना'। इस आसन के अंतर्गत व्यक्ति अपने दोनों पैरों को घुटनों से मोड़कर पीठ के बल सोता है। इसलिए यह आसन सुप्तव्रजासन कहलाता है। इसमें पीठ के बल सोने के लिए व्रजासन लगाना जरूरी होता है।

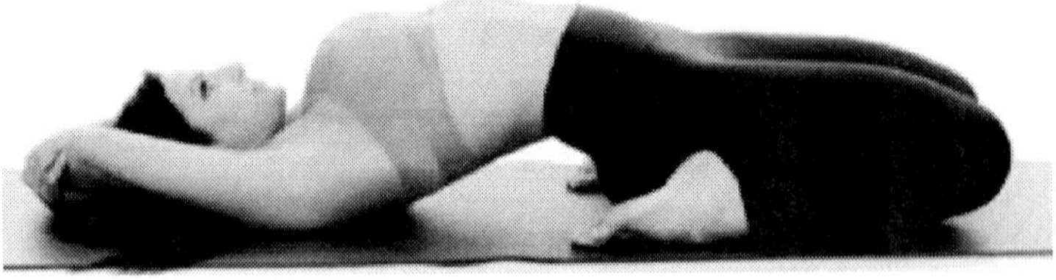

विधि- सबसे पहले दोनों पैरों को लंबा फैलाकर जमीन पर बैठ जाएं। अब वज्रासन की अवस्था में आएं। अब दोनों हाथों को कोहनी से मोड़ें और फिर जमीन से लगाएं। जमीन से लगाने के पश्चात् कोहनी के सहारे से पीठ के बल पीछे की ओर लेटें। इस स्थिति में जितना हो सके गर्दन ऊपर उठाएं और सिर जमीन से सटा दें। रीढ़ की हड्डी में कर्व तैयार करने के लिए उसे जमीन के ऊपर उठाकर रखें। दोनों हाथों को

पैरों की तरफ सीधे या दोनों जांघों के ऊपर रखें। धीरे-धीरे सांस लेकर सांस को रोक दें। यह अवस्था 4 सेकेंड तक बनाए रखें।

आसन का समय इस आसन की स्थिति 4 से 6 सेकेंड बनाकर रोजाना 4 से 5 बार अभ्यास करें।

सावधानियां

(i) यह आसन कठिन है, इसलिए इस आसन को सावधानीपूर्वक धीरे-धीरे करें।

(ii) कमर दर्द के रोगी इस आसन को बिलकुल न करें।

(iii) पीछे लेटते समय शरीर पर पूर्ण नियंत्रण रखें।

(iv) इस आसन को कठिनाई आने पर न करें।

लाभ

(i) यह उच्च रक्तचाप और साइटिका में काफी सहायक है।

(ii) इस आसन द्वारा रीढ़ की हड्डी लचीली बनती है।

(iii) इस आसन की नित्यता से पैरों के जोड़ अधिक मजबूत बनते हैं।

(iv) इस आसन से बड़ी आंत सक्रिय होकर कोष्ठबद्धता दूर करती है।

(v) यह आसन मधुमेह से पीड़ित व्यक्ति के लिए काफी फायदेमंद है।

4. मयूरासन

मयूर का अर्थ होता है 'मोर'। इस आसन के अंतर्गत शरीर की अवस्था मोर के समान प्रतीत होती है, इसलिए इसे मयूरासन कहते हैं।

विधि सबसे पहले घुटनों के बल जमीन पर बैठ जाएं और दोनों हाथों के पंजों को आगे की ओर झुककर जमीन से लगाएं किन्तु हाथों की उंगलियों को पैरों की दिशा में रखें। अब दोनों हाथों को कोहनी से मोड़ते हुए दोनों पैरों को पीछे की ओर सीधे लंबे तानकर दोनों हाथों की कोहनियां नाभि के पास तक ले जाएं। गर्दन को थोड़ा ऊपर उठाएं और नजरों को सामने रखें। अब दोनों हाथों के पंजों पर ही शरीर का वजन लेते हुए अपने दोनों पैरों को ऊपर उठाएं। शरीर का पूरा भार अपने हाथों पर रहने दें। इस स्थिति में दोनों हाथों के बल पर शरीर को स्थिर करें। ऐसी अवस्था के अंदर शरीर को 3 से 4 सेकेंड तक के लिए रखें। पैरों को आपस में एक-दूसरे से लिपटा हुआ होना चाहिए।

आसन का समय आरंभ में इस आसन की अवस्था 3 से 4 सेकेंड तक के लिए बनाए रखें। धीरे-धीरे अभ्यास करते हुए इस आसन की अवधि 10 सेकेंड तक बढ़ा सकते हैं।

सावधानियां

(i) इस आसन में शरीर का सारा वजन नाभि पर रखें।
(ii) आसन करते समय खांसी या छींक आने पर रुक जाएं।
(iii) इस आसन में दोनों कोहनियां नाभि के पास होनी चाहिए।

लाभ

(i) यह आसन काम, वात, पित्त दूर करने में सहायक है।
(ii) यह आसन रक्त की शुद्धि में काफी लाभप्रद है।
(iii) यह आसन अग्निवर्धक व मधुमेह में फायदेमंद है।
(iv) इस आसन को करने से गुर्दों और पाचन तंत्र की काम करने की शक्ति में वृद्धि होती है।

5. योगमुद्रा

योग का शाब्दिक अर्थ है 'जोड़ना' और मुद्रा 'मानसिक भावों' को कहते हैं। आध्यात्मिक दृष्टिकोण से इसका अर्थ अपने आपको आंतरिक चेतना से जोड़ना होता है। यह योगमुद्रा कहलाता है।

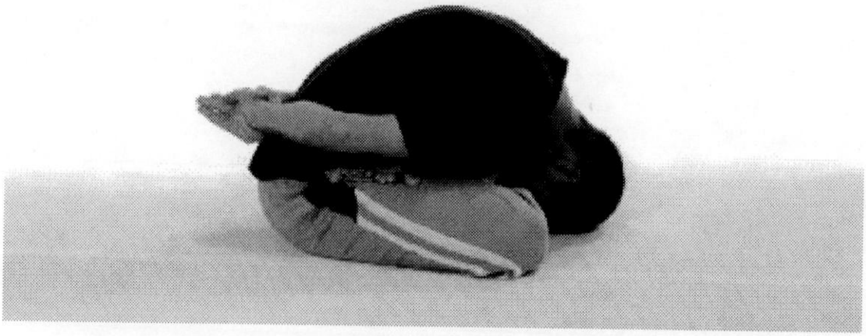

विधि सबसे पहले जमीन पर दोनों पैर लंबे कर बैठें और फिर पद्मासन लगाएं। दोनों हाथों को पीठ के पीछे कमर के पास रखकर बाएं हाथ से दाहिने हाथ की ओर दाहिने हाथ से बाएं हाथ की कलाई पकड़ें। अब धीरे-धीरे आगे की ओर झुकें और माथे को जमीन से लगाएं यह स्थिति योगमुद्रा की पूर्ण अवस्था कहलाती है।

आसन का समय इस आसन की स्थिति 4 से 6 सेकेंड तक रखकर, शुरू में इसे सिर्फ दो बार करें। अपने नित्य अभ्यास के साथ-साथ इस आसन को आप प्रतिदिन 4 बार तक कर सकते हैं।

सावधानियां

(i) मेरुदंड को अधिक न तानें।

(ii) यदि पद्मासन न लगे तो अर्ध पद्मासन लगाएं।

(iii) यह आसन वज्रासन में बैठकर दोनों मुट्ठियों को जंघाओं के बीच में रखकर भी किया जा सकता है, जो मण्डूकासन के नाम से भी जाना जाता है।

(iv) इस आसन को चार से अधिक बार न करें।

लाभ

(i) इससे फेफड़े और श्वसन नलिकाएं प्रभावशाली बनती हैं।

(ii) यह आसन दमा की चिकित्सा के रूप में भी सफल आसन है।

(iii) योगमुद्रा से पेट की मांसपेशियां सुदृढ़ बनती हैं।

(iv) कमर की नाड़ियां विशेष रूप से लाभान्वित होती हैं।

(v) यह पाचन संस्था को क्रियाशील करता है।

(vi) यह आसन कब्ज को मिटाता है और बड़ी आंत को प्रभावित करता है।

6. वज्रासन

इस आसन को करने से पैरों की बैठक वज्र के समान मजबूत बनती है। वज्र एक हथियार का नाम है जो पत्थर का बना होता था और उसको देवता प्रयोग करते थे। शरीर की अवस्था वज्र के समान दिखाई देने के कारण ही इस आसन को वज्रासन कहते हैं।

विधि सबसे पहले दोनों पैरों को लंबा फैलाकर जमीन पर बैठ जाएं। अब बाएं पैर को घुटने से मोड़कर बाएं कूल्हे के नीचे रखें और

ठीक इसी तरह से दाएं कूल्हे के नीचे दाएं पैर को लाएं इस स्थिति में नजर सामने की ओर पीठ सीधी तनी होनी चाहिए। दाएं हाथ को दाएं और बाएं हाथ को घुटने पर रखें। शरीर का सारा वजन दोनों पैरों पर होगा। दोनों हाथ सीधे तने हुए और पंजे घुटनों पर होने चाहिए। इस अवस्था में शरीर को स्थिर रखें।

आसन का समय इस आसन को शुरू में 10 से 15 सेकेंड तक के लिए बनाए रखें और फिर धीरे-धीरे इस आसन को 15 मिनट तक कर सकते हैं।

सावधानियां

(i) आसन के समय एड़ियों पर न बैठें।

(ii) जिन्हें बवासीर की शिकायत हों वे इस आसन को न करें।

(iii) घुटने मोड़कर बैठते समय पांव की एड़ी बाहर की ओर पंजे अंदर की ओर रखें।

लाभ

(i) यह आसन पैरों के वात और कब्ज में लाभकारी है।
(ii) यह आसन पेट के रोग, अपचन में विशेष लाभ देता है।
(iii) घुटनों की पीड़ा इस आसन से दूर होती है।
(iv) यह आसन ध्यानात्मक आसन है। भोजन के पश्चात् 15 मिनट तक बैठने से पाचन कार्य सुगमता से होता है।
(v) यह आसन अल्सर और पौष्टिक में काफी लाभदायक है।

7. अर्धमत्स्येन्द्रासन

योगी मत्स्येन्द्रनाथ ने सबसे पहले इस आसन को अपने शिष्यों को सिखाया था। इसलिए इस आसन का नाम योगी मत्स्येन्द्रनाथ के नाम पर अर्धमत्स्येन्द्रास्य रखा गया है।

विधि सबसे पहले जमीन पर अपने दोनों पैरों को लंबा करके बैठ जाएं। बाएं पैर को उठाकर दाएं पैर के घुटने के नजदीक जमीन पर रखें। फिर दाहिने पैर को घुटने से मोड़कर बाएं कूल्हे के नीचे पैर की

एड़ी रखें और पैर जमीन से लगाकर रखें। कमर के ऊपर के शरीर को बाईं ओर घुमाएं। दाहिने हाथ से बाएं पैर का घुटना दबाते हुए एड़ी के पास पकड़ें। जितना हो सके गर्दन को बाईं ओर ले जाएं और फिर अपनी दृष्टि को सीधा रखें। अपना बायां हाथ पीठ के पीछे ले जाएं। रीढ़ की हड्डी सीधी और तनी हुई होनी चाहिए। यही अर्धमस्त्स्येन्द्रासन की पूर्ण स्थिति है।

आसन का समय आरंभ में इस आसन को 6 से 8 सेकेंड तक करें। इसके बाद अभ्यास को धीरे-धीरे बढ़ाएं। इस आसन को प्रतिदिन 4 से 6 बार करें।

सावधानियां

(i) आसन करते समय पैर की एड़ी सीवानी प्रदेश में ही लगी रहे।

(ii) यदि पैर का पंजा न पकड़ सकें तो जहां तक हाथ जाता है वहां तक पकड़ें।

(iii) घुटनों के आगे हाथ को सावधानी से लाकर जितना सहन हो सके उतना ही दबाव डालें।

लाभ

(i) यह मेरुदंड को लचीला बनाने में लाभकारी है।

(ii) यह कब्ज व अजीर्ण में लाभकारी है।

(iii) यह मधुमेह में लाभकारी है।

(iv) यह आसन पेट की मांसपेशियों का भी व्यायाम करता है।

(v) इस आसन से रक्त की गति नियंत्रित रहती है।

8. मूसासन

विधि सबसे पहले नितंब के बल जमीन पर बैठ जाएं। दोनों पैरों को ऐसे फैला दें जैसे गिद्ध के पंख होते हैं। अपने दाएं हाथ से दाएं पैर का और बाएं हाथ से बाएं पैर का अंगूठा पकड़ें। पेट, छाती और ठुड्डी को जीमन से स्पर्श करें। इस स्थिति में स्थित रहें। श्वास की गति सामान्य रहेगी और नेत्र खुले रहेंगे।

सावधानियां

(i) आसन करते समय किसी भी दिशा में घुटने न मोड़ें।
(ii) इस आसन को अल्सर और पेट के रोगी न करें।
(iii) आसन करते समय शरीर को झटके से या जोर से आगे न लाएं।
(iv) इस अभ्यास के उपरांत दूध के साथ हलदी खानी चाहिए।

लाभ

(i) आसन का अभ्यास करने से कमर लचीली और पतली होती है।
(ii) यह आसन नितंबों की मांसपेशियां ठीक करने में सहायक है।
(iii) इसके करने से साइटका होने की संभावना खत्म हो जाती है।
(iv) हाथों और पैरों की मांसपेशियां मजबूत होती हैं।
(v) अधिक समय तक यह आसन करने से मन एकाग्र हो जाता है।

9. व्याघ्रासन

विधि सबसे पहले वज्रासन में बैठ जाएं। पैर के पंजों को

मोड़कर हाथों को आगे टिकाएं। पैरों को सीधा करते हुए धीरे-धीरे ऊपर की ओर उठाएं। इस अवस्था में हथेली और कोहनियों पर शरीर का पूरा संतुलन बनाए रखें। टांगों को सीध में रखें। पैरों को मिलाएं। गर्दन सामने और चेहरा भी सामने रखें।

सावधानियां

(i) इस आसन को बीमार अवस्था में न करें।

(ii) शरीर का संतुलन रखें।

(iii) उच्च रक्तचाप व्यक्ति और दर्द वाले व्यक्ति न करें।

लाभ

(i) यह आसन वसा (चर्बी) और मोटापा कम करता है।

(ii) चेहरे को सुंदर बनाता है।

(iii) यह कमर को लचीला बनाता है।
(iv) कंधे, कोहनियों को मजबूत रखता है।

10. बजरंग आसन

विधि सबसे पहले कोमल आसन बिछाकर दाहिने पैर का घुटना मोड़कर जमीन में टिकाएं। बाएं पैर का पंजा दाहिने घुटने के पास लाएं। दोनों हाथों को जमीन पर टिकाकर शरीर को सहारा दें। धीरे-धीरे बाएं पैर को सीधा पीछे फैला दें। दाहिने पैर के घुटने को भी यथाशक्ति आगे करें। दोनों पैर और नितंब जमीन पर टिक जाएं। दोनों हाथों को जोड़कर कटिप्रदेश को पीछे मोड़ते हुए हाथों से बाएं पैर की एड़ी को छूने की कोशिश करें। यदि ऐसा संभव हो तो यथाशक्ति पीछे की ओर मुड़ने का प्रयास करें। इसी प्रकार बायां घुटना टिकाकर और दाहिने पैर पीछे रखकर अभ्यास करें।

सावधानियां

(i) अभ्यास के दौरान शरीर का संतुलन बनाकर रखें।
(ii) आसन करते समय सिर को झटके के साथ न ले जाएं।
(iii) जिस स्थिति तक आसन होता है, उतना ही आसन करें।

लाभ

(i) इस आसन से मेरुदंड का पर्याप्त व्यायाम होता है और कटि रोग खत्म होता है।
(ii) यह आसन स्त्रियों के लिए विशेष लाभकारी होता है।
(iii) यह वस्ति प्रदेश की हड्डियां लचीली बनाता है।

11. सांख्यासन

विधि सबसे पहले पैरों में दो फुट का अंतर रखें और पंजों को घुटनों के निकट टिकाएं। एड़ियां उठी हुई अवस्था में रखें। दोनों हाथों को जमीन पर टिकाएं। दोनों हाथों की सहायता से दाएं पैर को उठाकर सिर के पीछे कंधों पर टिकाएं। एक पैर के पश्चात् दोनों हाथों को हृदय के सामने जोड़ें। घुटने को ऊपर उठाएं और शरीर का संतुलन बनाकर रखें।

सावधानियां

(i) यह आसन बीमारी की अवस्था में न करें।

(ii) शरीर पूरी तरह संतुलन में रखें।

(iii) यह कठिन आसन है, अतः योग गुरु की ही देखरेख में करें।

लाभ

(i) यह आसन गर्दन के दर्द में लाभकारी होता है।

(ii) इस आसन से शरीर का कंपन बंद होता है।
(iii) इसके नियमित अभ्यास से हाथों और टांगों की मांसपेशियां मजबूत होती हैं।

12. उर्ध्वपश्चिमोतानासन

विधि सबसे पहले पैरों को मिलाते हुए सीधे सामने फैलाकर बैठ जाएं। दोनों हाथों को सामने जमीन पर रखते हुए दोनों पैरों को ऊपर की ओर उठाएं। श्वास छोड़ते हुए धीरे से हाथों को उठाकर दाएं हाथ से दाएं पैर की एड़ी को पकड़ें। बाएं हाथ से बाएं पैर की एड़ी को पकड़ते हुए पेट, छाती और ढोड़ी को सामने पैरों के साथ चिपकाते हुए शरीर को ऊपर की ओर उठाएं।

सावधानियां

(i) यदि आपको किसी कारण से आगे झुकना मना हो तो इसे न करें।
(ii) नया अभ्यासी, उच्च रक्तचाप और हृदय रोगी इसे न करें।

लाभ

(i) यह आसन कमर को लचीला बनाता है।
(ii) यह आसन कमर और पेट की वसा (चर्बी) को कम करता है।
(iii) यह कद को लंबा करता है।

13. उर्ध्वकुक्कुटासन

विधि सबसे पहले पद्मसान की स्थिति में बैठ जाएं। हथेलियों को आगे टिकाकर पद्मासन में घुटनों को टिकाएं। श्वास भरते हुए पैर के

दाएं घुटनें को दाईं कोहनी से ऊपर बाजू पर रखें। बाएं घुटने को बाईं कोहनी से ऊपर पर रखें। बाएं घुटने को बाईं कोहनी से ऊपर बाजू पर रखें। गर्दन सीधी रखते हुए नजर सामने रखें।

सावधानियां

(i) इस आसन को उच्च रक्तचाप वाले व्यक्ति नहीं करें।

(ii) कठोर शरीर और प्रारंभिक योग अभ्यासी इस आसन को न करें।

(iii) यह आसन खांसी और दमें वाले नहीं करें।

(iv) आसन छोड़ते समय अपना संतुलन बनाकर रखें।

लाभ

(i) यह कंधे के जोड़ों के लिए लाभकारी है।
(ii) यह हाथों को मजबूत बनाता है।
(iii) यह हाथों के कंपन को दूर करता है।
(iv) यह घुटनों के वायु विकारों को दूर करता है।
(v) यह संतुलनात्मक आसन है।

14. कुक्कुटासन

इस आसन को कुक्कुटासन इसलिए कहते हैं, क्योंकि इस आसन में हमारे शरीर की आकृति एक कुक्कुट पक्षी के समान बन जाती है।

विधि सबसे पहले पद्मसान की स्थिति में बैठ जाएं और फिर दोनों हाथों को दोनों जंघाओं और दोनों पैरों की पिंडलियों के बीच से नीचे की ओर इतना निकालो कि दोनों हाथों की कोहनियों तक का भाग नीचे दिखाई देने लगे। फिर दोनों हाथों को जमीन पर इस प्रकार रखें कि हाथों की उंगलियां खुली रहें और अब अपने शरीर को ऊपर उठाएं जितना संभव हो। पूरे शरीर को सीधा रखें और दृष्टि सामने होनी चाहिए।

सावधानियां

(i) आसन करते समय शरीर को धीरे से जमीन पर रखें।
(ii) यह कठिन आसन है, इसलिए कुछ अभ्यास के बाद ही करें।
(iii) एकदम से शरीर को जमीन पर न गिरने दें।

लाभ

(i) इसके अभ्यास से हाथों का कंपन दूर होता है।

(ii) इससे हाथ और पेट की मांसपेशियां मजबूत होती हैं।

(iii) यह आसन मन की एकाग्रता के लिए भी उपयोगी आसन है।

15. पद्‌म मयूरासन

विधि सबसे पहले पद्‌मसान की स्थिति में बैठ जाएं। दोनों हाथों की हथेलियां आगे टिकाएं। हाथों की हथेलियां फैली हुईं और उंगलियां पीछे की ओर रखें। कोहनियां नाभि के दोनों ओर लगाएं। धीरे-धीरे टांगों के हिस्से को ऊपर उठाएं। गर्दन और सिर एक सीध में रखें। शरीर का संतुलन बनाकर रखें और धीरे-धीरे वापस आएं।

सावधानियां

(i) इस आसन को गर्दन के रोगी न करें।

(ii) इसे खांसी और दमे के रोगी न करें।

(iii) किसी भी परिस्थिति में झटका न लगने दें।

लाभ

(i) यह मधुमेह के रोगी के लिए लाभदायक है।

(ii) इससे पाचन क्रियाओं में वृद्धि होती है।

(iii) कब्ज और अपच में काफी लाभदायक आसन है।

16. तोलगुंलासन

इस आसन के अभ्यास के समय मानव के शरीर की आकृति एक तराजू की भांति हो जाती है और यह तराजू उंगलियों पर टिका होता है, इसलिए इसका नाम तोलगुंलासन है।

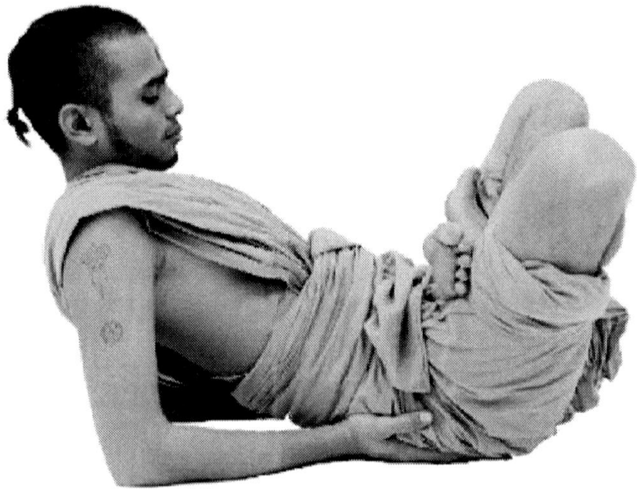

विधि सबसे पहले जमीन पर पैरों को सामने की ओर फैलाकर बैठ जाएं और दोनों हाथों की दसों उंगलियों के अग्रभाग को दोनों तरफ नितंब की बगल में जमीन पर रखें और समस्त शरीर को जमीन से ऊपर उठा लें। इसे तोलगुंलासन कहते हैं। सर्वप्रथम जमीन पर लेटकर दोनों हाथों की मुट्ठियां बांध लें और दोनों मुट्ठियों को पीठ के नीचे स्थापित

करके कमर के हिस्से को उस पर रखे और कमर से ऊपर की ओर नीचे के हिस्से को करीब एक फुट जमीन से उठा दें।

सावधानियां

(i) शरीर का संतुलन बनाकर रखें।
(ii) यह आसन तराजू की तरह शरीर को लचीला बनाता है।
(iii) शरीर का ज्यादातर भाग मुट्ठियों पर रहेगा।
(iv) जिस व्यक्ति को मेरुदंड में दर्द, अल्सर की शिकायत हो न करें।

लाभ

(i) यह आसन मधुमेह और बवासीर में काफी लाभदायक है।
(ii) इससे पाचन क्रिया ठीक रहती है।
(iii) यह आसन मेरुदंड के निचले भाग में होने वाली पीड़ा का निवारण करता है।

17. उत्कटासन

विधि सबसे पहले जमीन पर पैरों के बल बैठ जाएं। दोनों पांवों के पंजों में अंतर रखें। एड़ियों को ऊपर की ओर उठाएं। दोनों पांवों के अंगूठों पर जोर देकर एड़ियों को अच्छी तरह ऊपर उठा लें। दोनों एड़ियों

को आपस में मिलाएं और गुदा को उस पर सटाकर रखें। दोनों हाथों की कोहनियों को दोनों घुटनों पर रखें। दोनों हाथों की उंगलियों को एक–दूसरे में फंसा लें। कमर से सिर तक का हिस्सा सीधा रखें और सामने की ओर देखें।

सावधानियां

(i) आसन करते समय कमर सीधी रखें।
(ii) एड़ियों पर शरीर का पूरा वजन न रखें।
(iii) पंजों के बल पर बैठते हुए शरीर का संतुलन बनाए रखें।

लाभ

(i) इससे घुटनों के जोड़ों की गतिशीलता बढ़ती है।
(ii) पिंडली की मांसपेशियों को मजबूत बनाता है।
(iii) पैरों की कमजोरी को दूर करता है।
(iv) यह कब्ज के रोगी के लिए काफी फायदेमंद है।
(v) इसके अभ्यास से पांव और उंगलियों के जोड़ों में दर्द, गठिया आदि रोग दूर होते हैं।

18. पादांमुष्ठासन

विधि सबसे पहले एक पांव की एड़ी को गुदा और अण्डकोष के बीच में लगाकर उसी पर पूरे शरीर का वजन संभालकर बैठ जाएं और दूसरा पांव घुटनों के ऊपर रखें। सहारे के लिए चाहे एक हाथ दीवार पर रख सकते हैं। दोनों हाथ कमर पर रखें। गुदा और अंडकोष के बीच चार अंगुल का जो स्थान है, वहां वीर्य की नाड़ियां हैं। उनको एड़ी से दबाने से वीर्य का संचय बढ़ता है। इस आसन को पैर बदलकर भी कर सकते हैं।

सावधानियां

(i) आसन करते समय शरीर को स्थिर रखें।

(ii) शरीर के भार पर नियंत्रण रखते हुए पैर के पंजे पर रखें।

(iii) आसन में दृष्टि सामने या कुछ आगे एक स्थान पर रखें।

लाभ

(i) इस आसन से मन एकाग्रचित होता है।

(ii) यह स्वप्नदोष और बवासीर में काफी लाभप्रद है।

19. आकर्ण धनुरासन

इस आसन में व्यक्ति का शरीर एक तीर छोड़ते हुए धनुर्धारी की भांति होता है। इसमें व्यक्ति की शारीरिक स्थिति उसी प्रकार दिखाई देती

है जिस प्रकार धनुष पर बाण चढ़ाकर प्रत्यंचा कान तक खींचे हुए एक धनुर्धारी की होती है। इसीलिए इस आसन को आकर्ण धनुरासन कहते हैं।

विधि सबसे पहले दोनों पैरों को लंबा करके जमीन पर बैठ जाएं। बाएं हाथ से दाहिने पैर का अंगूठा पकड़ें और दाहिने हाथ से बाएं पैर का अंगूठा पकड़ें। अब बाएं हाथ को कोहनी से मोड़कर पैर का अंगूठा दाहिने कान के पास लाएं। दाहिने पैर की एड़ी के ऊपर से सामने बाएं पैर की दिशा में देखें। दाहिने हाथ से पकड़े हुए पैर के अंगूठे को सीधा रखें और हाथ को तना हुए रखें। बाएं पैर को जमीन से लगाकर सीधा रखें। सामान्य गति से श्वसन करें।

आसन का समय इस आसन को प्रतिदिन दो बार किया जा सकता है।

सावधानियां

(i) इस आसन का अभ्यास करते समय पैर को कान के समीप ले जाने के लिए विशेष ध्यान रखना चाहिए।

(ii) दाहिने बाएं दोनों तरफ से तीन-तीन चक्रों का अभ्यास करना उचित है।

(iii) कान तक अंगूठे को खींचते समय भी यथासंभव शरीर सीधा रहेगा।

लाभ

(i) यह आसन फेफड़ों को शक्तिशाली बनाता है।

(ii) यह आसन बड़ी आंत और यकृत को प्रत्यक्ष रूप से प्रभावित करता है।

(iii) हाथ-पैरों के जोड़ और स्नायु लाभान्वित होते हैं।

(iv) इससे जंघा में स्थित मांसपेशियां पुष्ट होती हैं।

(v) यह आसन पैर, हाथ और गर्दन के स्नायुओं को व्यायाम प्रदान करता है।

20. उष्ट्रासन

इस आसन को करते समय हमारे शरीर की स्थिति ऊंट के समान प्रतीत होती है, इसलिए इसे उष्ट्रासन कहते हैं।

विधि सबसे पहले दोनों पैरों को सीधे लंबे फैलाकर जमीन पर बैठ जाएं। धीरे-धीरे वज्रासन की स्थिति में आएं। फिर अपने घुटनों के बल सीधे खड़े हो जाएं। दोनों हाथों को पीछे की ओर ले जाएं और अपने दोनों पैरों की एड़ियों को पकड़ें। जितना हो सके, गर्दन को उतना पीछे की ओर मोड़ें। दाएं पैर की एड़ी को दाएं हाथ से और बाएं पैर की एड़ी को बाएं हाथ से पकड़ें। अब सांस को रोकें और ऊपरी दिशा में सीधे देखें। फिर सांस को धीरे-धीरे छोड़ते हुए जैसी स्थिति में आ जाएं।

आसन का समय यह आसन प्रतिदिन 3 से 4 बार कर सकते हैं। स्थिति 8 से 10 सेकेंड को बनाएं।

सावधानियां

(i) घुटनों के नीचे कोमल आसन होना आवश्यक है।
(ii) घुटनों को जमीन से उठने न दें।
(iii) हाथों के सीधे और तने हुए रखें।
(iv) तलबों के ऊपरी भाग जमीन से चिपके हों।

लाभ

(i) इसके अभ्यास से मेरुदंड लचीला बनता है।
(ii) फेफड़े के प्रकोष्ठ सक्रिय होते हैं।
(iii) इस आसन से पूरा श्वसन तंत्र प्रभावित होता है।
(iv) यह पेट की आंतों को मजबूती प्रदान करता है।

(v) यह वात, कफ और पित्त आदि रोगों से छुटकारा दिलाता है।
(vi) यह दमा रोगियों के लिए बहुत हितकर है।
(vii) यह आसन पेट और जांघों की मांसपेशियों का विकास करने में सहायक है।

21. शशांकासन

विधि सबसे पहले वज्रासन में बैठ जाएं। श्वास को भरते हुए दोनों हाथों को ऊपर उठाएं। आगे झुकते हुए श्वास को बाहर निकालें और दोनों हाथों को आगे लम्बे करते हुए उनकी हथेलियों को जमीन पर टिकाएं। इस स्थिति में सिर का अगला भाग जमीन पर लगाएं। कुछ समय इस स्थिति में रहकर वज्रासन में आ जाएं। यदि ज्यादा समय अभ्यास करना है तो तृतीय स्थिति में ही सामान्य श्वास प्रश्वासन चलता रहेगा।

सावधानियां

(i) आसन करते समय श्वास को रोकें नहीं।
(ii) शरीर को कभी झटके से न ऊपर उठाएं, न नीचे ले जाएं।

लाभ

(i) यह आसन पेट दर्द और कब्ज में लाभकारी है।

(ii) श्वास भरकर करने से फेफड़ों का व्यायाम होता है।

(iii) यह आसन हृदय की मालिश करता है। अतः हृदय रोगियों के लिए लाभकारी है।

(iv) अग्न्याशय, आंतें, यकृत इत्यादि के रोगों में लाभकारी है।

10

खड़े होकर किए जाने वाले आसन

1. कोणासन

इस आसन को करने पर व्यक्ति के शरीर की स्थिति कोण जैसी प्रतीत होती है, इसलिए इसे कोणासन कहते हैं।

विधि सबसे पहले जमीन पर दोनों पैरों को लंबा करके बैठ जाएं। इसके पश्चात् अपने हाथों की हथेलियों को अपने पीछे की ओर जमीन पर रखें। अब शरीर को पैरों की एड़ी और हाथों के सहारे ऊपर उठाएं और गर्दन को यथाशक्ति पीछे ले जाएं। छाती ऊपर की ओर उठाकर रखें। पैरों को सीधा रखें और पंजों को आगे की तरफ तने हुए रखें। इस तथ्य पर अवश्य ध्यान दें कि इस अवस्था में शरीर का सारा वजन हाथों के पंजों व पैरों की एड़ी पर हो।

आसन का समय इस अवस्था में शरीर को 6 से 8 सेकेंड तक के लिए रखें। धीरे-धीरे अभ्यासानुसार इस आसन के समय को 3 मिनट के लिए बढ़ा सकते हैं।

सावधानियां

(i) आसन करते समय पैरों का अंतर उछलकर न लें।
(ii) गर्दन या रीढ़ के दर्द वाले लोग इस आसन को न करें।
(iii) यह ध्यान रखें कि एड़ियां, तलबे और हथेलियां जमीन से लगी हुई हों।

लाभ

(i) इस आसन से अग्न्याशय सक्रिय होता है।
(ii) कटिप्रदेश और ग्रीवा का अच्छा व्यायाम हो जाता है।
(iii) यह आसन कंधों को मजबूती प्रदान करता है।
(iv) इस आसन में मेरुदंड प्रभावित होता है।
(v) इस आसन से पैर और पेट की मांसपेशियां मजबूत होती हैं।

2. शीर्षासन

इस आसन की पूर्ण अवस्था पर शरीर का पूरा भार सिर पर होता है, इसलिए इसे शीर्षासन कहते हैं।

विधि सबसे पहले वज्रासन की अवस्था में दोनों घुटनों को मोड़कर जमीन पर बैठ जाएं। अब दोनों हाथों की उंगलियों को आपस में फंसाकर सामने जमीन पर रखें। साथ ही कोहनियों को मोड़कर जमीन से लगाएं। फिर सिर को दोनों हथेलियों पर रखकर कमर और कूल्हों को ऊपर की ओर उठाएं। फिर दोनों पैरों को धीरे-धीरे ऊपर की ओर उठाएं।

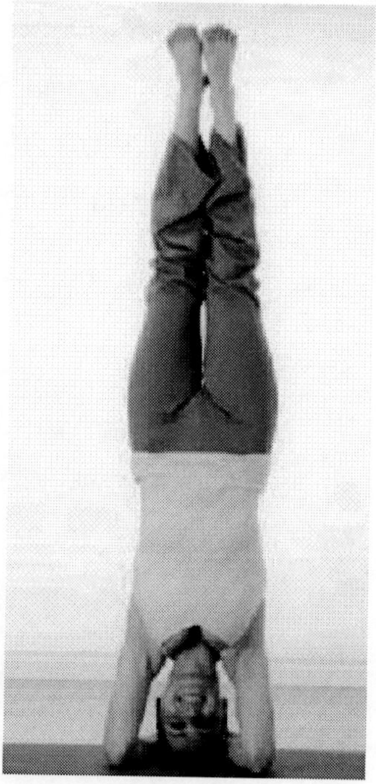

पंजों को सीधा रखें। रीढ़ की हड्डी को सीधा रखें। इस स्थिति में अपने शरीर का सारा भार सिर व कोहनियों पर रखें। ऐसी अवस्था में संतुलन बनाना अत्यंत कठिन होता है। इसलिए इस अभ्यास को सावधानीपूर्वक धीरे-धीरे बनाएं और स्थिर रखने का पूर्ण प्रयास करें।

आसन का समय यह आसन आरंभ में सिर्फ 15 से 20 सेकेंड तक करें। धीरे-धीरे अभ्यास के साथ इसकी अवधि बढ़ाएं और 2 मिनट से ज्यादा न रखें।

सावधानियां

(i) इसे उच्च रक्तचाप और कमजोर हृदय वाले व्यक्ति न करें।
(ii) इसे पित्त प्रकृति वाले व्यक्ति भी न करें।
(iii) इसे नजला, जुकान वाले व्यक्ति न करें।
(iv) शीर्षासन के तुरंत बाद सिर एकदम से ऊपर न उठाएं।
(v) इस आसन में एड़ियां, तलबे और हथेलियां जमीन से लगी हुई हों।

लाभ

(i) इस आसन से आंख, नाक, कान इत्यादि सक्रिय होते हैं।
(ii) इस आसन से स्वप्नदोष, प्रमेह, आलस्य दूर होकर पाचन तंत्र सक्रिय होता है।

(iii) यह आसन स्मरण शक्ति का विकास करने में मद्दगार है।

(iv) यह आसन बालों को सफेद होने से बचाता है।

(v) इस आसन से मस्तिष्क को उचित मात्रा में रक्त मिलता है।

(vi) इस आसन से मुखाकृति सुंदर और चेहरे का पीलापन दूर होता है।

3. गरुड़ासन

इस आसन को करते समय व्यक्ति का शरीर एक गरुड़ पक्षी की भांति प्रतीत होता है, इसलिए इसे गरुड़ासन कहते हैं।

विधि सबसे पहले जमीन पर सीधे खड़े हो जाएं। जिस तरह बेल किसी पेड़ को लपेट लेती है। फिर बाएं पैर को उठाकर दाएं पैर के पीछे की ओर ले जाकर लपेट लें। इस अवस्था में, बाएं पैर का घुटना दाएं पैर के घुटने के ऊपर होगा और दाहिने पैर की पिंडली को ऊपर बाएं पैर का ऊपरी हिस्सा रहेगा। पैरों के समान ही, दोनों हाथों को भी लपेट लें। इस अवस्था में आपके दोनों हाथ चेहरे वेप सामने होने चाहिए।

आसन का समय इस आसन की स्थिति को 6 से 8 सेकेंड तक के लिए बनाए रखें। यह आसन प्रतिदिन 4 से 5 बार कर सकते हैं।

सावधानियां

(i) इस आसन को स्त्रियां गर्भधारण के पश्चात् न करें।
(ii) शरीर का संतुलन आसन करते समय बनाएं रखें।
(iii) हाथ और पैर एक लाइन में रखें।
(iv) टांग को दूसरी टांग पर लपेटने में बल प्रयोग न करें।
(v) शरीर का वजन एक पांव पर रखें।

लाभ

(i) इससे पैरों के स्नायु स्वस्थ होते हैं।
(ii) यह आसन लंबाई में वृद्धि करने में सहायक है।
(iii) यह आसन अण्डकोष की वृद्धि को रोकता है।
(iv) यह आसन अण्डकोष की वृद्धि को रोकता है।
(v) यह आसन स्नायु, पैरों की हड्डियों को मजबूत बनाता है।
(vi) इससे गठिया रोग दूर होता है।

4. वृक्षासन

इस आसन अलग-अलग ढंगों से किया जाता है। इस आसन का नाम वृक्षासन है, क्योंकि इसमें शरीर की आकृति एक पेड़ के समान बन जाती है।

विधि सबसे पहले जमीन पर सीधे खड़े हो जाएं। दोनों हाथों को पांवों के आगे जमीन पर रखें और दोनों हाथों के बीच में इतनी दूरी होनी चाहिए, जितनी कंधों की चौड़ाई है। पांवों व हाथों की दूरी एक फुट होनी चाहिए। अब दोनों पांवों के घुटने दोनों कोहनियों के ऊपर दोनों बाजुओं पर रखें और गर्दन को थोड़ा ऊपर की ओर करें। अब धीरे-धीरे एक पांव को ऊपर की ओर सीधा कर दें और यही क्रिया पांव बदलकर भी करें।

लाभ

(i) इससे भुजाओं को अत्यधिक बल मिलता है।

(ii) वायु विकार दूर होता है।

(iii) शरीर की सन्तुलन क्षमता बढ़ाती है।

(iv) यह आसन रक्त के संचार को ठीक करता है।

(v) यह नेत्र ज्योति को बढ़ता है।

(vi) यह कमर को लचीला बनाता है।

(vi) इससे आलस्य दूर होता है।

दूसरी विधि सबसे पहले दोनों पैरों को एक साथ मिलाकर खड़े हो जाएं। अब अपने दोनों हाथों की मदद से दाएं पांव को टकने से पकड़ें अब दाएं पैर को बाएं पांव की जंघा के अंदर की तरफ इस प्रकार रखें कि इस पैर की एड़ी गुप्तांग पर दबाव डाले। अब दोनों हाथों को सिर के ऊपर प्रार्थना मुद्रा में रखें और सामने की ओर देखें। यह प्रक्रिया पैर बदलकर भी करें।

सावधानियां

(i) आसन करते समय शरीर का संतुलन बनाए रखें।

(ii) शरीर को एक सीध में रखें।

(iii) जिन्हें चक्कर आने की शिकायत है वे व्यक्ति न करें।

लाभ

(i) इससे पैरों के स्नायु मजबूत होते हैं।

(ii) इससे मन की चंचलता दूर होती है।

(iii) कार्य करने की क्षमता में बढ़ोत्तरी होती है।

(iv) जांघ व पिंडली की मांसपेशियां सुदृढ़ होती हैं।

5. वामन आसन

विधि सबसे पहले घुटनों को नरम कालीन या कंबल पर टिकाकर दोनों हाथों से टखने को पकड़ लें। एड़ियां कूल्हों से मिलाकर घुटनों के बल खड़ा होने की कोशिश करें। शुरू में दीवार के सहारे खड़े हों। घुटनों पर खड़ा होने का अभ्यास होने पर धीरे-धीरे चलने का अभ्यास करें।

सावधानियां

(i) अभ्यास करते समय शरीर बिलकुल सीधा रखें।

(ii) आसन करते समय शरीर का वजन घुटनों पर रखें।

लाभ

(i) इससे जंघाओं की मांसपेशियां सुदृढ़ होती हैं।

(ii) कंधों व पिंडलियों की मांसपेशियां भी सुदृढ़ हो जाती हैं।

(iii) इस आसन से घुटनों में होने वाली पीड़ा गठिया और अन्य विकार दूर होते हैं।

6. टिटिभासन

विधि यह आसन दो विधियों से किया जा सकता है, जो निम्नलिखित है

पहली विधि सबसे पहले पीठ के बल जमीन पर लेट जाएं। फिर दोनों पैरों के अंगूठे को हाथों से पकड़कर ऊपर की ओर उठाएं, जहां तक संभव हो। पांवों और हाथों का भाग बिलकुल सीधा रहे।

दूसरी विधि सबसे पहले जमीन पर बैठ जाएं। दोनों पैरों को दोनों तरफ खोल दें और सिर्फ नितंब के सहारे बैठ जाएं। अब दोनों पैरों को कोहनियों से ऊपर बाजुओं पर से आकाश की ओर उठाकर सिर्फ दोनों हाथों के सहारे ही शरीर को ऊपर उठा लें।

सावधानियां

(i) आसन करते समय दोनों पैरों के घुटने सीधे रखें।

(ii) शरीर को संतुलन में रखकर आसन करें।

(iii) यह आसन योग गुरु की देखरेख में ही करें।

(iv) जबरदस्ती या झटका करने से समस्या आ सकती है।

लाभ

(i) यह आसन हाथों और पैरों के कंपन को दूर करता है।

(ii) यह गुप्त रोगों में लाभकारी है।

(iii) यह श्वास के रोगियों के लिए लाभकारी है।

7. हस्तापादांगुष्ठासन

विधि इस आसन को दो प्रकार से कर सकते हैं

प्रथम विधि सबसे पहले जमीन पर खड़े हो जाएं। बाएं पांव को ऊपर उठाकर दोनों हाथों से इस पैर के पंजे को पकड़ लें। हाथों को बिलकुल सीधा करके सिर को बाएं पांव के घुटने से लगाकर इस स्थिति में बने रहें। इसके पश्चात् पांव बदलकर दाएं पांव को ऊपर और सिर को घुटने से लगाकर आसन को दोहराएं।

द्वितीय विधि सबसे पहले जमीन पर सीधे खड़े हो जाएं। बाएं पांव को सामने की ओर जमीन के समानान्तर फैलाकर बाएं पांव के अंगूठे को दाएं हाथ से पकड़ें। बाएं हाथ से कमर को पकड़कर शरीर को बिलकुल सीधा रखें। इसके पश्चात् बाएं पांव से भी इस आसन को दोहराएं।

सावधानियां

(i) आसन करते समय पैर को झटका न दें।

(ii) शरीर का संतुलन बनाकर रखें।

लाभ

(i) यह आसन शरीर की लंबाई बढ़ाने में सहायक है।

(ii) यह आसन गृध्रसी नाड़ी की पीड़ा को दूर करता है।

(iii) यह हाथ, पैर की मांसपेशियों को सुदृढ़ करता है।

(iv) इससे पीठ, कमर दर्द, जोड़ों का दर्द, पांव के घुटने आदि के रोग दूर होते हैं।

(v) यह यकृत और प्लीहा वृद्धि में लाभदायक है।

(vi) इसके अभ्यास से स्त्रियों का प्रसव सरलता से होता है।

8. ताड़ासन

विधि सबसे पहले सावधान की अवस्था में खड़े हो जाएं। दोनों

हाथों को दीर्घ श्वास लेते हुए पार्श्व भाग से धीरे-धीरे ऊपर उठाएं। हाथों को पूरा ऊपर की ओर खींचे। पैरों की एड़ियां भी उठ जाएंगी। समस्त शरीर को तान कर रखें। श्वास छोड़ते हुए इसी प्रकार वापस आ जाएं। इसी तरह से कई चक्र करें।

सावधानियां

(i) इस आसन को करते समय शरीर को सीधा व तानकर रखें।

(ii) जिन व्यक्ति को चक्कर आते हों, वे व्यक्ति न करें।

(iii) शरीर का संतुलन बनाकर रखें।

(iv) यह शीर्षासन का विपरीत है, अतः इसे शीर्षासन के पश्चात् किया जा सकता है।

लाभ

(i) यह आसन मेरुदंड को लचीला बनाता है।

(ii) यह फेफड़ों के लिए काफी लाभकारी है।

(iii) इसका नियमित अभ्यास करने से कद में वृद्धि होती है।

(iv) इसके अभ्यास से रीढ़ की हड्डी का दर्द ठीक होता है।

11

विश्रामात्मक आसन

आसन और व्यायाम में अंतर होता है। आसन करते समय आपको थकावट न होकर स्फूर्ति का अनुभव रहे, इसलिए आसन करने के पश्चात् शरीर की थकावट दूर करने के लिए विश्रामात्मक आसनों का प्रावधान किया गया है। विश्रामासन करने के लिए यह आवश्यक नहीं है कि इसे प्रातः या सायंकाल आसनों के पश्चात् ही किया जाए। जब मन अशांत अवस्था में हो या शरीर कार्य करके थकावट अनुभव करता हो या किसी तनाव में हो तो विश्रामासन कर सकते हैं। यदि तनाव या किसी अन्य कारण से रात को आपको नींद न आ रही हो तो उसके लिए विश्रामासन रामबाण औषधि है। विश्रामासन दो प्रकार के हैं 1. शवासन, 2. मकरासन।

1. शवासन इस स्थिति में शरीर में किसी भी प्रकार की कोई हलचल नहीं होती है, शरीर को इस स्थिति में रखना ही शवासन है। इस स्थिति में व्यक्ति का शरीर और मन दोनों पूर्ण रूप से विश्राम की अवस्था में रहते हैं।

विधि सबसे पहले जमान पर कम्बल बिछा लें। दोनों पैरों को सामने करके बैठें और बाद में धीरे-धीरे हाथों का सहारा लेकर पीठ के बल लेट जाएं। दोनों पैरों में अंतर 1-2 फुट और पैरों के पंजे बाहर की ओर ढीले रखें। हथेलियां ऊपर की ओर या अंदर की ओर रहनी चाहिए। आंखें बंद कीजिए और सामान्य रूप से शवासन करें। संपूर्ण शरीर विशेष रूप से हाथ, गर्दन, पैर को शिथिल करें। इस अवस्था में शरीर के माध्यम से किसी प्रकार की हलचल मत करें। अपनी गर्दन को दाईं ओर या बाईं ओर रखें। श्वास लेते समय शीतल और छोड़ते समय गर्म वायु की अनुभूति करें। ऐसा महसूस करें की शरीर भारहीन है और मैं अनंत आकाश में उड़ रहा हूं। इस आलौकिक आनंद की अनुभूति करते हुए निश्चित रहें।

आसन का समय प्रत्येक दो आसनों के पश्चात् एक मिनट शवासन करना चाहिए। खेल-कूद या कठिन शारीरिक व्यायाम के पश्चात् 5-10 मिनट तक शवासन करना चाहिए। इस आसन का आरंभ अधिक समय तक भी किया जा सकता है।

सावधानियां

(i) इस आसन का अभ्यास करते समय शरीर के किसी भी हिस्से में तनाव नहीं होना चाहिए।

(ii) इन आसनों के अभ्यास करने में निन्द्रा आ जाने की संभावना रहती है।

(iii) आसन करते समय हाथ और पांव बिलकुल ढीले होने चाहिए।

(iv) आसन करते समय शरीर में किसी प्रकार की हलचल नहीं करनी चाहिए।

(v) किसी कारणवश डॉक्टर पीठ के बल सोने से मना किया हो वे व्यक्ति इस आसन का अभ्यास न करें।

लाभ

(i) इसका अभ्यास नींद न आने पर किया जा सकता है।

(ii) यह आसन मानसिक तनाव से मुक्ति दिलाता है।

(iii) यह आसन शरीर की समस्त मांसपेशियों, शरीर संस्थान के सभी अवयवों और स्नायु को विश्राम प्रदान करता है।

(iv) यह आसन हृदय और तंत्रिकातंत्र को विश्राम पहुंचाता है और रक्त परिसंचरण तंत्र नियंत्रित करता है।

(v) यह आसन उन्माद और भय को दूर करता है।

(vi) मांसपेशियां शिथिल होने से उनकी थकान मिट जाती है और वे पहले से ज्यादा सक्रिय और स्फूर्ति युक्त बन जाती हैं।

(vii) इस आसन से शरीर और मन को पूर्ण विश्राम मिलता है।

(viii) यह आसन उत्तेजित व्यक्तियों और आधुनिक जीवन से त्रस्त व्यक्तियों हेतु अत्यंत लाभप्रद हैं।

(ix) मानसिक तनाव से मधुमेह, उच्चरक्तचाप, हृदयरोग, दमा आदि रोग हो जाते हैं। शवासन से तनाव कम होता है और इन रोगों में लाभ होता है।

2. मकरासन

विधि सबसे पहले किसी समतल स्थल पर दरी या कंबल बिछा लें और पेट के बल लेट जाएं। दोनों पैरों में 2-2 फुट का अंतर हो। एड़ियां भीतर की ओर पंजे बाहर की ओर जमीन पर टिकाएं। दोनों हाथों को मोड़कर एक-दूसरे की भुजा पकड़ें और सिर का अगला भाग उन पर टिका दें। शवसन की भांति ही शरीर को बिलकुल शिथिल रखें। पेट, छाती पूर्णरूपेण जमीन पर रखें।

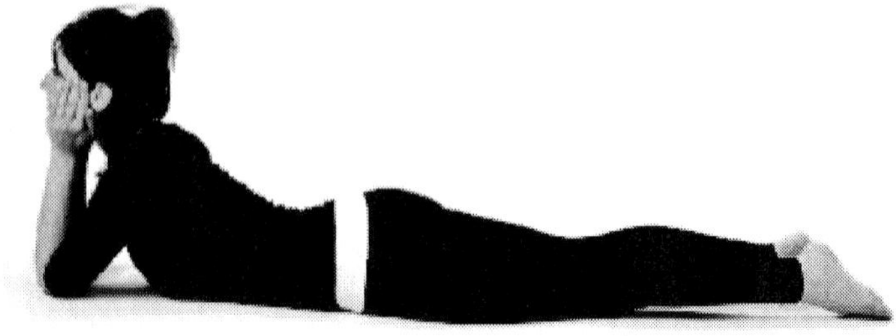

सावधानियां

(i) आसन करते समय शरीर को अकड़ाएं नहीं।

(ii) आसन की मुद्रा में शरीर को तनावरहित रखें।

लाभ

(i) यह आसन थकान से राहत पहुंचाने में मदद करता है।

(ii) इस आसन का अभ्यास चिड़चिड़े व्यक्तियों को अवश्य करना चाहिए।

(iii) यह आसन दमे की बीमारी में काफी लाभप्रद है।

(iv) यह आसन एक आज्ञाकारी नम और श्रद्धा व्यवहार का निर्माण करता है।

(v) इससे पेट की मांसपेशियों की अच्छी तरह मालिश होती है।

(vi) इससे शरीर के सभी अंगों को पूर्ण विश्राम मिलता है।

(vii) यह श्वास प्रश्वास की गति को ठीक करता है।

(viii) यह व्यायाम दिमाग को शांति और एकाग्रता प्रदान करता है।

12

ध्यानासन

इस आसन को करने से मन एकाग्रचित और शांत रहता है। ये आसन समाधि की अवस्था तक पहुंचाने में काफी सहायक है। इन आसनों के माध्यम से कुंडलिनी जागरण होती है। इन आसनों का मुख्य उद्देश्य अपनी इंद्रियों पर पूर्णरूप से विजय प्राप्त करना है। अत: इनका समय आवश्यकता के अनुसार घटाया और बढ़ाया जा सकता है। यह आसन वैरागियों, संन्यासियों, साधकों और योगियों के लिए काफी लाभकारी है।

1. पद्मासन इस आसन में व्यक्ति की शारीरिक स्थिति कमल के समान हो जाती है। पद्म का अर्थ है कमल। पद्म अर्थात् कमल के समान शारीरिक स्थिति हो जाने के कारण इसे पद्मासन कहते हैं। महात्मा बुद्ध का चित्र इसी आसन में दिखाई पड़ता है।

विधि सबसे पहले दरी या कंबल जमीन पर बिछा दें और दोनों पैरों को आमने-सामने करके जमीन पर बैठ जाएं। बाएं पैर को घुटने से मोड़कर दाएं पैर की जांघ पर रखें और इसी प्रकार दाएं पैर को घुटने से मोड़कर बाएं पैर की जांघ पर रखें। अपनी दाईं हथेली को दाएं घुटने पर और बाईं हथेली को बाएं घुटने पर रखें। अपने शरीर को सीधा रखें और दृष्टि को किसी एक बिन्दु पर केन्द्रित करें। पैरों को जांघों पर रखते समय धीरे-धीरे और आसनी से रखें। इस स्थिति को 1-2 मिनट बनाए रखें।

इसके पश्चात् धीरे-धीरे आसन से मुक्त होकर पहले जैसी स्थिति में आ जाएं।

आसन का समय पहली बार इस आसन का अभ्यास करते समय शरीर की स्थिति को आसन में मात्र 1-2 मिनट ही रखना चाहिए। फिर धीरे-धीरे इस समय को बढ़ाकर 10-15 मिनट तक ले जाना चाहिए।

सावधानियां

(i) अपने पैरों को बलपूर्वक नहीं खींचें।

(ii) प्रारंभ में इस आसन को करने में जांघों और घुटनों में कुछ तकलीफ हो सकती है।

लाभ

(i) यह आसन अंत:स्रावी ग्रंथियों को क्रियाशील करता है।

(ii) यह आसन शारीरिक व मानसिक स्थिरता प्रदान करता है।

(iii) ध्यान की अवस्था में इस आसन में अधिक समय तक बैठा जा सकता है।

(iv) यह आसन घुटनों के जोड़ों की अकड़न और पीड़ा को दूर करता है।

2. सिद्धासन

सिद्धासन योगियों का मनपसंद आसन है। यह योग की अंतिम ऊंचाइयों तक पहुंचाने में सहायक होता है। यह योग की सभी अलौकिक योग्यताओं और आत्म सिद्धि प्राप्त करने में मदद करता है।

विधि सबसे पहले कंबल या दरी जमीन पर बिछा दें। नितंबों के नीचे दो अंगुल मोटी कपड़े की परत बनाकर रख लें। बायां पैर मोड़कर उसकी एड़ी सीवनी के मध्य कोमल स्थान में लगाएं। दाहिने पैर की एड़ी जननेन्द्रिय के ऊपर वाले हिस्सा में स्थित करें। इस स्थिति में बाएं पैर के टखने पर दाहिने पैर का टखना रखें।

दाहिने पैर का पंजा बाएं पैर को जंघा व पिंडली के मध्य में रखें। ऐसे ही बाएं पैर को दाहिने पैर की जंघा व पिंडली के मध्य स्थित करें। दोनों पैरों के घुटने जमीन पर टिके हुए हों। गुप्तांग बाईं ओर रहने दें। इन पर अनावश्यक दबाव न डालें। दोनों हाथ ज्ञान मुद्रा बनाकर घुटनों पर सीधा स्थिर करें। शरीर न ढीला और न ही अकड़ा हुआ हो स्वाभाविक रूप से सीधा रखें। ढोड़ी कंठकूप में लगाकर जालंधर बंध लगाएं। आंखें खुली हुई और दृष्टि दोनों भौहों के बीच में स्थित रखें।

3, स्वस्तिकासन

सबसे पहले जमीन पर कंबल या दरी बिछा दें। बिछाए गए आसन पर आलती-पालती की अवस्था बनाते हुए दोनों पैरों के पंजों को जंघा व पिंडलियों के मध्य रखें। फिर हाथों को जंघाओं के अंत में घुटनों के निकट रखकर ध्यान मुद्रा बनाएं। पूरे शरीर को सीधा रखें। घुटने जमीन से उठने न दें। जंघा, पीठ, कमर और रीढ़ की हड्डी सभी सीधे रखें। दोनों हाथ सीधे करके सिद्धासन की भांति घुटनों पर स्थिर रखें। हाथ ज्ञान मुद्रा में या हथेलियां घुटनों पर टिका कर रखें। जालंधर बंध और भ्रूमध्य दृष्टि या ग्रीवा करके आंख बंद रखें।

लाभ

(i) यह आसन स्नायुविक प्रणाली को शांत और सामान्य स्थिति में रखता है।

(ii) यह आसन पैरों के दर्द को दूर करता है।

(iii) इस आसन के अभ्यास से कब्ज दूर होता है।

(iv) शरीर की पाचन शक्ति बढ़ती है।

4. वीरासन

विधि सबसे पहले जमीन पर दरी या कंबल बिछाकर बैठ जाएं। दाएं पैर को मोड़कर उसे बाएं पैर की जांघ के ऊपर रखें। दोनों घुटने जमीन पर टिका दें। हाथ ज्ञान, मुद्रा में या हथेलियां घुटनों पर रखकर सीधे रखें। इस आसन को सभी व्यक्ति सरलता से कर सकते हैं।

13

प्राणायाम

प्राणायाम दो शब्दों के मिलन से बना है। प्राण+आयाम= प्राण का आयाम अर्थात् प्राणों पर नियंत्रण की प्राणायाम कहलाता है। यह सभी जीवित व्यक्तियों के शरीर में रहती है।

प्राणायाम वह प्रक्रिया है जिसके द्वारा शरीर में जीवन शक्ति का संचार होता है। प्राणायाम के लिए घी, दही, दूध और गेहूं से बनी चीजों को आदर्श भोजन माना जाता है। जो साधक सिर्फ 15 मिनट से कम समय के लिए प्राणायाम करते हैं, वे किसी भी प्रकार का भोजन प्राप्त कर सकते हैं। प्राणायाम अधिक ठंडे व अधिक गर्म मौसम में नहीं करना चाहिए।

प्राणायाम का अभ्यास करने से साधक हमेशा प्रसन्न और आकर्षक बना रहता है। इससे चेहरा कांतिमय बनता है। यह शारीरिक आत्मबल को बढ़ाने में सक्ष्म है और इसे करने से विषाक्त तत्त्व शरीर से बाहर आ जाते हैं। प्राणायाम शरीर के वजन को घटाने में भी काफी लाभदायक है। इसके अभ्यास से इंद्रियां अंतर्मुखी हो जाती हैं। प्राणायाम की प्रक्रिया में श्वास की मात्रा और नियंत्रण ही मुख्य है। श्वासन जितना गहरा और लंबा होता है, फेफड़ों के फैलाने और रक्त शोधन के कार्य में उतनी ही सहायता मिलती है।

आरंभ में प्राणायाम से कब्ज की परेशानी हो सकती है। नमक और

मसालों के सेवन से बंधा हुआ मल होने पर बंद कर दें और मल होने पर सिर्फ चावल और दही का भोजन करें।

प्राणायाम की विधि

श्वासन-ऊच्छवास की क्रिया का नियमन व विस्तार प्राणायाम है। इसलिए प्राणायाम की क्रिया में स्थान, समय, आसन और विधि का ध्यान रखना जरूरी है। प्राणायाम का अभ्यास शांत, स्वच्छ और खुले स्थान में करना चाहिए। पर्वत, उद्यान और खुला स्थान प्राणायाम के लिए अति उत्तम स्थान है। प्राणायाम करने का सही समय प्रातःकाल सूर्योदय से आधा घंटा पहले एवं पश्चात् उत्तम है। इसे मध्याह्न और सायंकाल में भी कर सकते हैं, परन्तु भोजन के दो घंटे तक प्रायाणायाम नहीं करना चाहिए।

प्राणायाम करते समय सिद्धासन, पद्मासन और सुखासन सबसे श्रेष्ठ आसन हैं। प्राणायाम किसी भी सुखपूर्वक स्थिति वाले आसन में रीढ़ को सीधा रखकर कर सकते हैं। प्राणायाम की क्रिया सामान्यतः आंखें बंद कर बाएं हाथ को घुटनों पर रखकर दाहिने हाथ से नासापुटों को बंद और खोलकर करते हैं।

प्राणायाम की प्रक्रिया प्रारंभ करने से यह अपने शरीर की रचना या सामान्य अवबोध आवश्यक है। श्वास सामान्यतः नाक या मुंह से लिया जाए। मुंह से श्वास लेना उचित नहीं है। श्वास की पूर्ण क्रिया करने के लिए श्वास को कंठकूप यंत्र में खींचना और छोड़ना होता है। इससे स्वर मधुर और कोमल बनता है।

प्राणायाम में पूरक, रेचक, कुंभक तीन क्रियाएं होती हैं। पूरक श्वास को अंदर ले जाना, रेचक श्वास को बाहर छोड़ना और श्वास को रोकने की क्रिया को कुंभक कहते हैं। कुंभक दो प्रकार का होता है। यह अंतः व बाह्य प्रकार का होता है। श्वास ग्रहण कर अंदर रोककर रखने को

अंतः कुंभक व श्वास को बाहर निकालकर रोकने को बाह्य कुंभक कहा जाता है। पहले योगदर्शन के अनुसार व पुनः हठयोग के ग्रंथों के आधार पर प्राणायाम का वर्णन किया जा रहा है।

योगदर्शन में कुंभक के चार भेद बताए गए हैं

(i) बाह्य

(ii) आभ्यांतर

(iii) स्तम्भवृत्ति

(iv) विषयापेक्षी

(i) बाह्य कुंभक

विधि सबसे पहले जमीन पर कंबल या दरी बिछा दें। फिर सिद्धासन, पद्मासन, स्वस्तिकासन आदि किसी भी आसन में बैठकर श्वास को एक बार में ही यथाशक्ति बाहर रखें। श्वास को बाहर निकालकर मूल बंध व उड्डीयान बंध लगाकर अपनी सामर्थ्य के अनुसार बाहर ही रोककर रखें। जब श्वास अधिक समय तक न रुक सके तो बंधों को छोड़ते हुए धीरे-धीरे श्वास को अंदर लें। यह एक चक्र पूरा हुआ। श्वास को भीतर लेने के पश्चात् उसे बिना रोके ही फिर से बाहर फेंककर बाहर ही रोकें। यह दूसरा क्रम पूरा होगा। इस प्रकार उसे 21 चक्र तक किए जा सकते हैं। अभ्यास होने पर मूल बंध को निरंतर लगाए रहें।

सावधानियां

(i) श्वास को बाहर इतनी देर तक न रोकें कि भीतर लेते समय झटके से श्वास भीतर जाए।

(ii) उखड़े हुए श्वास को 4-5 सामान्य श्वास लेकर ठीक करें।

लाभ

(i) इससे बुद्धि सूक्ष्म व तेज होती है।

(ii) यह एक लाभकारी प्राणायाम है जिससे कोई हानि नहीं होती।

(iii) इससे मन की चंचलता दूर होती है।

(iv) इससे ध्यान लगता है।

(v) मूल बंध व उड्डीयान बंध से वीर्य स्थिर होकर स्वप्नदोष व शीघ्रपतन इत्यादि गुप्त रोग दूर होता है।

(ii) आभ्यांतर कुंभक

विधि सबसे पहले जमीन पर कंबल या दरी बिछा दें और ध्यानात्मक आसन में बैठ जाएं। श्वास को प्रथम बाहर निकालकर पुनः पूरा भीतर लें। छाती को पूरा फैलाएं और पेट को कुछ भीतर सिकोड़ें। पूरा श्वास भर लेने के पश्चात् जालंधर बंध लगाएं। मूल बंध भी लगा सकते हैं। श्वास को जब तक रोक सकते हैं, उसे भीतर ही रोकें। जालंधर बंध हटाकर धीरे-धीरे श्वास को बाहर निकालें। यह एक चक्र पूरा हुआ। इसी प्रकार यथाशक्ति अभ्यास करते रहें।

(iii) स्तम्भवृत्ति

विधि सबसे पहले जमीन पर कंबल या दरी बिछाकर बैठ जाएं। इसके बाद श्वास पर पूर्ण नियंत्रण करें। बाह्य व आभ्यंतर कुंभक न करके श्वास को जैसे-तैसे रोकें। उसी स्थिति में श्वास को रोककर बाहर निकालें। फिर श्वास सामान्य होने पर इसी प्रक्रिया को दोहराएं। इससे तीनों बंध लगाए जा सकते हैं। इसका विशेष रूप से ध्यान रखें।

(iv) विषयापेक्षी

विधि सबसे पहले जमीन पर कंबल या दरी बिछाकर बैठ जाएं।

श्वास पर बलपूर्वक नियंत्रण करें। बाह्य कुंभक करने पर जब श्वास भीतर आने लगे तो उसे बाहर ही धक्का मारकर धकेल दें। इस प्रकार धक्का लगाकर यथाशक्ति बाहर रोकने का प्रयत्न करें। आभ्यांतर कुंभक में जब श्वास भीतर से बाहर निकलना चाहे तो उसे बाहर न निकालकर बलपूर्वक कुछ श्वास और भीतर ले लें। ऐसी ही यथाशक्ति भीतर लेते हुए कुंभक का समय बढ़ाने की कोशिश करें।

चतुर्थ प्राणायाम

इस प्राणायाम करने की अनेक विधियां हैं। पहली विधा स्वामी दयानंद सरस्वती द्वारा निर्दिष्ट है। कुछ आचार्यों के मत में चतुर्थ प्राणायाम कुंभक का दीर्घकालीन अभ्यास करने से अपने आप ही हो जाता है। इसके लिए किसी अलग प्रयास की जरूरत नहीं है। इसे सिर्फ कुंभक कहते हैं। एक मतानुसार, भीतर भरकर इच्छानुसार उसे रोके रखना सिर्फ कुंभक कहलाता है। ध्यान करते समय जब श्वास इतना सूक्ष्म हो जाए कि उसका पता न लगे तो वह स्थिति कुंभक जैसी ही हो जाती है। जब बाहरी वातावरण व शरीर में हवा का दबाव समान हो जाए, श्वास न भीतर जाए और न ही भीतर से बाहर आए, ऐसी स्थिति को ही कुंभक कहते हैं। हठयोग के अनुसार, आभ्यांतर कुंभक के आठ भेद किए गए हैं, जो इस प्रकार हैं

(i) सूर्यभेदन (ii) उडजायी

(iii) सीत्कारी (iv) शीतली

(v) भस्त्रिका (vi) भ्रामरी।

(vii) मूर्च्छा (viii) प्लाविनी।

इनके अभ्यास करने से पहले नाड़ी शुद्धि व कपालभाति कर लेना चाहिए।

नाड़ी शुद्धि प्राणायाम

अनुलोम-विलोम प्राणायाम

विधि सबसे पहले जमीन पर कंबल या दरी बिछा दें। और ज्ञानमुद्रा बनाएं। दाहिने हाथ की तर्जनी व मध्यमा उंगलियों को मोड़कर अंगूठे के मूल में लगाएं। शेष दोनों ऊंगलियां व अंगूठा सीधा रखें। अंगूठे से दाहिने (सूर्य) को बंद करके बाएं चन्द्र स्वर से श्वास लें। उसी स्वर से दोगुना समय लेकर छोड़ें। ऐसे तीन चक्र पूरा करें। इसी तरह दाहिने स्वर से श्वास लेते और छोड़ते हुए तीन चक्र पूरा करें।

दूसरी विधि

बाएं स्वर से पूरक व दाहिने स्वर से रेचक करें। ऐसे तीन चक्र इस तरह से करें। अब दाहिने से पूरक व बाएं से रेचक करके तीन चक्र पूरे करें।

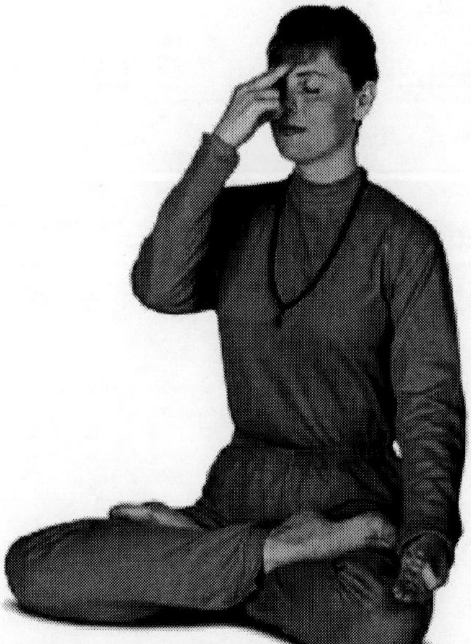

तृतीय विधि

चन्द्र स्वर या बाईं नाविका से पूरक करके सूर्य स्वर से दोगुना समत्य लेते हुए रेचक करें। सूर्य स्वर या दाईं नासिका से इसी तरह संख्या गिनते हुए पूरक व चन्द्र स्वर से रेचक करें। यह एक चक्र पूरा हुआ। ऐसा 3 से 21 चक्र पूरे करें।

चतुर्थ विधि

चन्द्र स्वर या दाईं नासिका से पूरक करें। पूरक करने के पश्चात् जालंधर बंध लगाएं। दोनों स्वरों को अंगूठे व कनिष्ठा और अनामिका से बद कर लें। नासिका द्वारों को प्रारंभ में ही बंद कर लें। अभ्यास के पश्चात् इसकी आवश्यकता भी नहीं रहती है। सूर्य स्वर का दाईं नासिका से दोगुना समय लेते हुए श्वास छोड़ें। यह आधा चक्र पूरा हुआ। इसी तरह सूर्य स्वर से अभ्यास करते जाएं। यह चक्र पूरा एक चक्र हुआ।

लाभ

(i) यह नाड़ी शुद्धि का सबसे उत्तम प्राणायाम है।

(ii) इसके अभ्यास से शरीर सुंदर और कांतिमय बनता है।

कुंभक प्राणायाम

हठ प्रदीपिका में कुंभक के आठ भेदों का वर्णन किया गया है, जिसकी विधि निम्न प्रकार से है

1. कपाल भाति प्राणायाम

कपाल का अर्थ है मस्तिष्क के सामने का भाग और भाति का अर्थ है धौंकनी। यह प्राणायाम न होकर हठयोग के षट्कर्मों में से एक है। मस्तिष्क के भाग को शुद्ध और चुस्त एवं क्रियाशील रखने के लिए कपाल भाति प्राणायाम का प्रयोग किया जाता है।

विधि सबसे पहले कंबल या दरी जमीन पर बिछा लें और आसन लगाकर बैठ जाएं। सांस को लेते हुए विशेषकर ध्यान सांस छोड़ने पर दें। इस प्रक्रिया को निरंतर कई बार करें और आखिर में सांस को जोर से बाहर निकालते हुए फेफड़ों को श्वास से रहित कर दें। अब जालंधर बंध और उड्ड़ीयान बंध तीनों कों लगा लें। कुंभक की अवस्था में शून्य पर अपना ध्यान केन्द्रित करें। अब एक बंध से हट जाएं और पूर्ण सांस लेकर आराम करें। 30 से 100 बार सांस को रोकने-छोड़ने पर एक चक्र को पूर्ण हुआ माने।

सावधानियां

(i) शारीरिक रूप से दुर्बल स्थिति और क्षीण फुस्फुस वाले व्यक्तियों को इस क्रिया का अभ्यास नहीं करना चाहिए।

(ii) उच्च और मंद रक्तचाप से पीड़ित व्यक्तियों को इस क्रिया का अभ्यास नहीं करना चाहिए।

लाभ

(i) यह पाचन क्रिया की क्षमता को बढ़ाता है।

(ii) यह यकृत प्लीहा, पांच ग्रंथि और उदर की मांसपेशियों को मजबूत और कार्यशील बनाता है।

(iii) इस प्राणायाम को ध्यान से पूर्ण करने पर मन को शांति मिलती है।

(iv) इस प्राणायाम से मस्तिष्क की चर्बी नष्ट हो जाती है।

2. भ्रामरी प्राणायाम

इस क्रिया को करने से वात, पित्त, कफ इत्यादि रोग दूर होते हैं। यह मन को प्रसन्न रखता है। यह अजीर्ण, कब्ज, अम्लता और पेशाब की सभी बीमारियों को शांत करने में फायदेमंद है।

विधि सबसे पहले कंबल या दरी जमीन पर बिछाकर किसी एक ध्यान आसन की अवस्था में बैठ जाएं और दोनों नासिकाओं से स्वाभाविक रूप से सांस लें। अब सांस, मूलबंध और जालंधर बंध लगाकर कुछ समय रोकें। फिर अपने हाथों की दोनों पहली उंगलियों को दोनों कानों में डालकर मुंह बंद करें। फिर सांस को धीरे-धीरे भौंरे की तरह गुनगुनाते हुए बाहर निकालें। अपने सारे ध्यान सिर्फ गुनगुनाहट की ओर ही केन्द्रित करें। ठीक इस तरह से क्रिया को उसे 4 बार कर सकते हैं।

सावधानियां

(i) इस प्राणायाम को कभी भी सुप्तावस्था में नहीं करना चाहिए।

(ii) सुप्तावस्था में करने पर श्वास नलिका में तनाव उत्पन्न हो सकता है।

लाभ

(i) इसके करने से मन शांत रहता है।

(ii) यह प्राणायाम गाना गाने वाले व्यक्तियों के लिए अत्यंत लाभदायक है।

(iii) यह प्राणायाम मस्तिष्क में होने वाले तनावों और उनके कारण होने वाले रक्तचापों में आराम पहुंचाता है।

3. उज्जाई प्राणायाम

उज्जाई प्रक्रिया वह क्रिया है, जिसके अंतर्गत छाती को बाहर की ओर निकाला जाता है और फुस्फुस को पूर्ण रूप से फैला दिया जाता है।

विधि सबसे पहले कंबल या दरी जमीन पर बिछा लें और पद्मासन, सुखासन या सिद्धासन में बैठ जाएं। दोनों हाथों को घुटने पर रखें। रीढ़ की हड्डी, गर्दन और सिर को एक सीध में रखें। अपनी आंखों

को बंद करें और शरीर की सारी वायु को बाहर निकालें। फिर सांस की उज्जाई को शुरू करते हुए, दोनों नाकों द्वारा धीरे-धीरे गहरी और लंबी सांस खींचें व फुस्फुस को पूर्ण रूप से वायु द्वारा भर दें अपनी सांस को इस स्थिति में 1 से 2 सेकेंड तक रोक कर रखें। 2 सेकेंड तक के लिए श्वास को शरीर के अंदर रोकने की इस प्रक्रिया को अंतःकुंभक कहा जाता है। इसके पश्चात् धीरे-धीरे सांस को बाहर निकालते हुए फुस्फुस के अंदर की सारी वायु को भी बाहर निकाल दें। इसे उज्जाई प्राणायाम कहते हैं। इसे दिन और रात किसी भी समय कर सकते हैं।

सावधानियां

(i) इस प्राणायाम को करते समय नाक या मुख से जबरदस्ती न करें।

(ii) शुरू में बिना कुंभक के दोनों नासिका द्वारों से स्वर सहित पूरक और उससे दोगुने समय में रेचक करना चाहिए।

लाभ

(i) यह सभी प्रणालियों को ठीक रखता है और नाड़ियों को शांत करता है।

(ii) इस प्राणायाम को नियमित रूप से करने से कफ से बचा जा सकता है।

(iii) यह दमे के रोगी के लिए लाभदायक है।

(iii) इससे शरीर में ऑक्सीजन की मात्रा का विकास होता है।

(iv) इससे सभी नाड़ियों और धातुओं का शुद्धिकरण होता है।

4. मस्त्रिका प्राणायाम

यहां पर मस्त्रिका का अर्थ है धौंकनी। जिस प्रकार भट्टी को

जलाने के लिए धौंकनी का प्रयोग किया जाता है, ठीक उसी प्रकार फेफड़ों में वायु को अंदर और बाहर किया जाता है।

विधि सबसे पहले जमीन पर कंबल या दरी बिछाकर किसी भी ध्यानात्मक आसन में सीधे बैठ जाएं। हाथ घुटनों पर टिकाकर स्थिर करें। बलपूर्वक श्वास को भीतर लें और उसी प्रकार बाहर निकालें। श्वास की क्रिया में छाती, कंधे, पसलियां विकसित और संकुचित होते हैं। श्वास निकालते समय आगे की ओर न झूकें।

शांत चित्त होकर करें। चेहरे पर तनाव न रखें। इस प्रकार 20 से 30 बार श्वास को बाहर व भीतर करें। इसमें रेचक व पूरक दोनों सक्रिय रहने चाहिए। अंतिम धक्के के पश्चात दाहिने स्वर से पूरक करके कुंभक करें। कुंभक के पश्चात बाएं स्वर से रेचक द्वारा श्वास को निकालें। इस प्रकार 3 से 5 चक्र कर सकते हैं।

सावधानियां

(i) यह प्राणायाम प्रारंभ से धीरे-धीरे करना चाहिए।

(ii) तीव्र अवस्था और बुखार हो तो मस्त्रिका प्राणायाम नहीं करना चाहिए।

(iii) अगर आपकी नाक रुकी हो तो यह प्राणायाम न करें।

(iv) यह प्राणायाम खाली पेट ही करें।

लाभ

(i) इस प्राणायाम को करने से मुख पर तेज आता है।

(ii) यह कुंडलिनी जागरण करता है।

(iii) यह त्रिदोष नाशक और जठराग्नि वर्धक है।

(iv) इसके नियमित अभ्यास से टी.बी. जैसे रोगों में आराम मिलता है।

(v) मस्त्रिका प्राणायाम फेफड़ों में कार्बन डाइऑक्साइड के स्तर को कम करता है।

(vi) यह गले में सूजन और कफ के संचय को कम करता है।

(vii) यह तंत्रिका तंत्र को संतुलित करता है और ध्यान के लिए आपको तैयार करता है।

5. शीतकारी प्राणायाम

इस प्राणायाम का अभ्यास करते हुए साधक अपने मुंह से शी-शी की आवाज निकालता है, इसलिए इसे शीतली प्राणायाम कहा जाता है। यहां पर शीतकारी या अर्थ है ठंडा करने वाला।

विधि सबसे पहले जमीन पर दरी या कंबल बिछा दें और पद्मासन या वज्रासन की अवस्था में बैठ जाएं। जीभ को अंदर की ओर मोड़कर तालू से लगाए रखें। अपने दोनों हाथों को दोनों जांघों पर रखें किन्तु इस स्थिति में होंठ एक-दूसरे से अलग हों। इसी अवस्था में सांस को अंदर खींचते हुए जालंधर बंध लगाएं और सांस कुछ समय के लिए

रोककर रखें। इसके पश्चात् सिर को ऊपर की ओर उठाएं और श्वास को नाक के माध्यम से बाहर निकाल दें। इस प्राणायाम को आप अपनी जीभ को स्वाभाविक अवस्था में रखते हुए भी कर सकते हैं।

सावधानियां

(i) यह प्राणायाम सुबह खाली पेट करना चाहिए।

(ii) दमा, कफ, खांसी की शिकायत वाले लोगों को यह आसन नहीं करना चाहिए।

(iii) इस प्राणायाम का अभ्यास प्रदूषित जगह में न करें।

लाभ

(i) यह प्राणायाम शरीर को शीतलता पहुंचाता है।

(ii) यह शरीर और मानसिक संतुलन में लाभदायक है।

(iii) चर्म रोगों में लाभकारी है।

6. सूर्यभेदी प्राणायाम

यह प्राणायाम उन नाड़ियों को सक्रिय करता है जो नाड़ियां सूर्य केन्द्र से शरीर में फैली होती हैं।

विधि सबसे पहले जमीन पर दरी या कंबल बिछाकर पद्मासन या वज्रासन में बैठ जाएं। रीढ़ की हड्डी को सीधी व तनी हुई रखें। अब आंखों को बंद कर लें। दाहिनी नासिका से सांस अंदर की तरफ खींचें और सांस को रोक लें। अब जालंधर बंध या मूल बंध लगाएं। सांस को अपनी क्षमता के अनुसार जब तक रोकी जा सके रोककर रखें। अब कुंभक करें और बंध के साथ-साथ कुंभक के समय को बढ़ाएं। अब पहले मूलबंध को छोड़ें और उसके बाद जालंधर बंध को छोड़ें। अब बाईं नासिका से सांस को बाहर निकाल दें। इस क्रिया को 3 या 4 बार करें।

सावधानियां

(i) इस प्राणायाम का अभ्यास गर्मी के दिनों में अधिक न करें।

(ii) यह प्राणायाम उष्णता बढ़ाने वाला है।

लाभ

(i) यह प्राणायाम पाचन क्रिया को सक्रिय करता है।

(ii) इस प्राणायाम से जठराग्नि की वृद्धि होती है।

(iii) दीर्घायु तथा मानव शरीर के लिए शक्तिवाहिनी नाड़ियों को सक्रिय करने में यह प्राणायाम लाभकारी है।

7. मूर्छा प्राणायाम

इस जगह मूर्छा का अर्थ है बेहोशी। इस प्राणायाम को करने से शरीर में बेहोशी की स्थिति उत्पन्न होती है।

विधि सबसे पहले जमीन पर दरी या कंबल बिछा दें, फिर ध्यान आसन में या सिद्धासन या पद्मासन में बैठ जाएं। इस अवस्था के अंतर्गत अपनी पीठ की हड्डी को सीधी और तनी हुई रखें। अपने दोनों हाथों को जांघों के ऊपर रखें। ऊपर आकाश की ओर देखते हुए जितना संभव हो सके अपने सिर को उतना ऊपर की ओर उठाकर रखें। फिर दोनों नासिकाओं के माध्यम से सांस को गहरे रूप में खींचे अब दोनों आंखों को शांभवी मुद्रा में भूमध्य के बीच रखें।

अपनी दोनों हथेलियों को घुटनों द्वारा दबाकर रखें और जितना हो सके सांस को क्षमतानुसार रोकें। अब आंखों को धीरे-धीरे बंद करने के पश्चात् सिर को नीचे ले आएं। अब आपका प्राणायाम पूर्ण हो जाता है।

सावधानियां

(i) इस प्राणायाम को करने से पहले साधक को यह अवश्य ध्यान रखना चाहिए कि प्राणायाम करते समय उसके आसन की अवस्था पूर्णरूप से स्थिर और हद हो ताकि मूर्छा की अवस्था आने पर वह उसी स्थिति में रह सके।

लाभ

(i) इस प्राणायाम को ध्यान से करने पर अंतर्मुखता की अवस्था विकास होता है।

(ii) इस प्राणायाम को करने से एक ऐसी मानसिक अवस्था का विकास होता है, जो बाहर की सभी अनुभूतियों को खत्म कर देती है।

8. शीतली प्राणायाम

शीतली का शाब्दिक अर्थ है ठंडा। यह प्राणायाम शरीर को

शारीरिक तनावों से मुक्त करता है और शरीर को शीतल करता है। इसीलिए इसे शीतकाली प्राणायाम कहा जाता है।

विधि सबसे पहले जमीन पर दरी या कंबल बिछाकर पद्मासन या वज्रासन में बैठ जाएं। अब जीभ को नाली के आकार में पूर्ण रूप से बाहर निकालकर, उस मुड़ी हुई जीभ से इतनी तेज गति से सांस लें जैसे कि हवा लगे सीधे पेट में ही जा रही है। अब जालंधर बंध लगाएं और थोड़ी देर सांस रोककर रखें, फिर सिर को ऊपर की ओर उठाकर सांस को धीरे-धीरे नाक के माध्यम से बाहर निकालें। इस प्रक्रिया को 3 से 5 बार करें।

सावधानियां

(i) कफ प्रकृति वाले व्यक्ति और शीत ऋतु में इसका अभ्यास न करें।

(ii) जिन्हें सूर्यभेदन या अन्य प्राणायाम के पश्चात् उष्णता या खुश्की प्रतीत हो वे शीतली का अभ्यास न करें।

लाभ

(i) इस प्राणायाम को करने से रक्त साफ होता है।

(ii) यह प्राणायाम रक्तचाप में भी लाभदायक है।

(iii) यह शरीर और मानसिक संतुलन में लाभ करता है।

(iv) इससे वाणी मधुर बनती है।

(v) ग्रीष्म ऋतु में प्यास लगने से संजल के अभाव में शीतली प्राणायाम से प्यास को शांत किया जा सकता है।

14

ध्यान, मुद्रा, चक्र, बंध

ध्यान

चित्त को किसी एक बिन्दु पर केन्द्रित करना ही 'ध्यान' कहलाता है। ध्यानस्थ साधक चित्तवृत्तियों को नियंत्रित कर लेता है और वृत्ति अंतर्मुखी होकर एक बिन्दु पर केन्द्रित हो जाती है। यही ध्यानवस्था है। ध्यान में लीन मानव को अपार मानसिक शांति मिलती है। ध्यान करने के तरीके भिन्न-भिन्न हो सकते हैं, लेकिन सबका लक्ष्य एक ही होता है। अत: ध्यान करने वाला व्यक्ति विषय विकार से मुक्त हो जाता है और मानसिक शांति प्राप्त करता है। इससे मन शुद्ध और शांत चित्त बनता है।

योगासन की साधना करने के लिए मन की शुद्धता सर्वोपरि होती है। तन कितना भी साफ स्वच्छ और शुद्ध हो यदि मन शुद्ध नहीं हो तो योगासान से लाभ नहीं प्राप्त किया जा सकता है। व्यक्ति के मन में तमाम तरह के विषय विकार (काम, क्रोध, लोभ, मोह, ईर्ष्या) इत्यादि भरे होते हैं जो कि शरीर और श्वास पर परिलक्षित होता है। मन पर इसका क्या प्रभाव पड़ता है। इसकी जानकारी नहीं हो पाती। लेकिन जब इनका प्रभाव अधिक होता है तब ध्यान लगाने में मन नहीं लगता है। अत: सभी मनोविकारों को खत्म कर ध्यान लगाने की कोशिश कीजिए। मन को एकाग्र और स्थिर करने का मात्र एक उपाय ध्यान है।

ध्यान से आपके शरीर पर अच्छा प्रभाव पड़ता है। मन की शक्ति बढ़ती है और मन की शुद्धता बढ़ती है। आपका मन बुरे विचारों और कुकर्मों से विमुख होकर अच्छे विचारों और सद्कर्मों की ओर बढ़ने लगता है। ज्यों-ज्यों ध्यान में पारंगत होते जाएंगे, आपका मन उतना ही निर्मल होता चला जाएगा।

यदि व्यक्ति के मस्तिष्क की तुलना नदी से की जाए तो हमारी सोच की तुलना लहरों से ही होगी। जिस तरह लहरों के समाप्त हो जाने पर जल बिलकुल शांत हो जाता है, उसी प्रकार मस्तिष्क भी शांत भाव से सकारात्मक कार्य करता है। ध्यानावस्था में मस्तिष्क सर्वोत्तम ढंग से काम करने लगता है और विचार, मन और शरीर अपने आप मस्तिष्क के नियंत्रण में हो जाते हैं।

मन को स्थिर रखने के लिए और भी तरीके हैं जैसे जप, तप, हवन इत्यादि बहुत से साधन हैं, लेकिन सबसे सरल व सर्वोत्तम साधन ध्यान ही है। ध्यान में आपकी आत्मशक्ति जो कि विचारों के रूप में इधर-उधर भटक जाती है सभी का एकीकरण हो जाता है। व्यक्ति धीरे-धीरे ध्यान सिद्धि की ओर बढ़ने लगता है और मन की शुद्धता बढ़ती है। यदि मन स्वस्थ है तो स्वस्छ विचार उत्पन्न होंगे और स्वच्छ विचार वाला व्यक्ति ही स्वच्छ और सत्कर्मी व्यक्ति होता है। इसलिए मुख्य रूप से सभी को ध्यान करना श्रेयस्कर है। प्रत्येक व्यक्ति को कम-से-कम 10 से 15 मिनट तक ध्यान जरूर करना चाहिए।

ध्यान हमेशा सकारात्मक सोच के साथ करने चाहिए। ध्यान आपके दैनिक जीवन में प्रत्येक काम के लिए जरूरी होता है। जो काम आप ध्यान से करेंगे उसको करने में सफल तो होंगे ही उसका परिणाम भी आशानुरूप प्राप्त कर सकेंगे।

ध्यान लगाने के लिए किसी गुरु या अध्यापक की आवश्यकता नहीं होती है। जिस तरह अबोध बच्चों को कोई सोना नहीं सिखाता वह

खुद सो जाता है। उसी प्रकार आप भी ध्यान से अनजान अबोध बालक की ही तरह है और किसी से सीखने की जरूरत नहीं है। लेकिन ध्यान को प्रतिदिन नियमित कीजिए और आपको स्वतः ही ध्यान साधना में सिद्धि प्राप्ति होगी।

वैसे तो ध्यान किसी समय लगाया जा सकता है, लेकिन ध्यान के लिए सबसे श्रेष्ठ समय ब्रह्ममुहूर्त है। ध्यान साधन के लिए कुछ महत्त्वपूर्ण बिन्दु हैं, जो इस प्रकार हैं

(i) ध्यान साधना के लिए वातावरण शुद्ध और स्थान स्वच्छ होना चाहिए। जहां शुद्ध हवा का आगमन हो सके।

(ii) ध्यान तभी लगाना चाहिए जब मानसिक तनाव से मुक्त हो।

(iii) प्रतिदिन एक ही स्थान पर ध्यान लगाएं।

(iv) सांसों को नियंत्रित करें। पांच मिनट तक गहरी सांस लें और इसके पश्चात् सामान्य हो जाएं।

(v) पद्मासन में शरीर को एकदम स्थिर रखें और सिर, गर्दन और पीठ को एक सीध में तना हुआ रखें।

मुद्रा

ध्यानवस्था की स्थिति में एकाग्रचित होकर बैठने की मुद्रा कहते हैं। इसका तात्पर्य यह है कि 'अन्तरात्मा से मिलन' ही मुद्रा है। मुद्रा के माध्यम से ही बंध, चक्र और कुण्डलिनी की गुप्त शक्तियों को जाग्रत किया जा सकता है। मुद्रा के माध्यम से अचेतन इच्छा की शक्ति प्राप्त होती है। मुद्रा शक्ति को हम शरीर में प्रवेश करा सकते हैं। मुद्रा के पास ही मूलाधार चक्र में ही कुण्डलिनी शक्ति सोई अवस्था में रहती है। यह गुप्त शक्तियों का अत्यंत महत्त्वपूर्ण केन्द्र होती है। इसकी महत्त्वपूर्ण मुद्राएं होती हैं, जो इस प्रकार हैं

(i) ताड़ना मुद्रा
(ii) महाबोध मुद्रा
(iii) खेचरी मुद्रा
(iv) काकी मुद्रा
(v) अगोचरी मुद्रा
(vi) माण्डुकी मुद्रा
(vii) शाम्भवी मुद्रा
(viii) अश्विनी मुद्रा
(ix) आकाशी मुद्रा

(i) ताड़ना मुद्रा

इस मुद्रा के लिए सबसे पहले पद्मासन लगाकर बैठ जाइए। सांस को अंदर लेकर अंत:कुभक करें और फिर जालंधर बंध लगाइए। दोनों हाथों को दोनों बगल में जमीन पर हथेलियों को टिकाकर शरीर को ऊपर उठाइए और फिर नीचे इस प्रकार तेजी से आएं कि जमीन पर नितंबों को पटक महसूस हो। इसके करने से कुंडलिनी जाग्रत होती है। रीढ़ की हड्डी जाग्रत होती है। इससे शरीर कांतियुक्त और स्फूर्तियुक्त बन जाती है। यह योगियों की सर्वश्रेष्ठ मुद्रा है।

(ii) महाबोध मुद्रा

इस मुद्रा को करने के लिए सबसे पहले पद्मासन, वज्रासन के साथ-साथ पश्चिमोत्तासन में बैठ जाएं। इसमें नासिका द्वारा सांस को अंदर लेकर मुंह से बाहर निकालें। इसके पश्चात् बाह्य कुंभक करके तीनों बंध (मूल, उड्डीयान और जालधर बंध) लगाएं। मन को विशुद्धि चक्रों में एकाग्र कीजिए। सांस लेते समय पहले मूलबंध फिर उड्डीयान और अंत में जालंधर बंध को खोलना ठीक होता है।

(iii) खेचरी मुद्रा

इसका अभ्यास किसी योग गुरु की देखरेख में करना चाहिए। इसमें चेतना स्थूल शरीर से निकलकर सूक्ष्म शरीर ग्रहण करती है। इसमें जीभ को उलटकर तालु या उससे भी आगे अंदर की तरफ ले जाएं और दांतों को आपस में सटा दीजिए। शुरुआत में इस क्रिया को कम-से-कम 15 से 20 बार ही कीजिए। दो-तीन महीने के निरंतर अभ्यास के बाद कम किया जा सकता है। इसको शारीरिक श्रम के बाद नहीं करना चाहिए। इस क्रिया से जब नाक के ऊपरी हिस्से से कड़ुवा रस का स्राव होने लगे तो बंद कर देना चाहिए। इस क्रिया से अमृत ग्रंथियों से मीठा रस निकलता है। यह निराहार और विश्वास रहने की शक्ति प्रदान करता है इससे बवासीर में काफी आराम मिलता है। यह कुंडलिनी शक्ति को जाग्रत करके शक्ति संचय करता है।

(iv) काकी मुद्रा

इस मुद्रा के लिए सबसे पहले पद्मासन, वज्रासन या सिद्धासन में बैठ जाइए और होंठ को गोल करके कौवे के चोंच की तरह बनाकर अंदर की तरफ कीजिए। अब अधिकाधिक सांस अंदर की ओर खींचिए और नाक द्वारा बाहर निकालिए। ध्यान को नासिकाग्र पर केन्द्रित कीजिए। इस बंध के करने से मुंह के अंदर की दीवारों का सम्पर्क वायु से होने के कारण कुछ ग्रंथियों द्वारा रस निकलता है। फलतः बुढ़ापा, जीर्णता इत्यादि दूर हो जाते हैं। पाचन क्रिया में भी काफी लाभ मिलता है।

(v) अगोचरी मुद्रा

इस मुद्रा के लिए सबसे पहले ध्यानावासन में बैठकर सांस को अंदर की ओर भरकर अंतःकुंभक कीजिए। अपनी दृष्टि को नासिकाग्र पर केन्द्रित कीजिए। इससे एकाग्रता बढ़कर एक विशेष प्रकार की दिव्यगंध का एहसास होने लगता है और आज्ञा चक्र सक्रिय हो जाता है और दिव्य दृष्टि प्राप्त होती है।

(vi) माण्डुकी मुद्रा

सबसे पहले कंबल या दरी बिछाकर वज्रासन में बैठकर यथा संभव घुटनों को फैला लें। इसके पश्चात अगोचरी मुद्रा की क्रिया करें ये दोनों मुद्राएं एक जैसी होती हैं। यह माण्डुली मुद्रा कहलाती है।

(vii) शाम्भवी मुद्रा

इस मुद्रा को करने के लिए सबसे पहले जमीन पर कंबल या दरी बिछाकर वज्रासन में बैठ जाइए और रीढ़ की हड्डी को बिलकुल सीधी रखिए। ठीक सामने कोई एक केन्द्र बिन्दु निश्चित कर लीजिए। अब दृष्टि को यथासंभव ऊपर करके बिन्दु पर दृष्टि को केन्द्रित कीजिए। सिर को मत हिलाइए बिल्कुल सीधा रखिए। दृष्टि का केन्द्र भूमध्य में बनाएं और दृष्टि को भूमध्य पर एकाग्र कीजिए और इस अभ्यास को लगातार कीजिए। इसे मुद्रा को भूमध्य दृष्टि भी कहते हैं। यह मुद्रा पार्वती की प्रिय मुद्रा है। इसलिए इसे शाम्भवी मुद्रा कहते हैं। इस मुद्रा से मस्त्रिका में तरोताजगी बनी रहती है और शरीर स्फूर्तिवान रहता है।

(viii) अश्विनी मुद्रा

इस मुद्रा के लिए सबसे पहले जमीन पर कंबल या दरी बिछाकर सुखासन में बैठ जाइए और गुदा की मांसपेशियों को बार-बार संकुचन करके शिथिल कीजिए। मूलाधार चक्र में ध्यान को एकाग्र कीजिए। इससे प्राणशक्ति ऊपर की ओर बढ़ती है, अतः शरीर में नवशक्ति का संचार होने लगता है। इससे शरीर सुगठित और गढीला बनता है। शरीर को गढीला बनाने के लिए यह मुद्रा सबसे अच्छी है।

(ix) आकाशी मुद्रा

इसके लिए सबसे पहले जमीन पर कंबल या दरी बिछाकर सुखासन या आरामदायक आसन में बैठ जाइए। जीभ को तुला से लगाकर उज्जई और शाम्भवी मुद्रा कीजिए। इस मुद्रा से वह सभी लाभ प्राप्त होते

हैं जो खेचरी मुद्रा से प्राप्त होते हैं। खेचरी मुद्रा कठिन मुद्रा है। इसलिए इसे उसका सरल रूप माना जाता है। तनाव, चिंता, भयग्रस्त होने के समय इस मुद्रा को कदापि मत कीजिए।

चक्र

भारत की विश्व को जिस प्रकार आयुर्वेदिक, होमियोपैथी इत्यादि जैसी उपयोगी उपचार पद्धतियां एक महान देन हैं। ठीक उसी प्रकार 'योग' जो मानव के मन व शरीर को स्वच्छता प्रदान कर उसे आदर्शवाद रूपी उच्च जीवन के मूल्य तक पहुंचाता है, भी भारत द्वारा विश्व को दी गई एक महान देन है। मानव की शारीरिक और मानसिक शक्तियां योग द्वारा अद्वितीय रूप से विकास की ओर अग्रसर हो जाती है। योग के कई प्रकार हैं। मानव अपने स्वभावानुसार योग की किसी भी विधा को अपना सकता है। अपने स्वभाव की विभिन्नताओं को ध्यान में रखते हुए योग की किसी भी विधा को कर सकता है, जिसके द्वारा मानव सम्पूर्ण एकाग्रता को प्राप्त कर सकता है। योग कई प्रकार के हैं जिस प्रकार भावना प्रधान व्यक्तियों के लिए भक्तियोग ही सबसे श्रेष्ठ मार्ग है जिससे वे अपनी मुक्ति के द्वार पर आगे बढ़ सकते हैं। उसी तरह कर्मयोग उस व्यक्ति के लिए मुक्ति का मार्ग प्रशस्त करता है जो अपना सारा समय अपने कार्य में ही मन लगाकर व्यतीत करते हैं। इसी प्रकार ज्ञानयोग बुद्धिवादियों के लिए सबसे उत्तम माना गया है।

अन्यों के लिए हठयोग और राजयोग। मानव शरीर जहां अष्टांग योग के यम और नियम द्वारा स्वस्थ बनता है वहीं ये यम और नियम संयमता का विकास करते हैं और मानव के उन नियमों में बांधकर उन्हें अनुशासित बनाते हैं। प्राणायाम एक ऐसी तकनीक है जिससे शरीर और मन को एक-दूसरे के नजदीक लाया जाता है। यहां पूर्ण रूप से शारीरिक व्यायाम नहीं कहलाता है और न ही यह पूर्णतः श्वास, प्रश्वास की गति

से विच्छेद लाकर मन को विचलता से स्थिरता की स्थिति में लाता। चेतनता की परिधि से अलग उसका अति चेतना की परिधि में जाना ही प्राणायाम है। मानव आसन द्वारा मन व शरीर को सुख और स्थिर करता है। पट्चक्रों की चर्चा प्राणायाम के साथ करना ही उपयुक्त है।

योगियों के मतानुसार, मेरुदंड मज्जा के मध्य सुषुम्ना नामक एक शून्य नली और मेरुदंड के अंदर ईडा और पिंगला नाम के स्नायुविक शक्ति प्रवाह होती है। कुण्डलिनी का आधारभूत पद इस सुषुम्ना नामक शून्य नली के सबसे नीचे अवस्थित है। योगियों के अनुसार वह त्रिकोणाकार है और कुण्डलिनि शक्ति वहां कुण्डलाकार होकर विराजमान होती है। यह कुण्डली की शक्ति जगाने के पश्चात् इसे सुषुम्ना नामक शून्य नली के अंदर से एक मार्ग बनती है और ऊपर उठकर आने का प्रयास करती है। योगी को तब अलौकिक दर्शन और अद्‌भुत शक्तियां प्राप्त होने लगती हैं, जब ये शक्ति एक-एक सोपान करके ऊपर उठती है और उसके उठने के साथ मन के स्तर स्वतः ही खुलते चले जाते हैं। कुण्डलिनि के मस्तिष्क पर विराजमान हो जाने के पश्चात् योगी पूर्णतः शरीर व मन में अलग-अलग हो जाते हैं और उसकी आत्मा अपने आजाद स्वभाव की उपलब्धि हासिल करती है।

हम जानते हैं कि मेरुमज्जा विशेष रूप से गठित है। यदि हम अंग्रेजी के अंक (8) को तिरछा करके देखेंगे तो हमें उसके अलग दो भाग आपस में बीच से जुड़े (00) अनुभव होंगे। मेरुमज्जा की आकृति कुछ उसी प्रकार की है जिस प्रकार इस तरह के अनेक अंकों (00) को एक पर रखने से दिखाई देती है। इसके बाईं तरफ ईडा होती है और दाईं तरफ पिंगला। मेरुमज्जा के ठीक मध्य में से गई शून्य नली ही सुषुम्मना है। इक प्रदेशस्य मेरुदंड की कुछ अस्थियों के बाद ही मेरुमज्जा समाप्त हो गई है कि उस स्थान पर भी धागे के समान एक बहुत सूक्ष्म अंश नीचे उतरता है। अतः एक बहुत सूक्ष्म हो गई सुषुम्ना नली वहां भी

अवस्थित है। उस नली के नीचे ही ओर का मुंह बंद रहता है। उसके पास वह कटि प्रदेस्थ नाड़ी जाली जो शरीर शास्त्र के मत से त्रिकोण के आकार की है, वहां अवस्थित है। योगा के अनुसार में नाड़ियां भी भिन्न-भिन्न चक्र है। योग के अनुसार मस्तिष्क से लेकर सबसे नीचे मूलाधार तक शरीर में छः चक्र और सहस्रार हैं। इनको ही योग की भाषा के अंतर्गत षट्चक्र कहा जाता है। ये कमल के फूल हैं जो एक ही नाल से जुड़े हैं, सुषुम्ना नाड़ी ही नाल है। ये पद्म सामान्य स्थिति में अधोमुखी होते हैं। किन्तु ये जीवन शक्ति मूलाधार के माध्यम से सुषुम्ना के रास्ते ऊपर उठती है तो इन पद्मों की गांठ खुलती जाती है और फिर ये पद्म ऊर्ध्वमुखी होकर जीवन शक्ति के ऊपर उठने हेतु सभी मार्ग खोल देते हैं। एक समय ऐसा भी आ जाता है जब जीवन शक्ति अर्थात प्राण सारे चक्रों से होकर सहस्रार तक पहुंच जाती है, उस समय योगी पूर्ण एकाग्रता की अवस्था को प्राप्त करता है और अत्यधिक आनंद महसूस करता है।

षट्चक्रों के नाम

षट्चक्र निम्नलिखित हैं, जो इस प्रकार हैं

(i) मूलाधार चक्र

(ii) स्वाधिष्ठान चक्र

(iii) मणिपुर चक्र

(iv) अनहद चक्र

(v) विशुद्ध चक्र

(vi) आज्ञा चक्र

1. मूलाधार चक्र इस चक्र का रंग लाल है। इसके कमल की चार पंखुड़ियां हैं। यह त्रिकोण के आकार का है और गुदा के मूल के पास अवस्थित है। इस स्थान पर भगवान गणेश विराजमान है। इस चक्र को व श ष स अक्षरों का जप करने से सिद्ध किया जाता है।

2. स्वाधिष्ठान चक्र यह दूसरा चक्र है। इस चक्र का रंग पीला है और इसके कमल की 6 पंखुड़ियां हैं। मानव शरीर में इसका स्थान लिंग है। ब्रह्मदेव, सावित्री और द्वंद्व आदि देवता इस स्थान पर विराजमान हैं। इसे सिद्ध करने के लिए बा भा मा या र ल अक्षरों का जप किया जाता है।

3. मणिपुर चक्र यह तीसरा चक्र है। इस चक्र का रंग नीला है और इसके पद्म में 10 पंखुड़ियां हैं। मानव शरीर में इसका नाभि के पास स्थान है। इस स्थान पर विष्णु के साथ महालक्ष्मी वास करती हैं। इस चक्र के खोलने हेतु योगियों को दस अक्षरों का जप करना पड़ता है। ये अक्षर डा, ढ़ा, णा, ता, था, दा, धा, ना, पा, फा है।

4. अनहद चक्र यह चौथा चक्र है। इस चक्र का रंग श्वेत है। इस पद्म की 12 पंखुड़ियां हैं। मानव शरीर में इसका स्थान हृदय है जहां शिव व शक्ति का वास है। इस पद्म को उर्ध्वमुखी करने के लिए 12 अक्षरों का जप करना होता है। ये बारह अक्षर हैं का, खा, गा, घा, ङा, चा, छा, जा, झा, ज, ट, ठ।

5. विशुद्ध चक्र यह पांचवां चक्र है। मानव के शरीर में इसका स्थान कंठ है। यहां पर जीव देवता का वास है। इस कमल की 16 पंखुड़ियां हैं। इस चक्र को खेलने हेतु हिंदी के 'स्वर' अक्षरों का जप करते हैं। यह अक्षर अ से अः तक हैं।

6. आज्ञा चक्र यह छठा चक्र और अंतिम चक्र है जिसका स्थान भूमध्य भाग होता है। 'ज्योति' यहां के देवता हैं। इस कमल के दो दल है और इस चक्र को खोलने हेतु भी दो ही अक्षर हैं- हं, स।

योगी की साधना के परिणामस्वरूप जब एक नाल सुषुन्ना से जुड़े अधोमुखी कमल अपनी गांठ खोल ऊर्ध्वमुखी हो जाते हों तो इस मार्ग के माध्यम से जीवन शक्ति ऊपर की ओर शीर्ष तक पहुंचती है। शीर्ष के

मध्य भाग के एक सहस्रदल कमल होता है जांच सतगुरु विराजमान होते हैं। जीवन शक्ति द्वारा मार्ग प्रशस्तीकरण के उपरांत वह कुण्डलि जो मूलाधार के पास कुण्डलिनिकृत होकर सोई हुई होती है और योग के अंतर्गत जिसकी तुलना उस मोटाई की एक सर्पिणी से हो गई है जिसकी मोटाई एक केश के सौ भाग करने पर प्राप्त होती है, वह सर्पिणी सहस्राचार तक पहुंचने के बाद वहां कुछ समय के लिए खेलती है। यही एक समत्र है जब एक योगी सम्पूर्ण एकाग्रता को प्राप्त करता है और उस परमानंद को महसूस करता है।

षट्चक्र तालिका नीचे दिए जा रही है

षट्चक्र

नाम	**रंग**	**स्थान**	**देवता**	**पंखुड़ियों की संख्या**	**अक्षर**
मूलाधार	लाल	गुदा	गणेश	4	व श ष स
स्वाधिष्ठान	पीला	लिंग	ब्रह्मा, सावित्री, इन्द्र	6	या भा मा या र ल
मणिपुर	नीला	नाभि	महालक्ष्मी विष्णु	10	डा ढा णा ता था दा धा ना पा फा
अनहद	श्वेत	हृदय	शिव शक्ति	12	का खा गा घा ङा चा छा जा झा ज ट ठ
विशुद्ध		कण्ठ	जीव	16	अ से अः तक
आज्ञा		भ्रूमध्य	ज्योति	2	हं, स

बंध

बंध शब्द का शाब्दिक अर्थ है 'बांधना'। ये मुख्यतः तीन प्रकार के होते हैं। भौतिक शरीर, आंतरिक अवयव और चक्रों के साथ इन बंधों

का संबंध होता है। इनके अलावा कुछ और भी बंध होते हैं जो आंतरिक सूक्ष्म बंध होते हैं किन्तु इन सूक्ष्म बंधों का शरीर के साथ किसी प्रकार का संबंध नहीं होता। मुख्य रूप से इन बंधों का संबंध विचारों के प्रवाह, तरंगों और अन्य मांसपेशियों की सूक्ष्म तरंगों के साथ ही होता है।

बंध मुख्य रूप से तीन होते हैं, जो इस प्रकार हैं

(i) मूल बंध (गुदा का संकोच)

(ii) जालंधर बंध (श्वास नली का संकोच)

(iii) उड्डीयान बंध (उदर की मांसपेशियों को अंदर की तरफ खींचना)

(i) मूल बंध

सबसे पहले जमीन पर दरी या कंबल बिछाकर पद्मासन, वज्रासन या किसी अन्य ध्यान के आसन में बैठ जाएं। घुटनों को जमीन से लगाकर अपने दोनों हाथों को घुटनों पर रखें। हड्डी को छाती से लगाकर गुदाद्वार को अंदर की ओर संकुचित करें। अब दोनों कंधों के ऊपर उठाएं और दोनों हाथों की हथेलियों द्वारा घुटनों को दबाएं और मूलाधार या विशुद्धि चक्र का मुख्य ध्यान रखें। मूलबंध का अभ्यास न करने की स्थिति में अश्विनी मुद्रा का अभ्यास करें।

(ii) जालंधर बंध

सबसे पहले जमीन पर दरी या कंबल बिछाकर घुटनों को जमीन में लगाकर पद्मासन, वज्रासन या किसी अन्य आसन की अवस्था में बैठ जाएं। घुटनों के ऊपर अपने दोनों हाथों को सीधा तानकर रखें अब अंदर की ओर गहरी सांस खींचें और सांस को अंदर ही रोक लें। अपनी छाती से ठुड्डी को लगाकर कंधों को ऊपर की ओर उठाएं। अब अपने घुटनों

को हथेलियों द्वारा दबाएं। इस अवस्था के अंतर्गत रहते हुए विशुद्धि चक्र पर ध्यान केन्द्रित करें।

(iii) उड्डीयान बंध

सबसे पहले जमीन पर कंबल या दरी बिछाकर वज्रासन या पद्मासन कि अवस्था में बैठ जाएं। दोनों हाथों को तानकर सीधे घुटनों पर रखें। सांस बाहर निकालकर रोक दें और ठुड्डी को छाती की सहायता से दबाएं। अब उदर को भीतर की तरफ नीचे दबाते हुए उतना भीतर खींचें जितना उसे भीतर रीढ़ की हड्डी की ओर खींचा जा सके। दोनों कंधों को ऊपर उठाकर घुटनों को हथेलियों के माध्यम से दबाकर रखें और इसी अवस्था में स्थिर रहें। अब मणिपुर चक्र या विशुद्धि चक्र पर ध्यान केन्द्रित करें।

15

योगासन व आहार

योग साधना में प्रगति के लिए आहार के विषय में ध्यान देना आवश्यक है। अनुचित आहार से योगाभ्यास में अनेक प्रकार की परेशानियां उत्पन्न हो जाती हैं। फलतः योगासनों से लाभ की जगह काफी हानि हो जाती है। जो व्यक्ति आहार का विचार नहीं करते हैं, उन्हें अपेक्षित लाभ नहीं मिल पाता है।

आहार से शरीर का पोषण होता है। यह कथन चरितार्थ है कि, "उचित आहार शरीर के लिए अमृत का काम करता है और अनुचित आहार शरीर के लिए अमृत का काम करता है तो अनुचित आहार शरीर के लिए विष का काम करता है।" तो गलत नहीं होगा। वास्तव में, आहार से शरीर पर ही नहीं बल्कि स्वाभाव भी प्रभावित होता है। शायद इस बात का अनुभव आपने भी किया होगा कि मांसाहारी लोग ज्यादातर उग्र स्वभाव के होते हैं, वहीं शाकाहारी व्यक्ति हमेशा शांत स्वभाव के होते हैं। इसके विषय में एक कहावत है, 'जैसा अन्य वैसा मन' यह कथन गलत नहीं है।

साधकों के लिए आहार

आहार का वैसे तो बहुत ही व्यापक रूप है। जितने भी खाद्य पदार्थ होते हैं, जिनका मनुष्य के द्वारा उपयोग किया जाता है। वह सभी आहार

के अंतर्गत ही आते हैं। इसमें जैसे पेय आहार, ठोस आहार, वायु, विचार, कल्पना इत्यादि सन्निहित होता है। आहार की योग्यता-अयोग्यता के विषय में योगशास्त्रों में भी वर्णन किया गया है।

पुष्टं सुमधुरं स्निग्धं धातुप्रपोणम्।
मनोभिलषितं योग्यं योगी भोजनमाचरेत्।।

(हठ योग प्रदीपिका)

अर्थात् आहार इस प्रकार का होना चाहिए जो देह पुष्टिकारक, मधुर, स्निग्ध, धातुपोषक, मन को आनंदित और संतोष प्रदाता हो अर्थात् रुचिकर हो, ऐसा ही भोजन योगी को ग्रहण करना उचित रहता है।

अतः अधिक खट्टे, कडुवे, नमकीन, अधिक तीखापन, अधिक गर्म और अधिक ठंडा खाद्य पदार्थ, नशीले पदार्थ, मांस, मछली, प्याज, हींग, लहसुन, अंडे इत्यादि पदार्थों से साधानों को परहेज करना चाहिए। ऐसा प्राचीन ग्रंथों में लिखा गया है।

दूसरे शब्दों में इस प्रकार कह सकते हैं कि ऐसे आहार का सेवन कभी भी नहीं करना चाहिए जो कि शारीरिक, मानसिक संतुलन और सौम्यावस्था में बाधक होते हैं। राजसिक और तामसिक आहार मन व शरीर पर हानिकारक प्रभाव डालते हैं। योग साधना से तन और मन पर विजय पायी जा सकती है। तन और मन पर विजय प्राप्त करने का मार्ग ही योग साधना है। इसमें राजसिक और तानसिक भोजन का तो स्थान ही नहीं होना चाहिए। इसमें सिर्फ सात्त्विक भोजन का ही स्थान होता है।

आहार की सात्त्विकता पर योगशास्त्र में अधिक जोर दिया गया है। सात्त्विक आहार में साग-सब्जी, दूध, दही, घी, फल, मक्खन, छाछ इत्यादि खाद्य पदार्थों का समावेश है और इनसे शरीर की सभी आवश्यकताएं पूरी होती हैं। इन खाद्य पदार्थों के सेवन से शरीर स्वस्थ और निरोगी रहता है। इनमें शरीर के लिए पौष्टिक तत्त्व भी हैं और ऐसे तत्त्व भी हैं, जो शरीर को रोगों से पूरी तरह से बचाते हैं।

मात्रा और सीमा

आहार के विषय में क्या खाएं और क्या न खाएं इसकी चर्चा तो ऊपर की गई है। कितना खाएं इसकी भी चर्चा योगशास्त्र में की गई है। योगशास्त्र में अल्पाहार को बहुत ही महत्त्वपूर्ण माना गया है। खाने की मात्रा भी उचित होनी चाहिए। खाने में संयम बरतना चाहिए। योग ग्रंथों के अनुसार

द्वौ भागौ पूश्चेदन्नैस्तोनैकं प्रपूरयेत्।
वायो, संचारणार्थाय चतुर्थमवशेषयेत्।।

(हठ योग प्रदीपिका)

अन्नेन पूरमेदर्थं तोमेन तु तृतीयकम।
उदरस्य तृतीभांशं संरक्षेत् वायुचासी।।

(घेरंड संहिता)

अर्थात् पेट का आधा हिस्सा ही अन्न से और एक चौथाई भाग पानी से भरना चाहिए बाकी एक चौथाई हिस्से को खाली रखना चाहिए जिसमें हवा का युक्त रूप से संचार हो सके।

परन्तु आधुनिक भौतिकवाद युग में व्यक्ति खान-पान और उसकी मात्रा के विषय में बिलकुल असंयमी बन गया है। आज हम जैसे शरीर के लिए नहीं बल्कि सिर्फ स्वाद के लिए ही खाते हैं। हमारा आहार अधिक मसालेदार, तीखा और चटाखेदार होता जा रहा है। आज भरपेट खाना दवा से पचाने वाली बात चरितार्थ होती जा रही है। शरीर में अनेक प्रकार के रोग उत्पन्न होते हैं जो शरीर के लिए काफी हानिकारक हैं।

अतः संक्षेप में कह सकते हैं कि साधकों को हमेशा अल्पाहार सात्त्विक भोजन ही लेना चाहिए। जिससे योगासनों के अभ्यास में भी बाधा न आए। मन और तन पर विजय पाना किसी असंभव वस्तु को प्राप्त करने जैसा है।